撮りたい！　飾りたい！

親子で
おりがみ

新宮文明

新星出版社

はじめに

折り紙は、多くの人にとって、幼児期に体験する初めての工作でしょう。この時期に両指をふんだんに使い、角と角をキチンと合わせて、初めから正確に進めることで、完成度の高い作品が生まれることを学びます。

また、親と子のコミュニケーションが大切なこの時期に、お母さんやお父さんから教わることによって、親密な関係が生まれます。私の例でいいますと、父から紙飛行機の折り方を学び、私も子ども達に紙飛行機を教えました。それをもって、公園でみんなで遊んだのを覚えています。

折り紙には「作って楽しむ」「飾って楽しむ」「遊んで楽しむ」の、三大メリットがあります。折り紙を折ることで数学の知識が豊富になり、飾って楽しむことは、美への感覚を向上させ、インテリアへの興味をさそいます。「かみひこうき」や「ぴょんがえる」などで友達と遊ぶのもよいでしょう。

最近は、皆さんがスマホを持っている時代なので、折ったものを写真に撮って送ったり、折り紙投稿サイトなどに、投稿してもよいですね。また、友達とジャンプや飛行距離を競ったり、折り方を教え合ったりしてもよいでしょう。スマホを使った、新しい折り紙活用術が生まれていくのかもしれません。

注意とお願い

- 本書では「折り紙」サイズの指定があるもの以外は、一般的な 15㎝× 15㎝のおりがみを使用しています。年齢によっては折りやすいサイズもあるので、自由にいろいろな紙をお使いください。
- 折り方は、裏表がわかりやすいように、一部を除きカラーイラストで紹介しています。作例にこだわらず、好みの色のおりがみをお選びください。
- 紙飛行機（118 ～ 119 ページ）のように飛ばして遊ぶものもあります。周りに人がいないことを、よく確かめてから遊んでください。
- はさみや竹串、ピンを用いる作品もあります。お子さんのそばについて、充分に注意しながらお使いください。
- 新しいおりがみは切り口でケガをすることがあります。指など切らないように充分にご注意ください。
- 作品に『めを　かいて　できあがり』などとあるところで、見やすくなるように紙を切って貼っているところもあります。お好みのやり方で作品を仕上げてください。

かざりかた

できあがった折《お》りがみは、フレームや壁《かべ》に飾《かざ》ったり
容器《ようき》に入《い》れてキレイに保存《ほぞん》しましょう。

ビンに入《い》れると
おいしそう！

スケッチブックに
お絵《え》かきしたら！

遊《あそ》んだあとは
袋《ふくろ》におかたづけ！

クリスマスには
リースも
かざろうね！

フレームに
貼《は》って
かわいい
インテリア！

小《ちい》さなカゴは
小《こ》鳥《とり》の
おうちです！

クリップスタンドで
恐竜《きょうりゅう》ごっこ！

CONTENTS もくじ

どうぶつ

のりもの

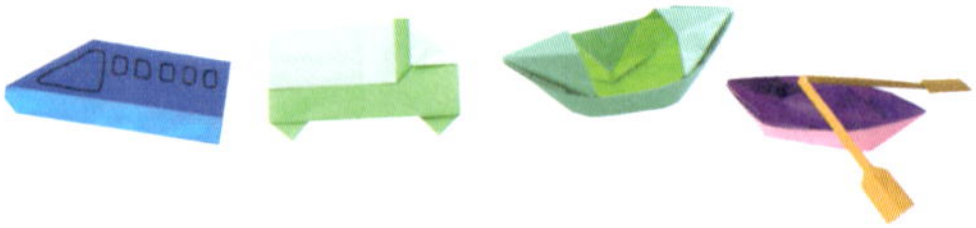

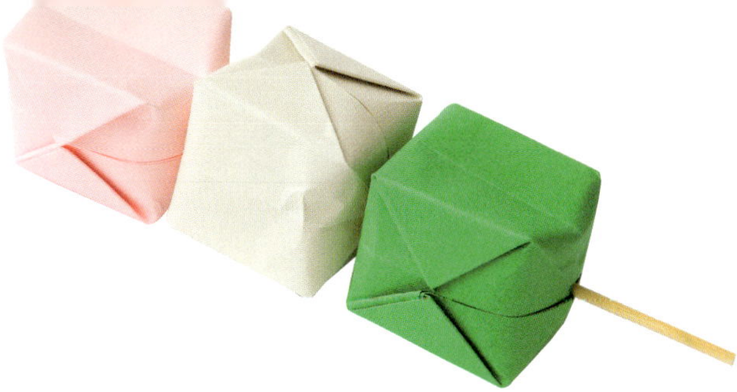

やさしい 折《お》り方《かた》のやさしい折《お》りがみには
このマークがついてるよ！

たべもの

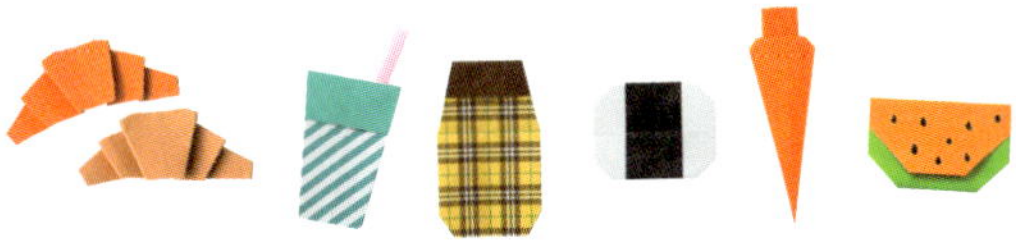

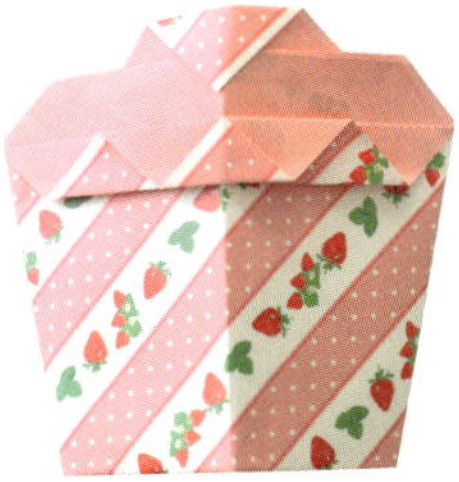

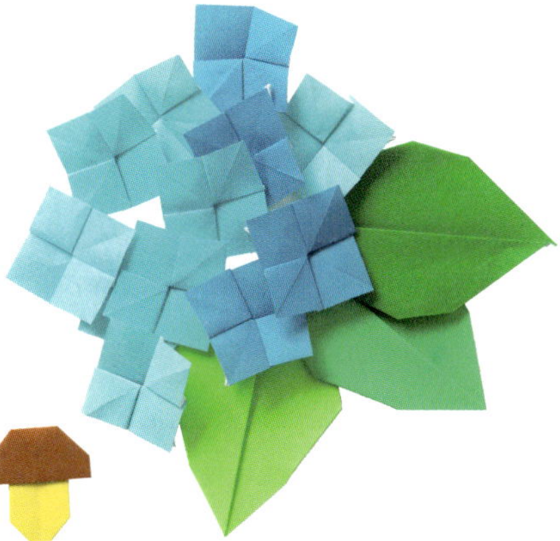

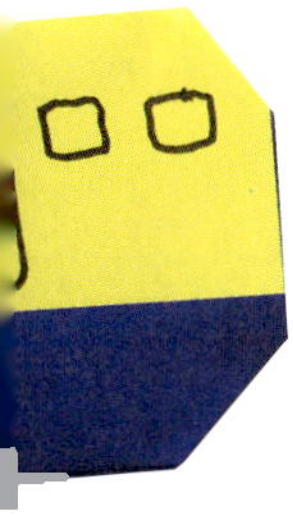

おはな

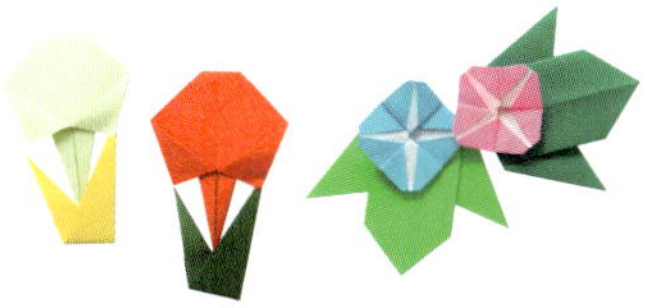

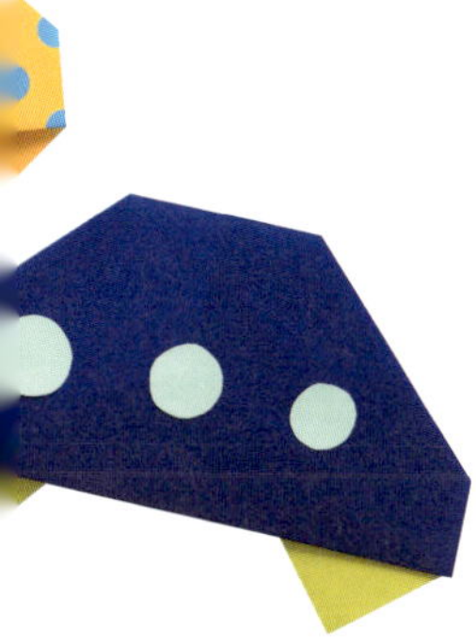

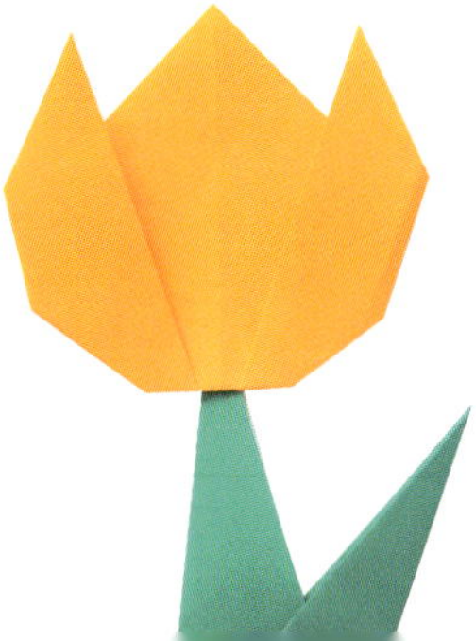

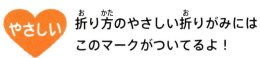

おしゃれ

おうち

きせつ

あそび

スタッフ
アートディレクション／石倉ヒロユキ
デザイン／ regia　イラスト／浅田弥彦
写真／本田犬友　モデル／はるい、吉田さく
編集協力／佐藤洋子、清水和子

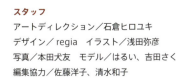

きほんの折《お》り方《かた》・記号《きごう》

この本《ほん》で使《つか》っている、きほん的《てき》な折《お》り方《かた》と記号《きごう》をしょうかいするよ。
折《お》り始《はじ》める前《まえ》によく読《よ》んで、覚《おぼ》えておこう！

谷《たに》折《お》り

折《お》り線《せん》が内側《うちがわ》に
かくれるように
折《お》ります。

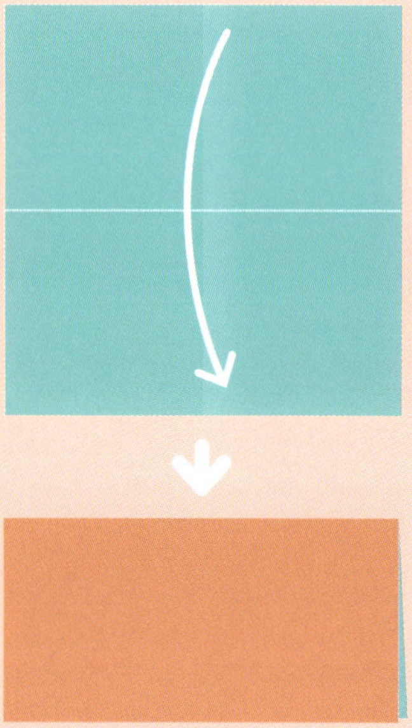

山《やま》折《お》り

折《お》り線《せん》が
外側《そとがわ》に
出《で》るように
折《お》ります。

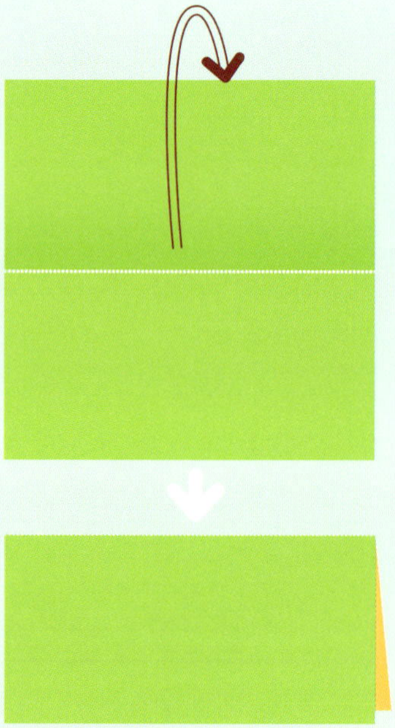

折《お》りめをつける

一回《いっかい》折《お》って、元《もと》にもどします。

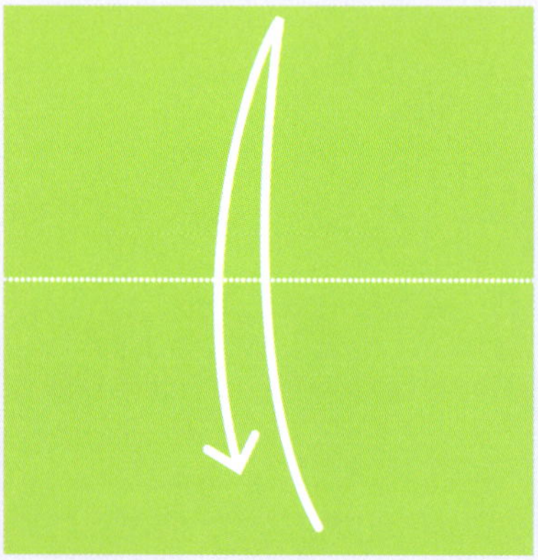

ひらいて つぶすように 折《お》る

矢印《やじるし》のところで
ふくろをひらいて、
指《ゆび》でつぶすように
折《お》ります。

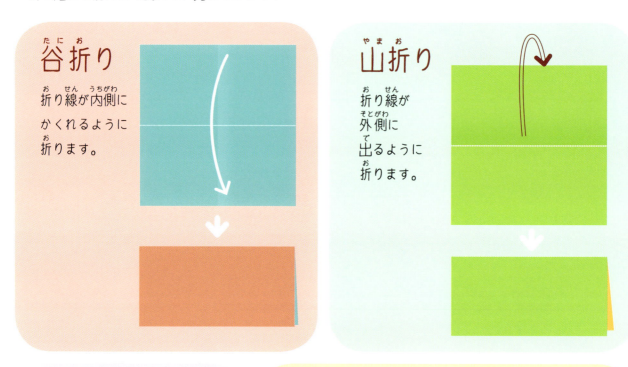

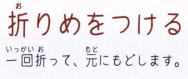

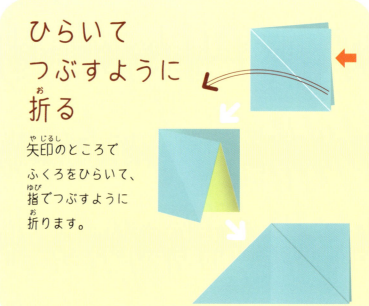

中《なか》わり折《お》り

角《かど》をおして、紙《かみ》と紙《かみ》のあいだにわって入《はい》るように折《お》ります。

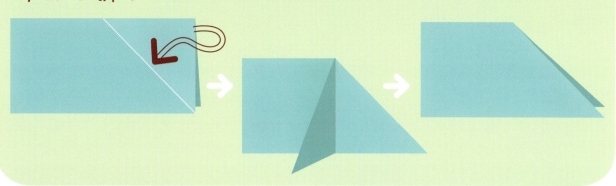

段《だん》折《お》り

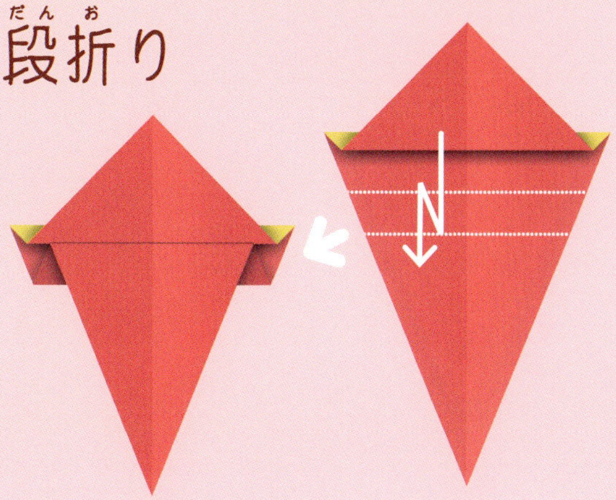

谷《たに》折《お》りと山《やま》折《お》りを、かわるがわる折《お》ります。

引《ひ》き出《だ》す

差《さ》しこむ

かぶせ折《お》り

折《お》り目《め》をつけてから、
角《かど》を外側《そとがわ》からかぶせるように折《お》ります。

まくように折《お》る

折《お》り線《せん》が内側《うちがわ》にかくれるように折《お》ります。

うら返《がえ》す

上下《じょうげ》の位置《いち》は変《か》えずに、左右《さゆう》にうら返《がえ》します。

同《おな》じ長《なが》さにする

三等分《さんとうぶん》に
折《お》るときには、
3枚《まい》に重《かさ》ねてから
アタリをつけて
ゆっくりと。

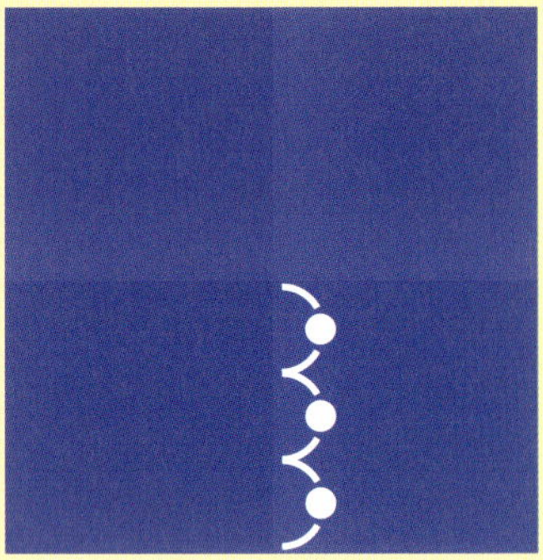

向《む》きを変《か》える

おりがみの向《む》きを変《か》えます。

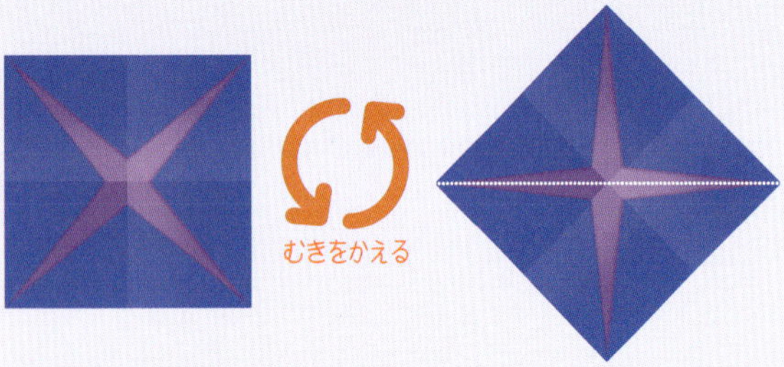

ハサミをつかって

太線《ふとせん》にそって、
まっすぐ切《き》ります。

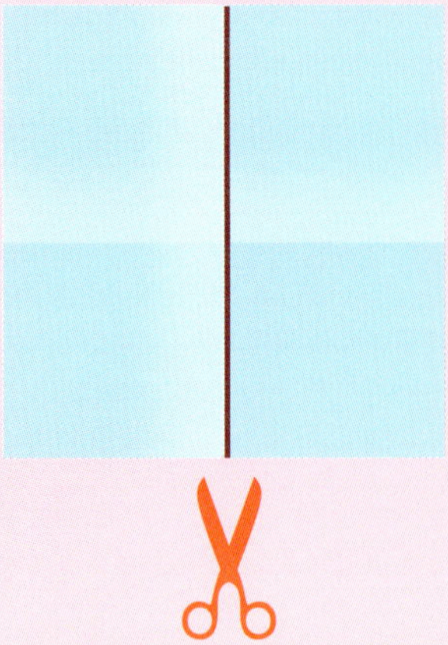

図《ず》を大《おお》きくする

つくりかた

やさしい

いぬくんがカワイイおかおで
こっちをみてる。

いぬ

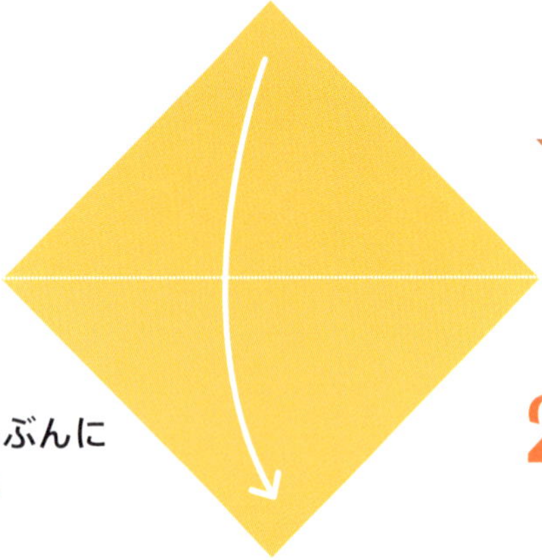

1 はんぶんに
おる

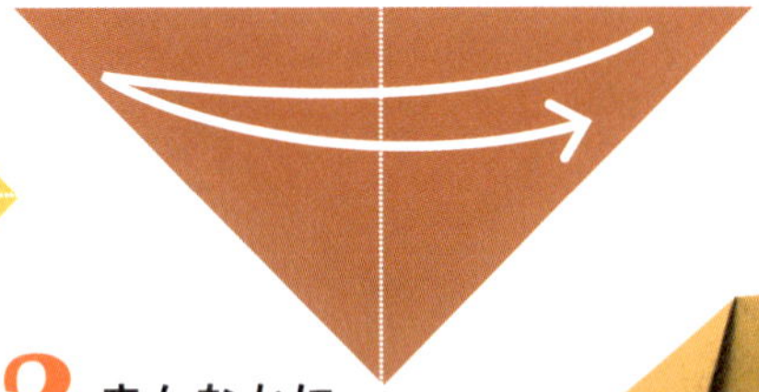

2 まんなかに
おりめを　つけて
もどす

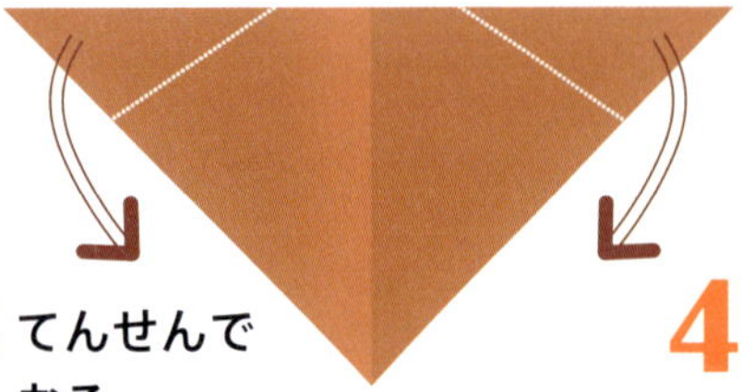

3 てんせんで
おる

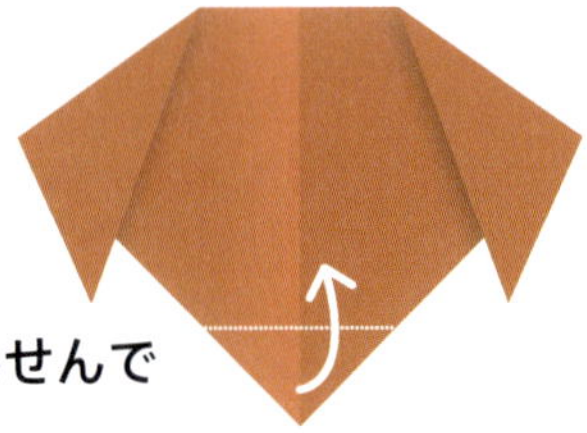

4 てんせんで
おる

かおを　かいて
できあがり

こねこ

コロンとまあるい、
こねこちゃん。

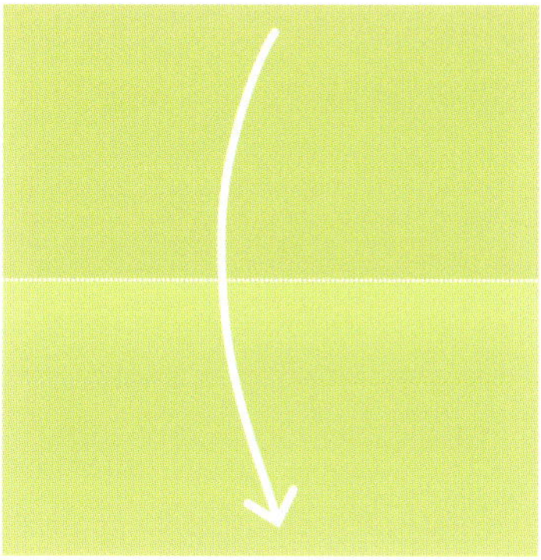

1 はんぶんに　おる

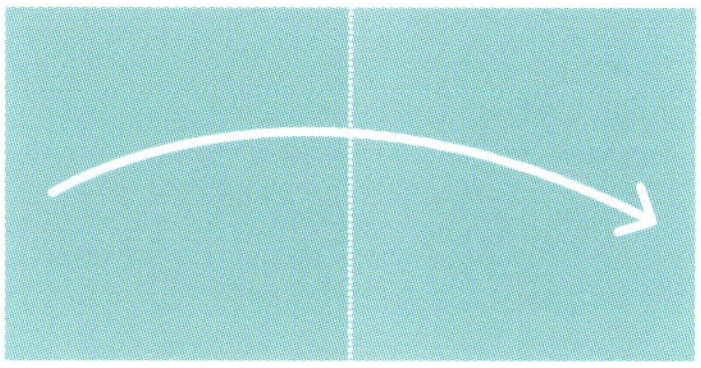

2 はんぶんに　おる

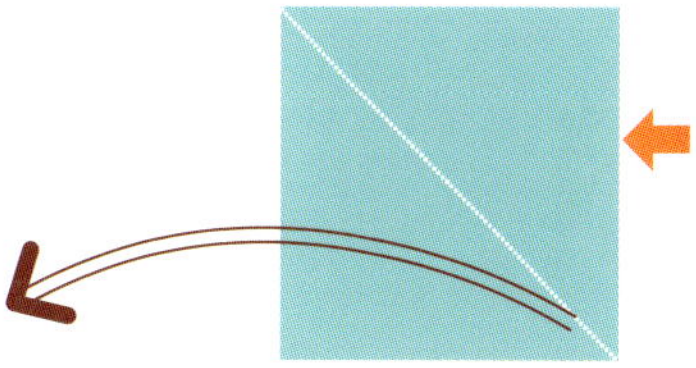

3 ← から　ふくろを
ひらいて　つぶす

4 てんせんで
うしろへ　おる

5 てんせんで
うしろへ　おる

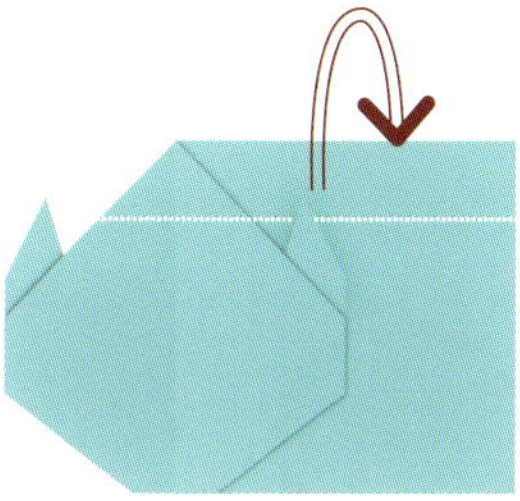

6 てんせんで
うしろへ　おる

7 てんせんで　おって
おりめを　つけて　もどす

8 てんせんで
なかわりおりにする

かおを　かいて
できあがり

ぴょん　ぴょん　ぴょん、
だれがいちばんとべるかな？

ぴょんがえる

1 たてと よこに まんなかに おりめを つけて もどす

2 まんなかの せんに あわせて おる

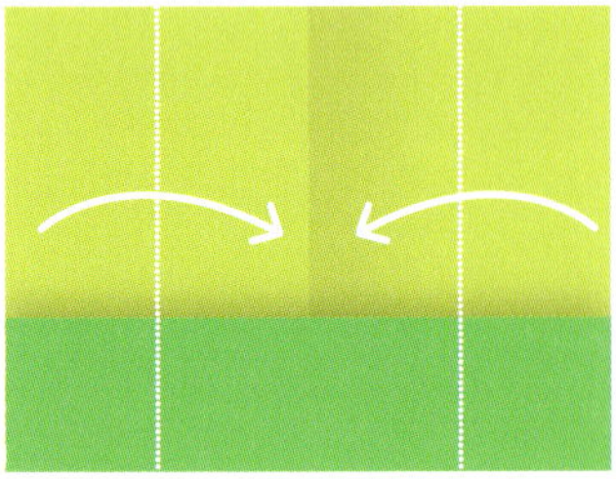

3 まんなかの せんに あわせて おる

おおきく

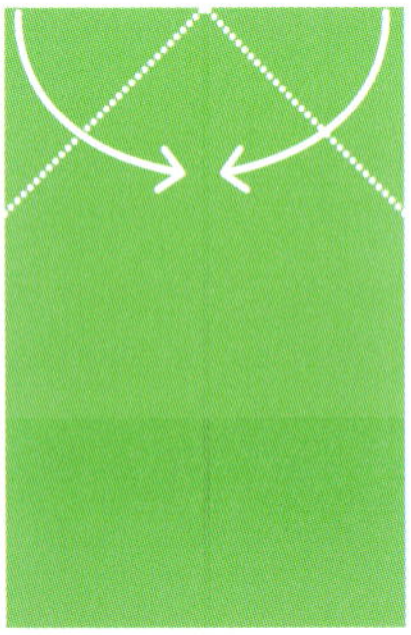

4 てんせんで おる

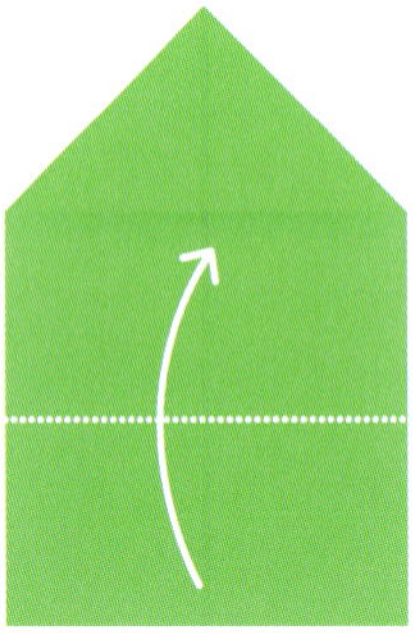

5 てんせんで おる

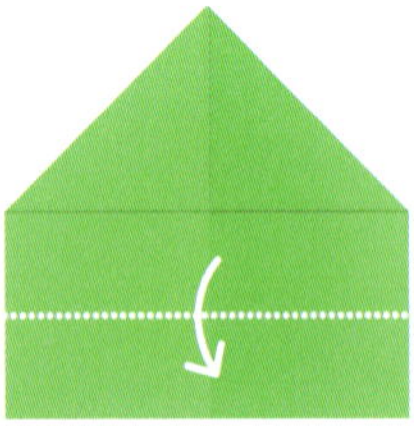

6 てんせんで おる

7 うらがえす

うらがえす

めを かいて

できあがり

うさぎさん、いつもおすまししています。

やさしい

うさぎ

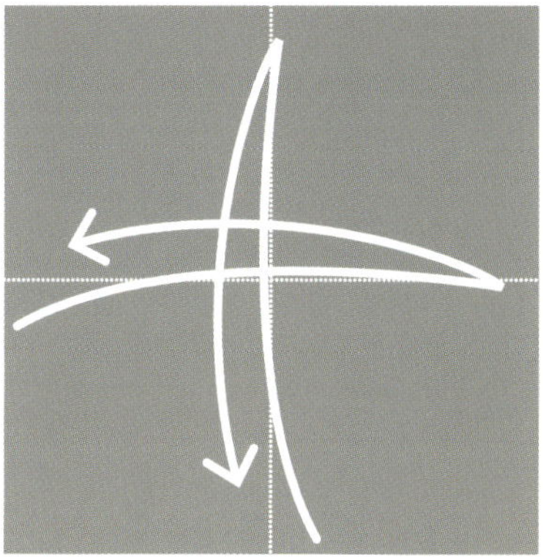

1 たてと よこに まんなかに おりめを つけて もどす

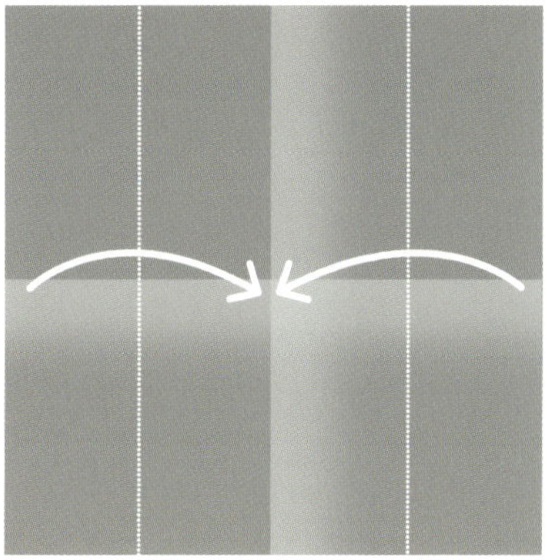

2 まんなかの せんに あわせて おる

おおきく

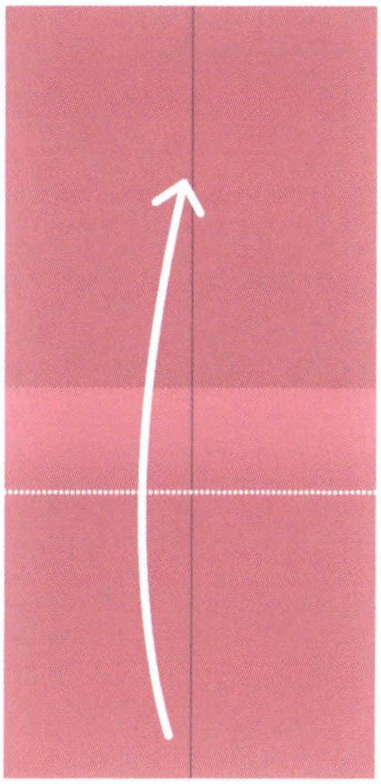

3 てんせんで おる

4 てんせんで うちがわに おる

5 てんせんで うしろへ おる

かおを かいて

できあがり

きつねさんのおみみは
なんでもきこえるの。
やさしい

きつね

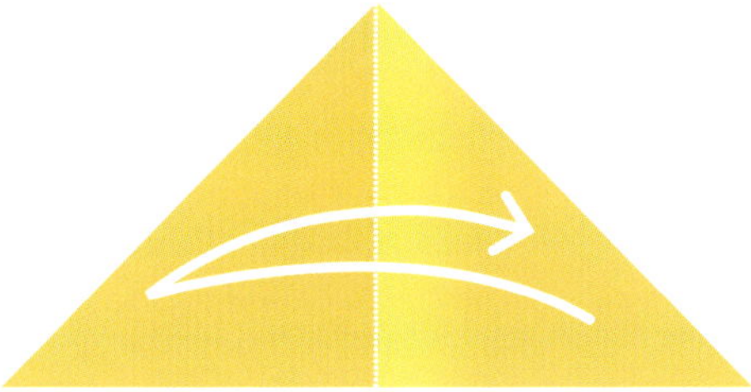

1 はんぶんに おる

2 まんなかに おりめを
つけて もどす

3 てんせんで
おる

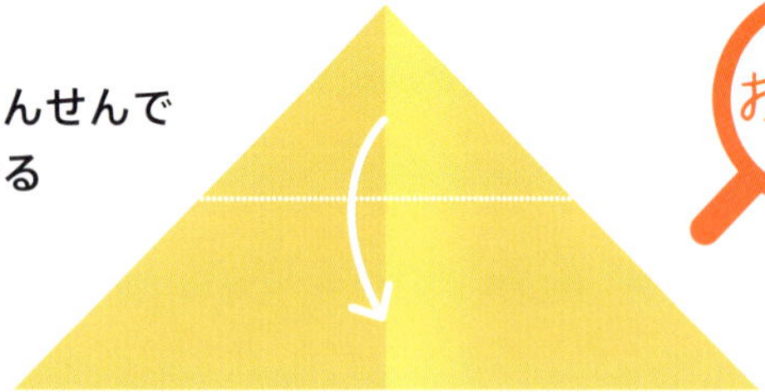

おおきく

4 てんせんで おる

5 うらがえす

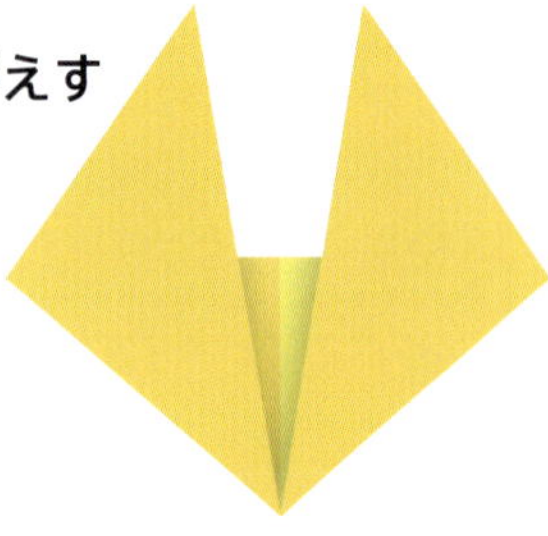

うらがえす

かおを かいて できあがり

やさしい

あかちゃんパンダ、
コロコロパンダ。
かわいいね。

パンダ

1
たてと よこに まんなかに
おりめを つけて もどす

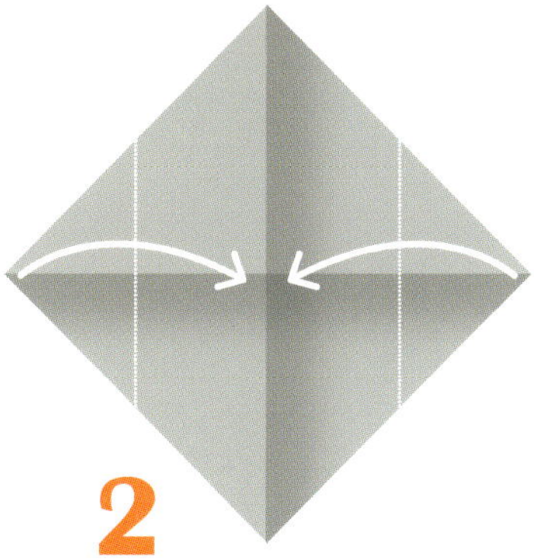

2
まんなかの せんに
あわせて おる

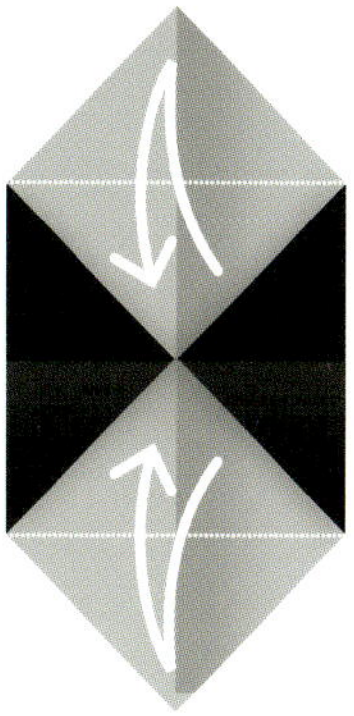

3
てんせんで おって
おりめを つけて もどす

4
うらがえす

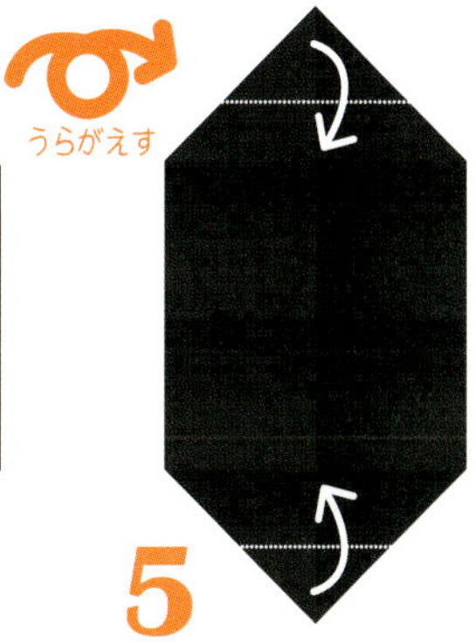

5
てんせんで おる

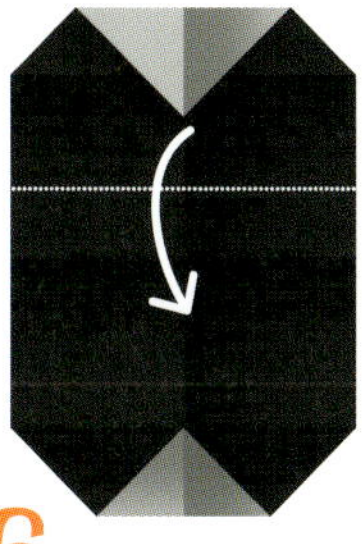

6
てんせんで おる

かおを かいて
できあがり

コアラ

おはながおおきい
コアラさん。
ねむたいの？

1 まんなかに おりめを
つけて もどす

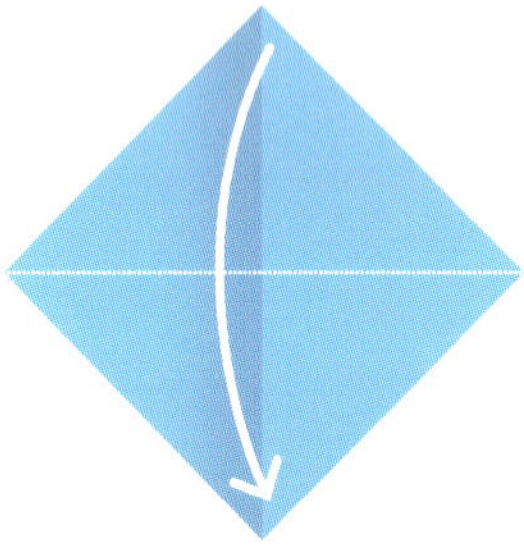

2 はんぶんに おる

3 まんなかの せんに
あわせて おる

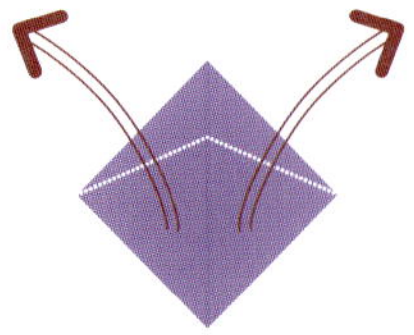

4 てんせんで
おる

おおきく

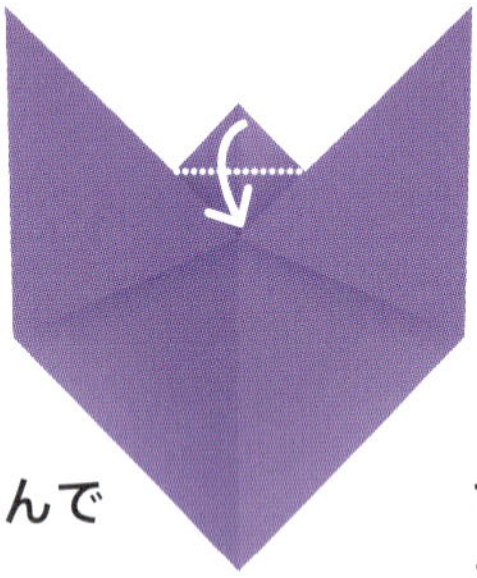

5
てんせんで
おる

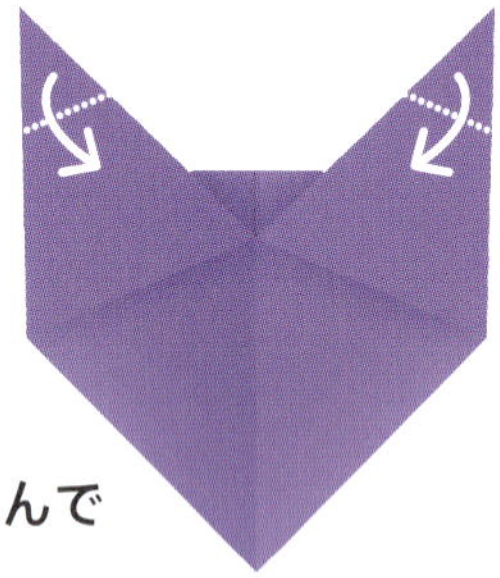

6
てんせんで
おる

7 うらがえす

うらがえす

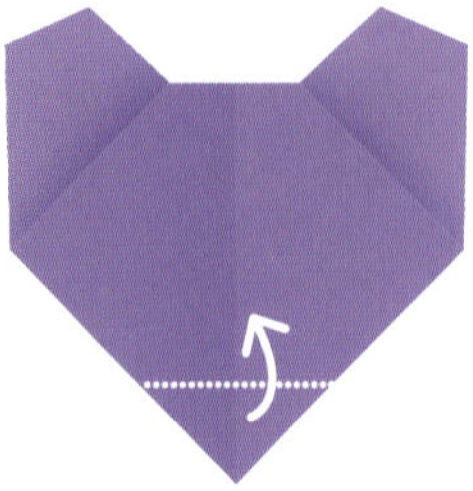

8 うえの 1まいを
てんせんで おる

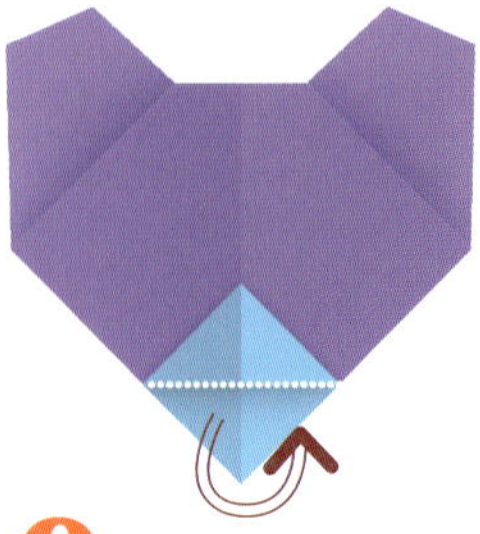

9 てんせんで
うしろに おる

かおを かいて
できあがり

やさしい

のんびり
あくびの
かばさんです。

かば

1 まんなかに おりめを
つけて もどす

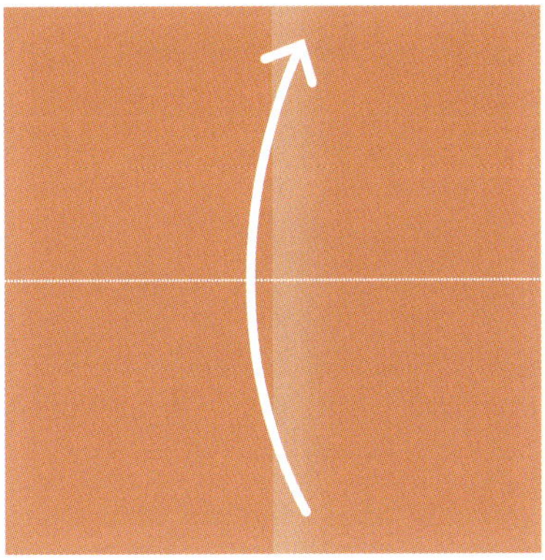

2 はんぶんに おる

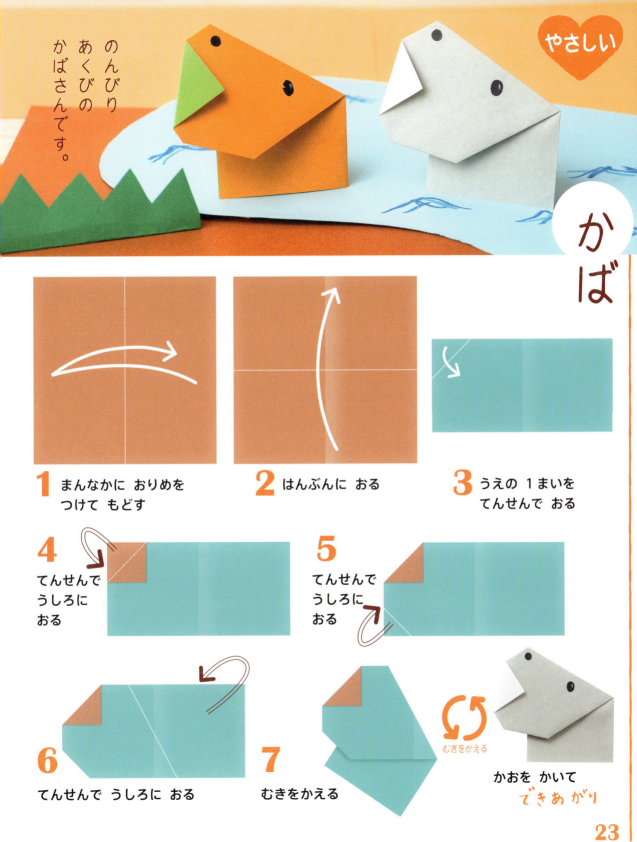

3 うえの 1まいを
てんせんで おる

4
てんせんで
うしろに
おる

5
てんせんで
うしろに
おる

6
てんせんで うしろに おる

7
むきをかえる

かおを かいて
できあがり

きれいなはねが
じまんのおしゃれ
インコさん。

インコ

1 まんなかに
おりめを　つけて
もどす

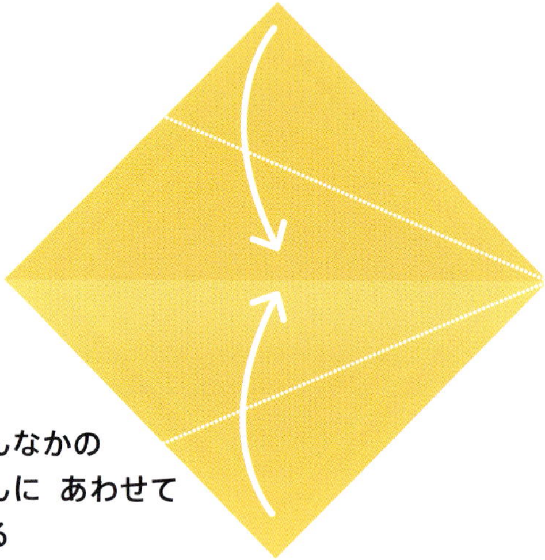

2 まんなかの
せんに　あわせて
おる

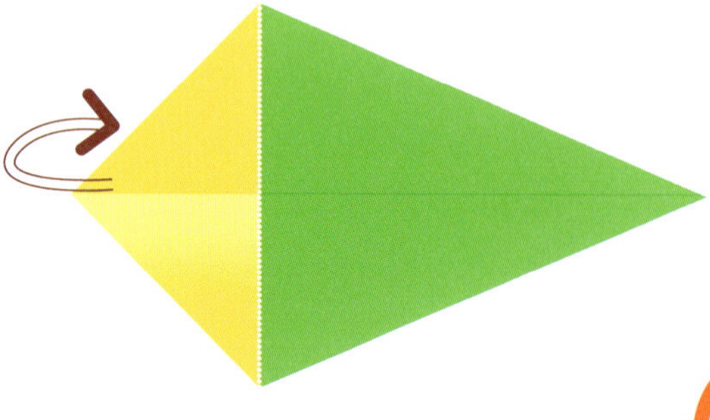

3 てんせんで　うしろに　おる

4 まんなかに　むけて　てんせんで
おって　おりめを　つけて　もどす

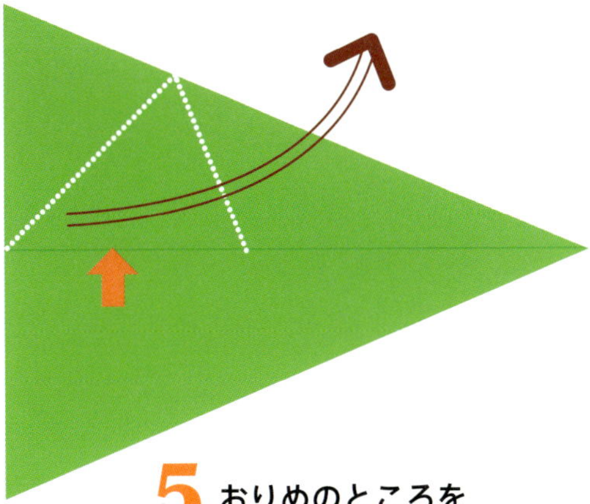

5 おりめのところを
つまみだすようにして ← から
てをいれて ひらいて つぶす

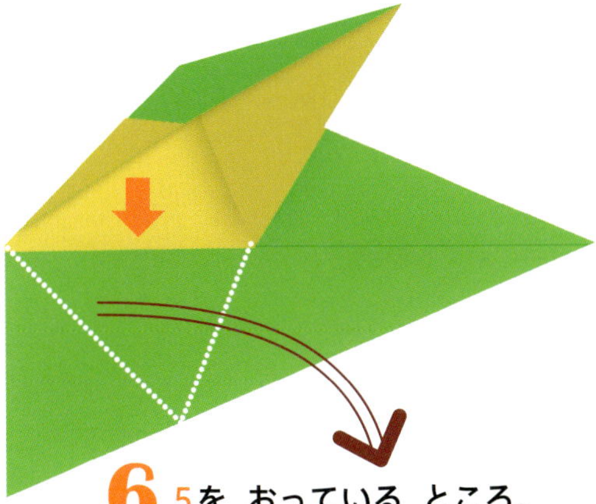

6 5を おっている ところ。
したも おなじように ← から
てをいれて ひらいて つぶす

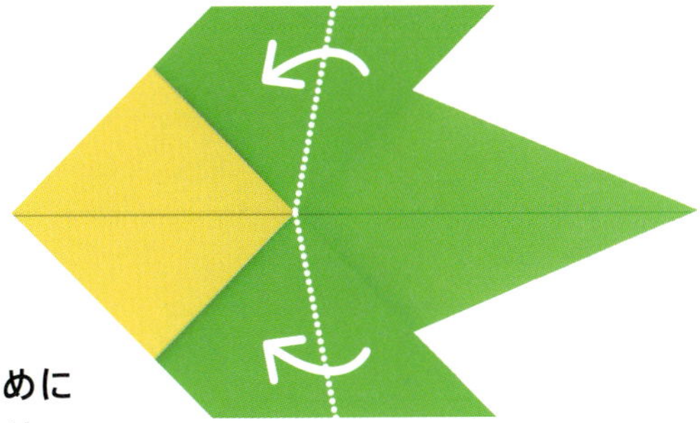

7
おりめに
あわせて
さんかくに おる

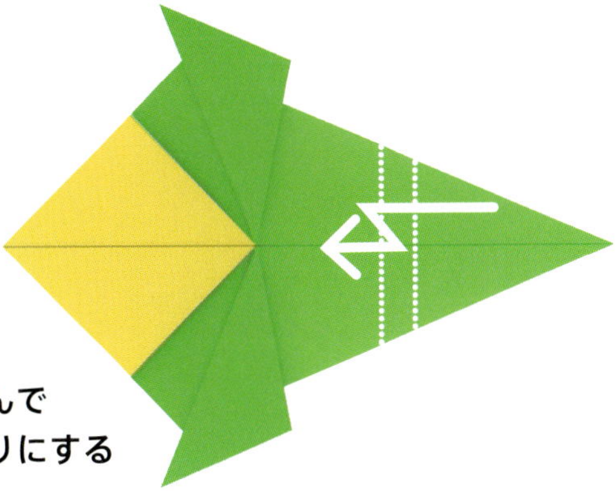

8
てんせんで
だんおりにする

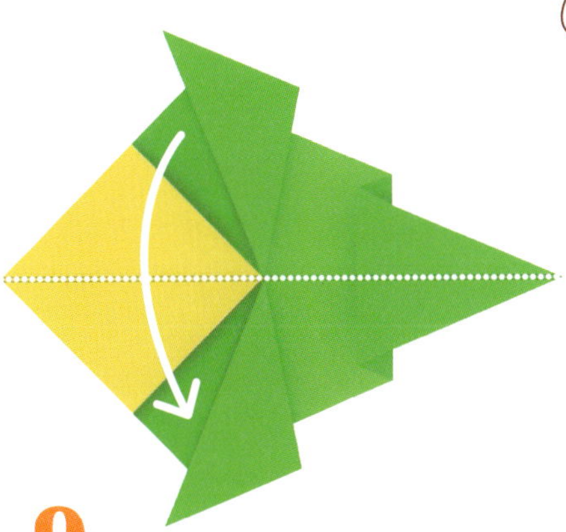

9
はんぶんに おる

10
あたまは
なかわりおりにして
むきをかえる

やさしい
ひろーいうみをくじらが
スイスイおよぎます。

くじら

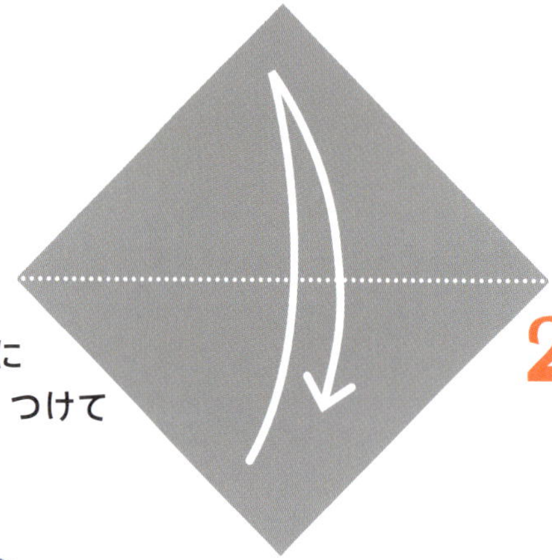

1 まんなかに
おりめを　つけて
もどす

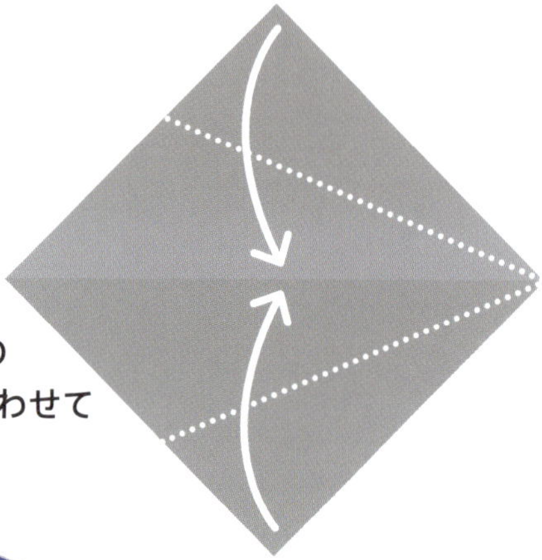

2 まんなかの
せんに　あわせて
おる

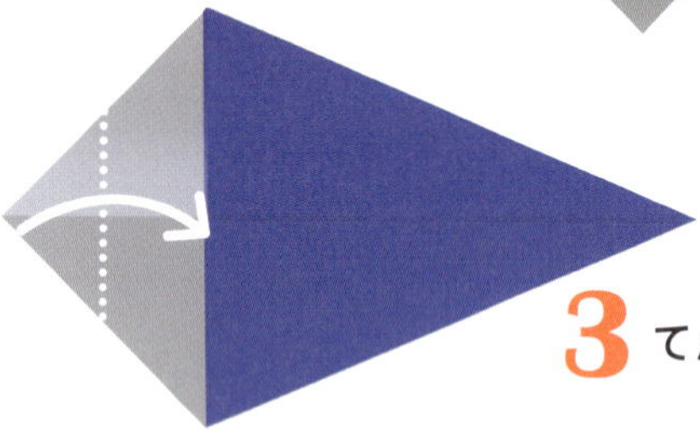

3 てんせんで　おる

4 はんぶんに　おる

おおきく

むきをかえる

5
てんせんで
かぶせおりにし
むきをかえる

めを　かいて
できあがり

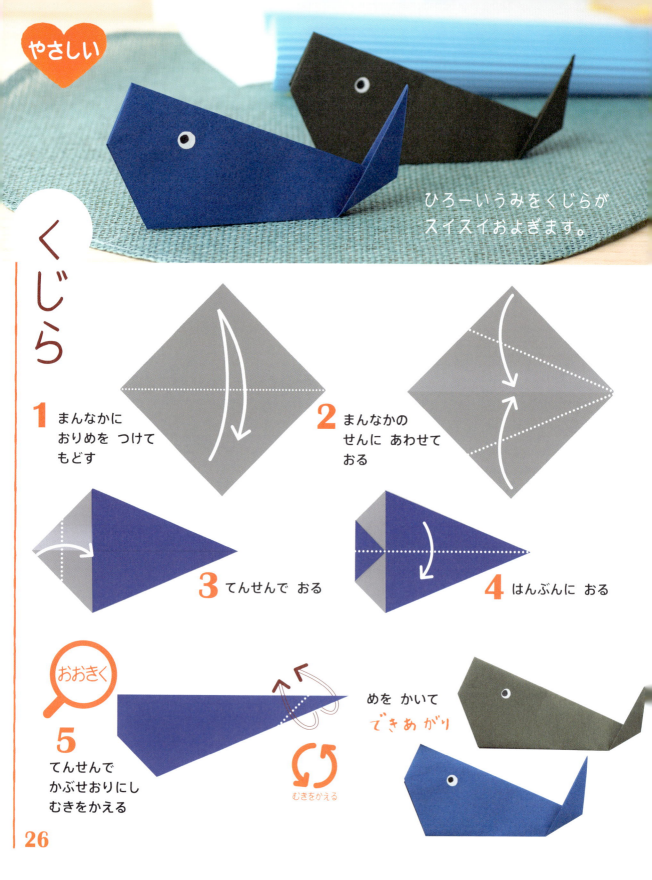

ペンギン

ぼくたち
ペンギンズ、
なかよしトリオだよ。

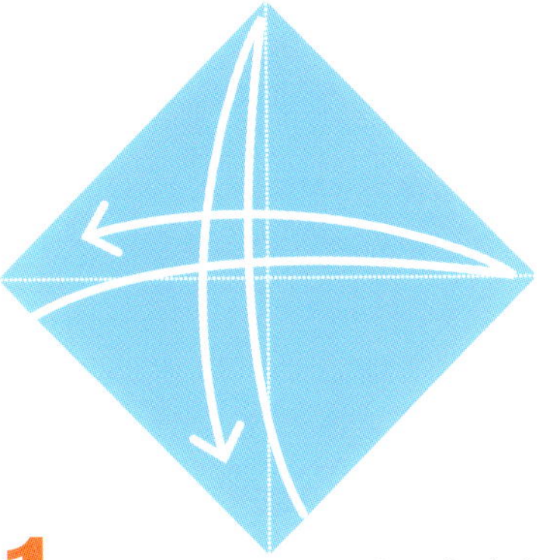

1 たてと よこに まんなかに おりめを つけて もどす

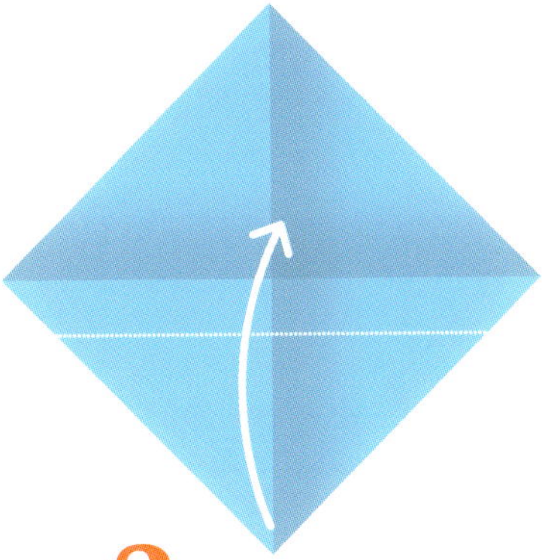

2 てんせんで おる

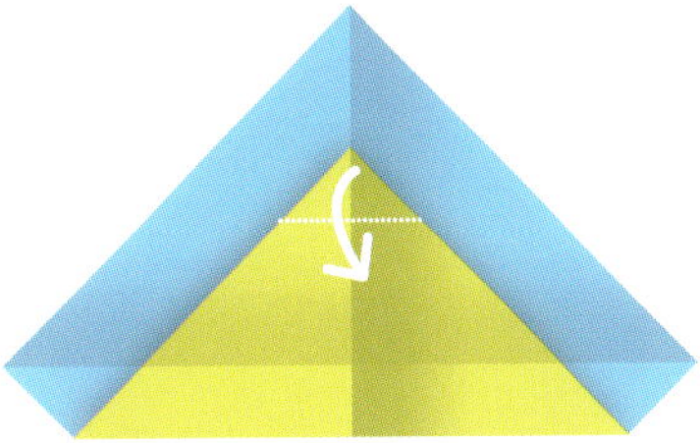

3 てんせんで おる

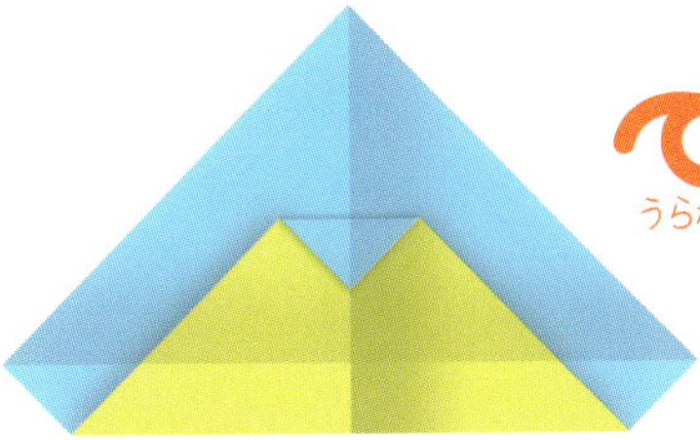

4 うらがえす

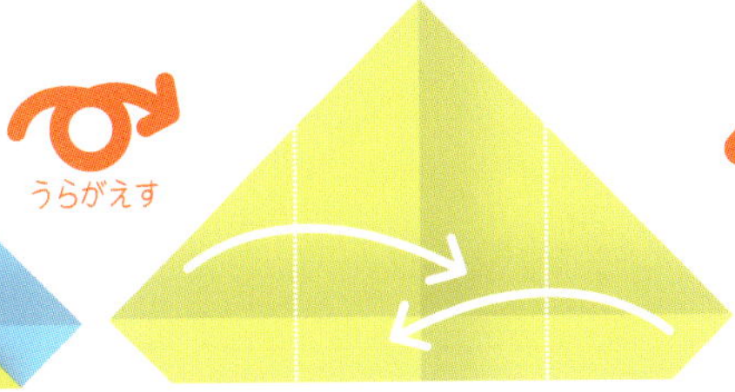
うらがえす

5 てんせんで おる

おおきく

6 てんせんで おる

7 てんせんで おる

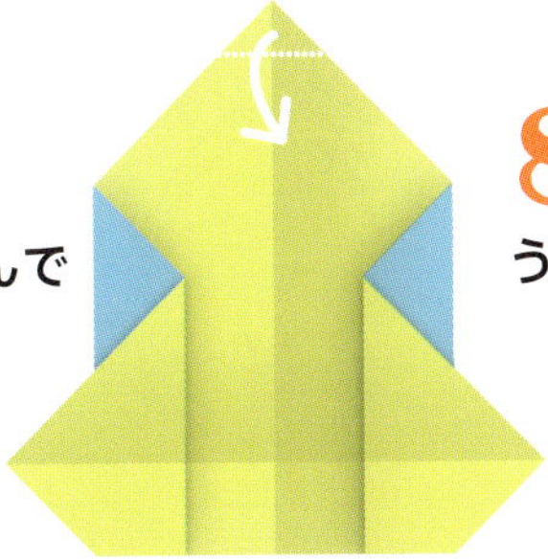

8 うらがえす

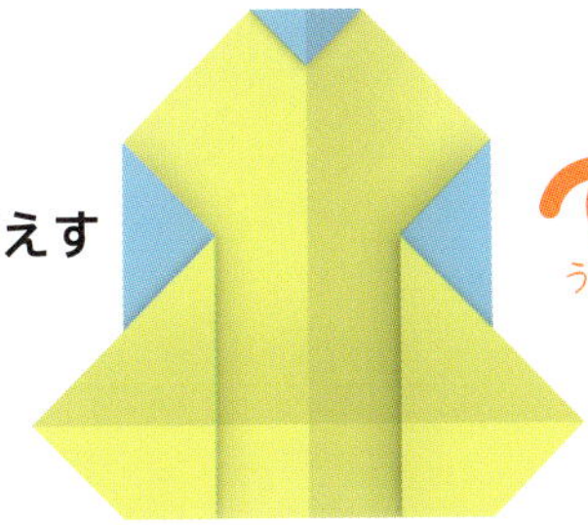

うらがえす

めを かいて できあがり

なかまがいっぱい、
かわのなかはにぎやかです。

めだか

★半分《はんぶん》に切《き》った折《お》りがみを使《つか》います。

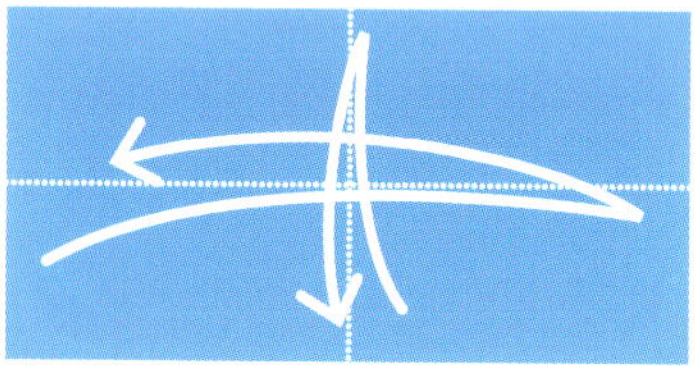

1 たてと よこに まんなかに おりめを つけて もどす

2 まんなかの せんに あわせて おる

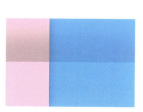

3 うらがえす

おおきく
うらがえす

4 まんなかの せんに あわせて おる

5 てんせんで おる

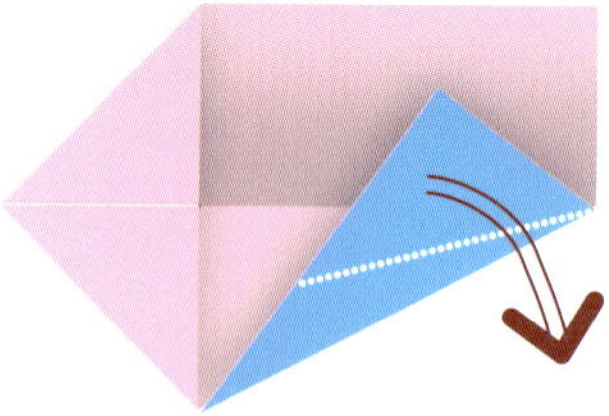

6 てんせんで おる

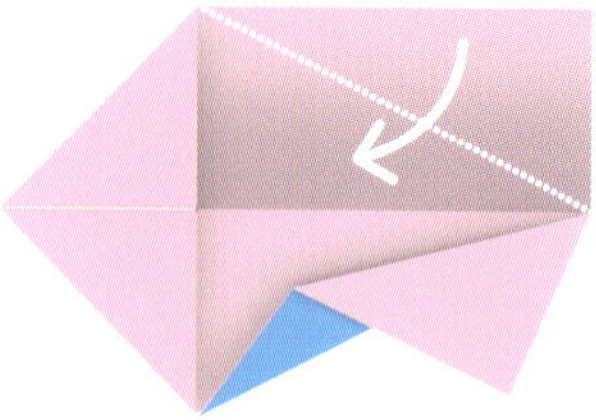

7 5、6 とおなじように おる

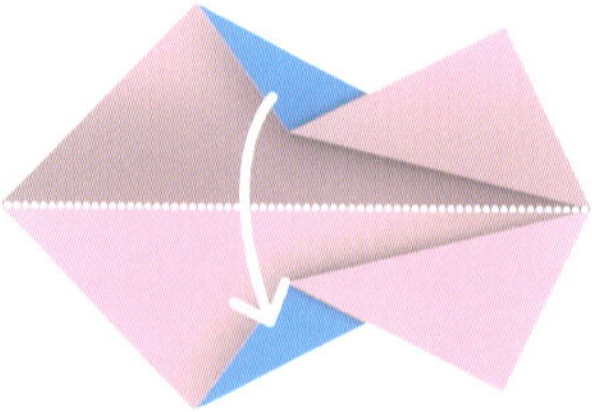

8 はんぶんに おる

めと もようを かいて

できあがり

せなかのもようを
よくみて。
みんなちがうよ。

てんとうむし

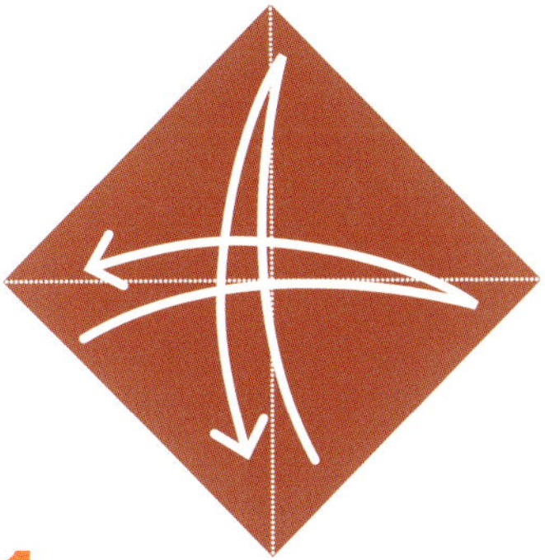

1 たてと よこに まんなかに おりめを つけて もどす

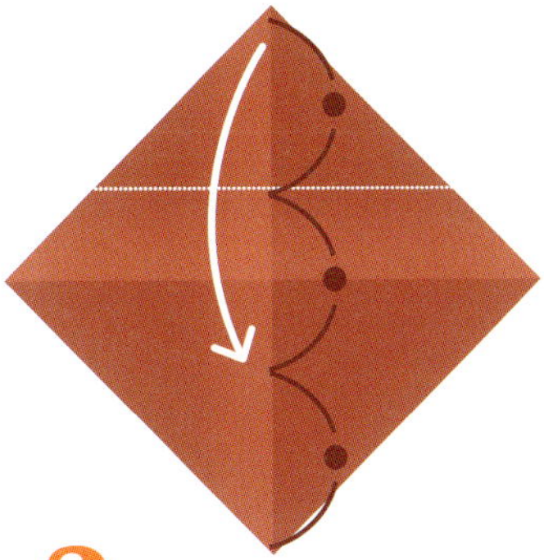

2 てんせんで おる

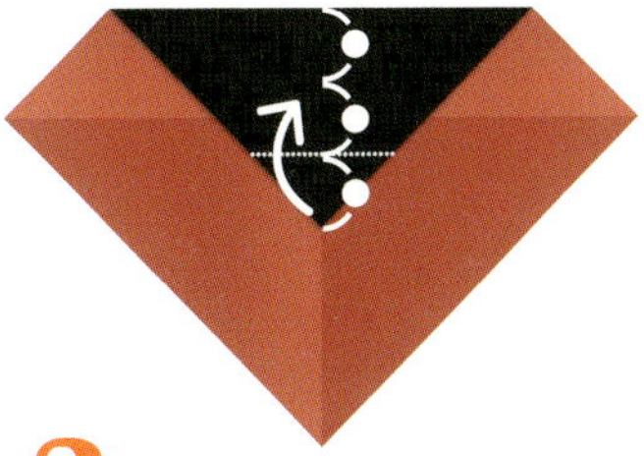

3 てんせんで おる

4 てんせんで うちがわへ おる

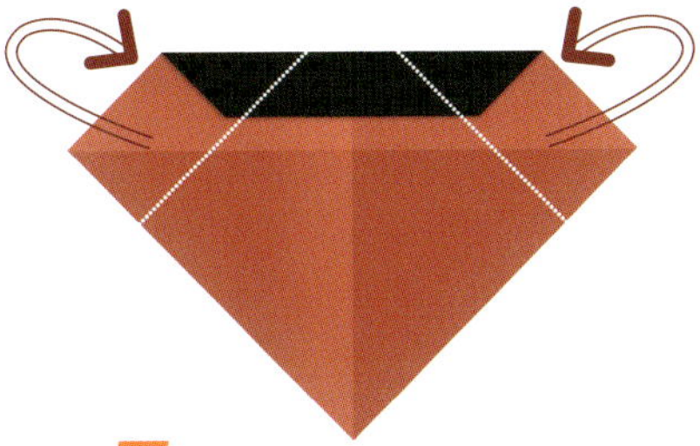

5 てんせんで うしろへ おる

おおきく

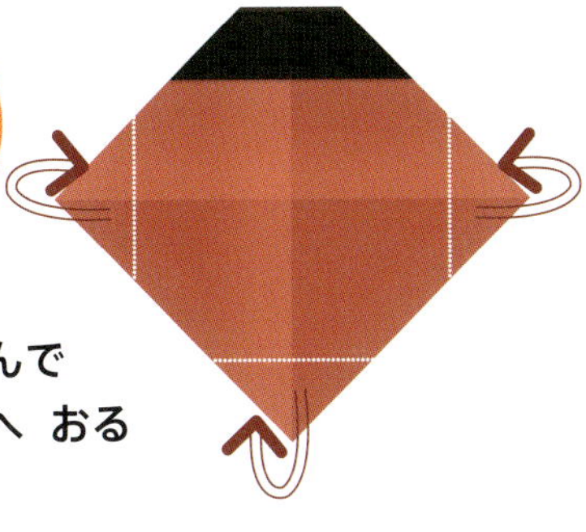

6 てんせんで うしろへ おる

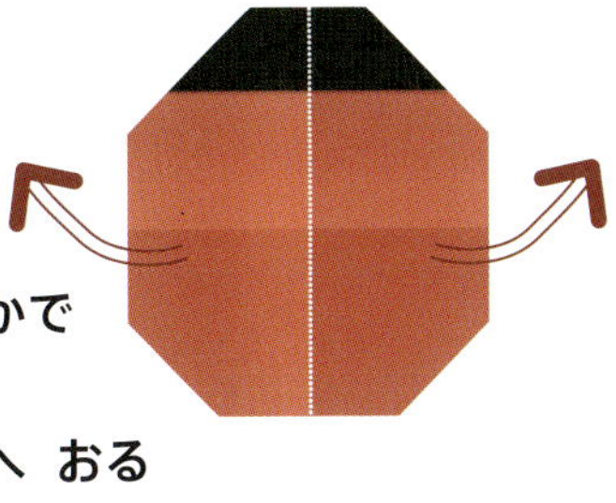

7 まんなかで すこし うしろへ おる

めと もようを かいて

できあがり

かぶとむし

りっぱなつので、たたかうぞ！
エイエイオー。

1 たてと よこに
まんなかに
おりめを つけて
もどす

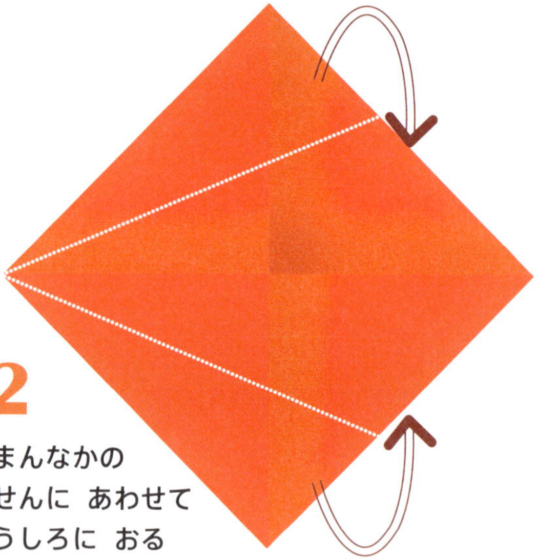

2 まんなかの
せんに あわせて
うしろに おる

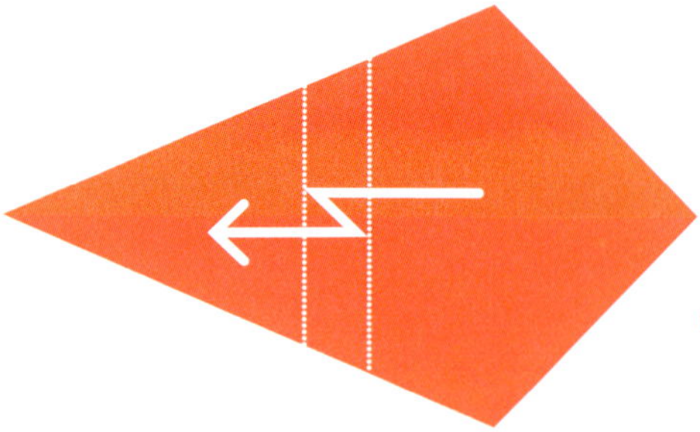

3 てんせんで だんおりにする

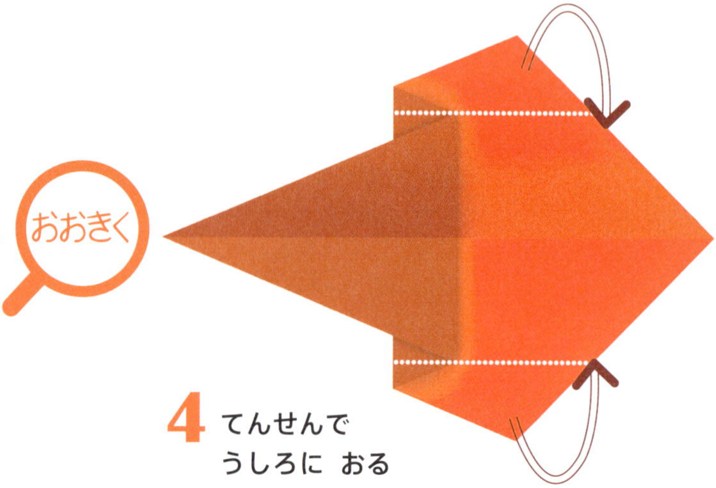
おおきく

4 てんせんで
うしろに おる

5 てんせんで うしろに おる

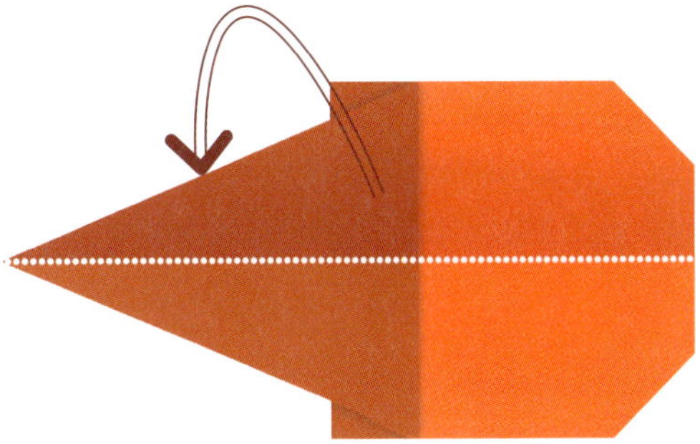

6 はんぶんに おる

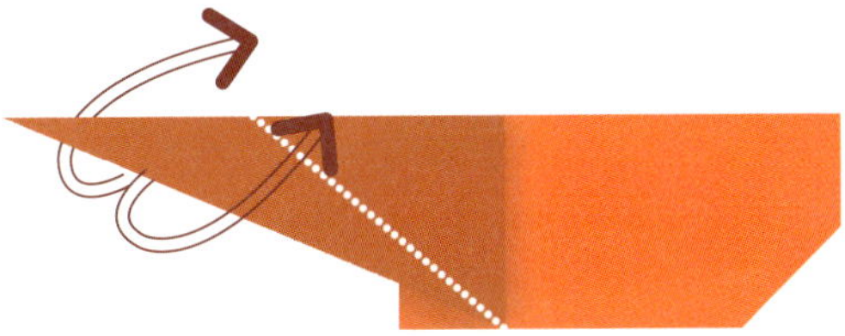

7 てんせんで かぶせおりにする

8 てんせんで なかわりおりにする

9 てんせんで うちがわに おる。
うらも おなじように おる

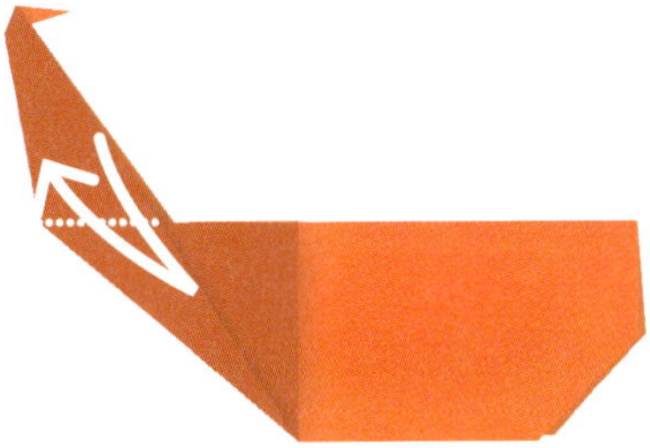

10 てんせんで おって
おりめを つけて もどす

めを かいて
できあがり

やさしい

トリケラトプス

おおきなつのがある
きょうりゅうだぞ。

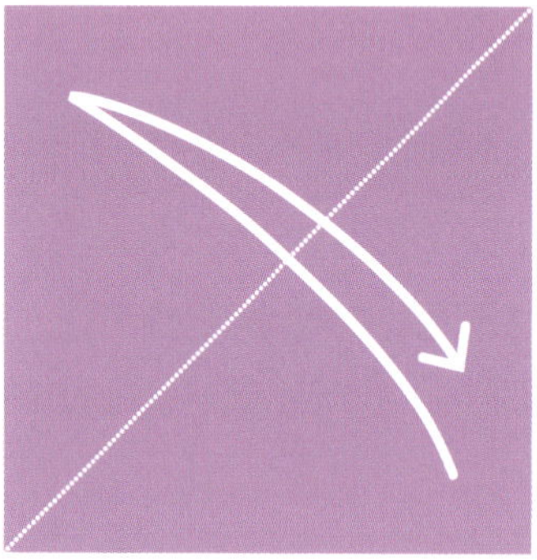

1 まんなかに おりめを
つけてもどす

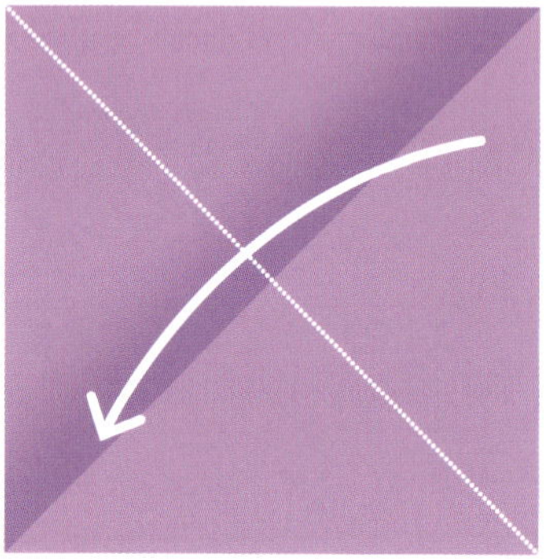

2 はんぶんに おる

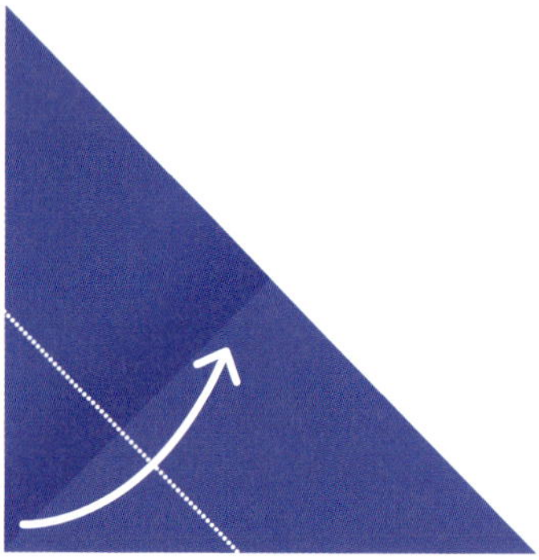

3 うえの 1まいを
てんせんで おる

4 てんせんで
うしろに おる

5 てんせんで おる

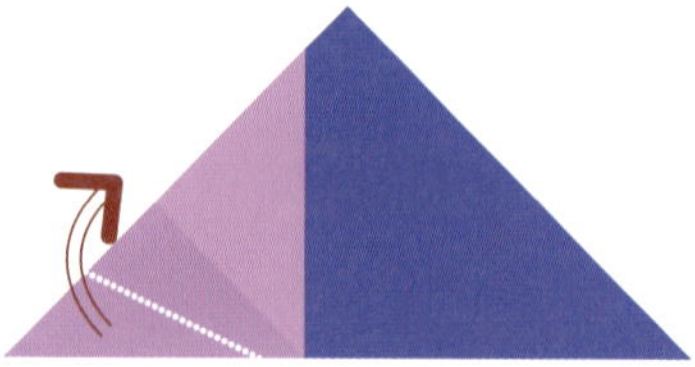

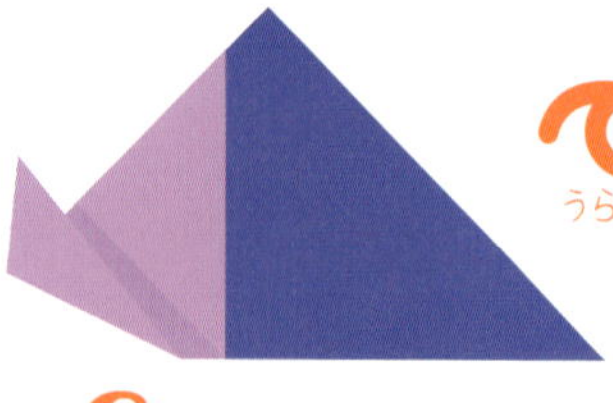

6 うらがえす

7 うえの 1まいを
てんせんで おる

かおと もようを
かいて

できあがり

イグアノドンは
いつもなかまといっしょ。

イグアノドン

1 たてと よこに まんなかに
おりめを つけて もどす

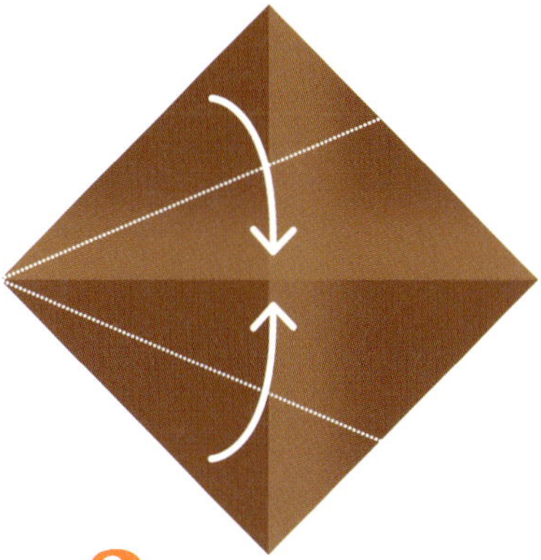

2 まんなかの せんに
あわせて おる

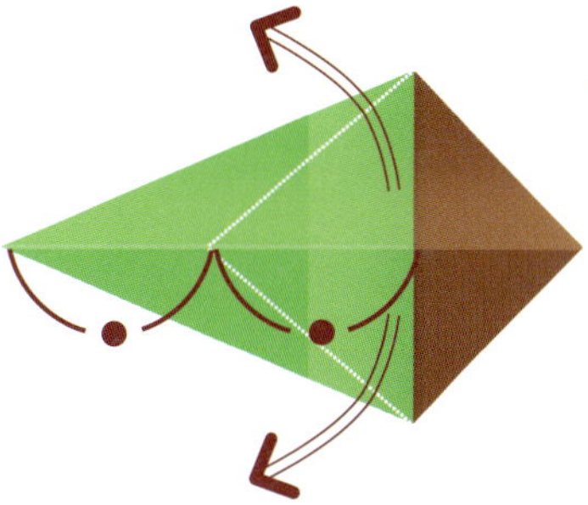

3 てんせんで おる

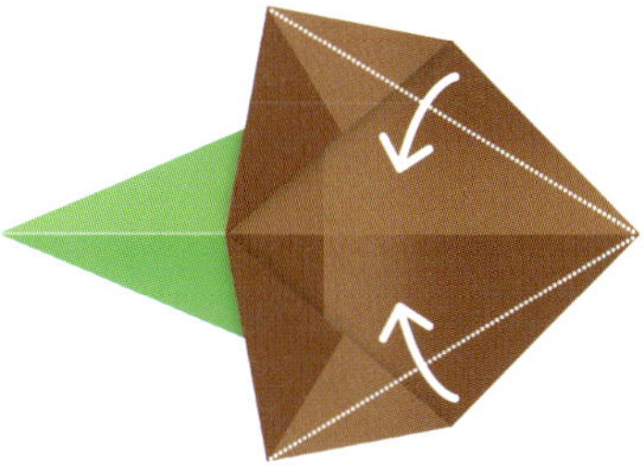

4 てんせんで おる

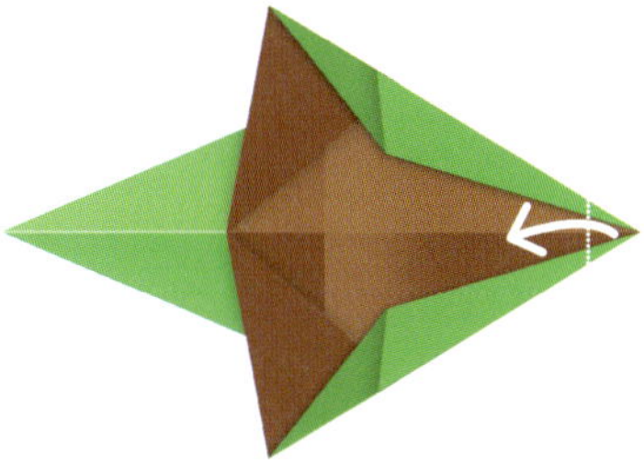

5 かどを おる

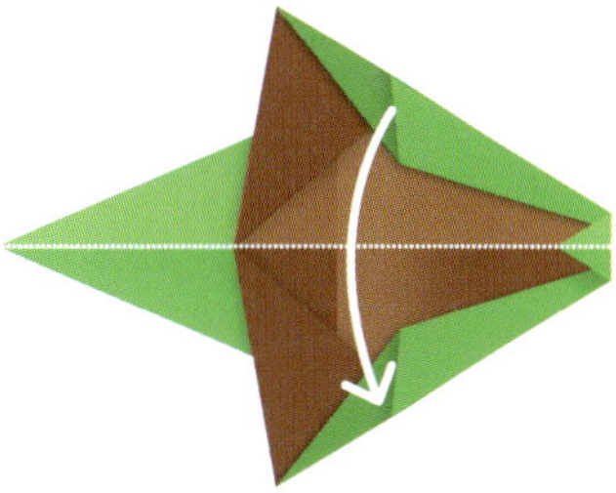

6 はんぶんに おる

7 てんせんで おる

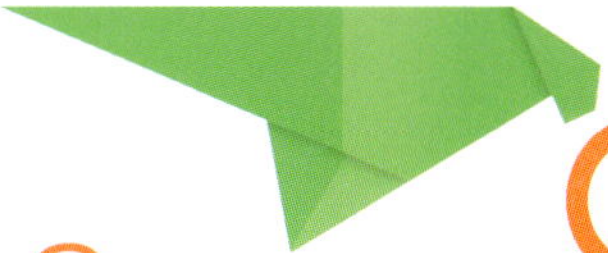

8 むきをかえる

めと もようを
かいて

できあがり

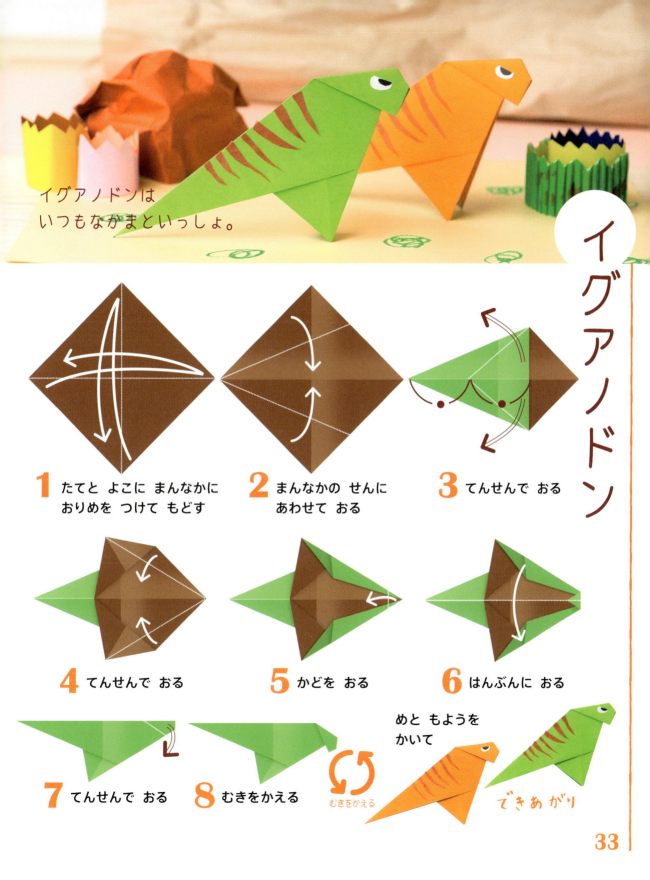

ティラノサウルス

ズシン、ズシン、
おおきなあしおとが
するね。

1 たてと よこに まんなかに
おりめをつけて もどす

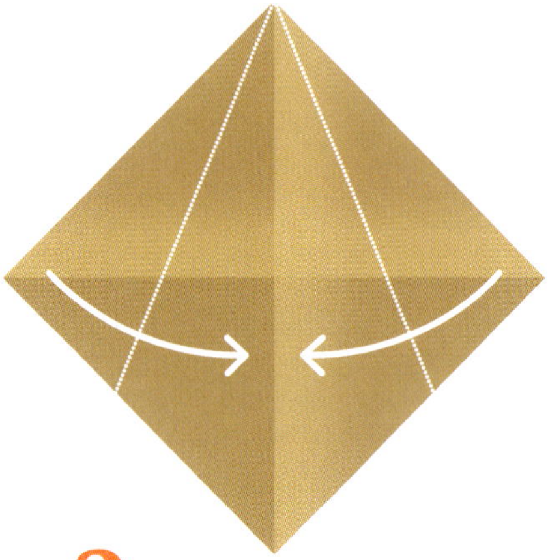

2 まんなかの せんに
あわせて おる

3 うしろに おる

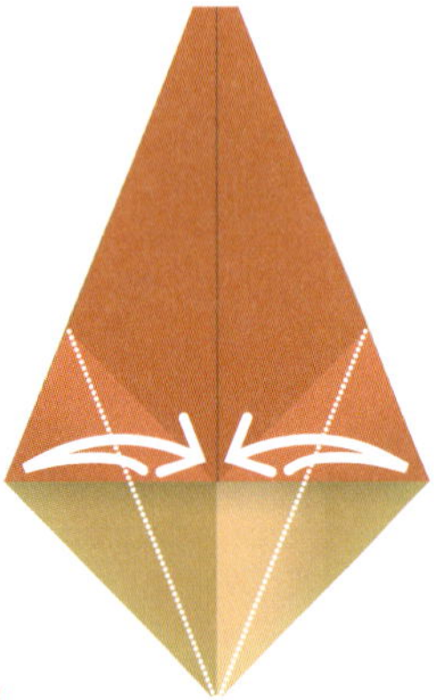

4 まんなかの せんに
あわせて おりめを
つけて もどす

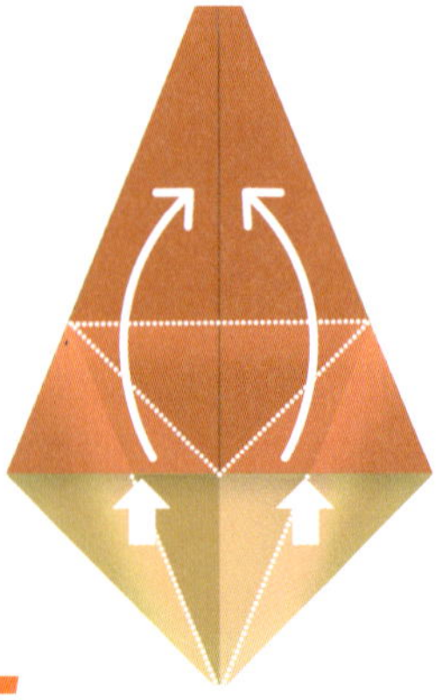

5 ← から ふくろを
ひらいて つぶす

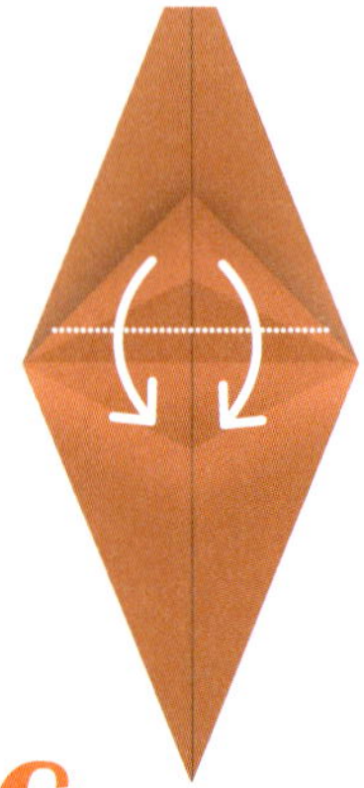

6 てんせんで
おる

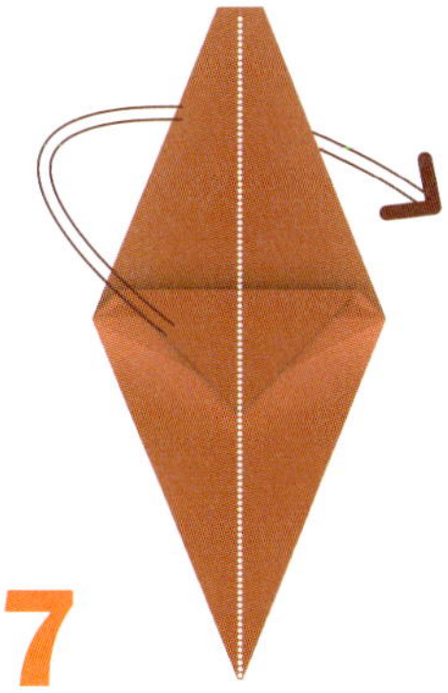

7

うしろに
はんぶんに　おる

おおきく

8

← から　ふくろを
ひらいて　つぶす

9

てんせんで　おって
おりめを　つけて
もどす

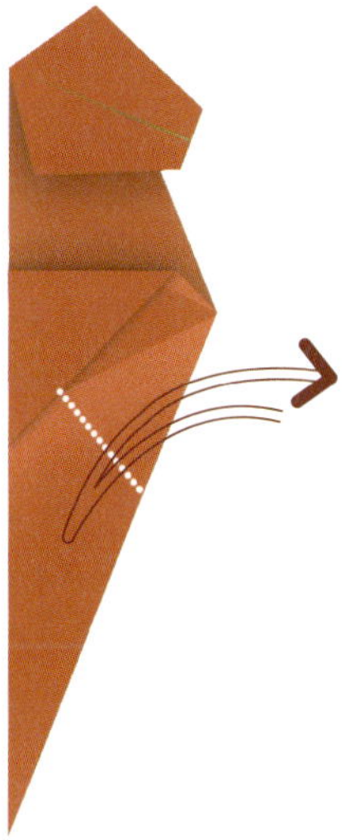

10

てんせんで
なかわりおりに
する

11 あたまを　のこして
からだを　うしろに　おる

12 ふとせんを
はさみで　きる

おおきく

13 てんせんで
おる

14 まんなかの　かみを
はさみで　きりとる

かおと　もようを　かいて

できあがり

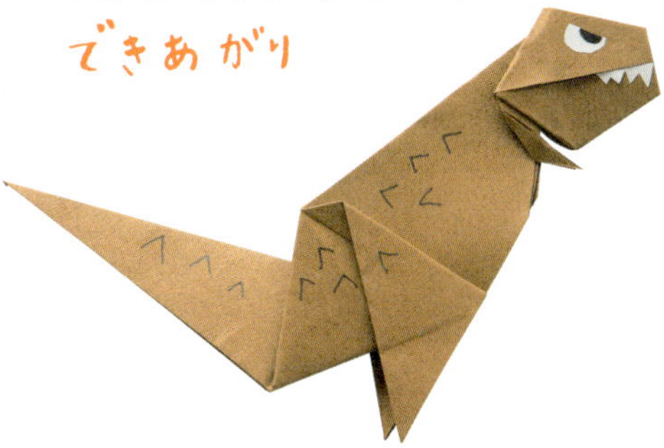

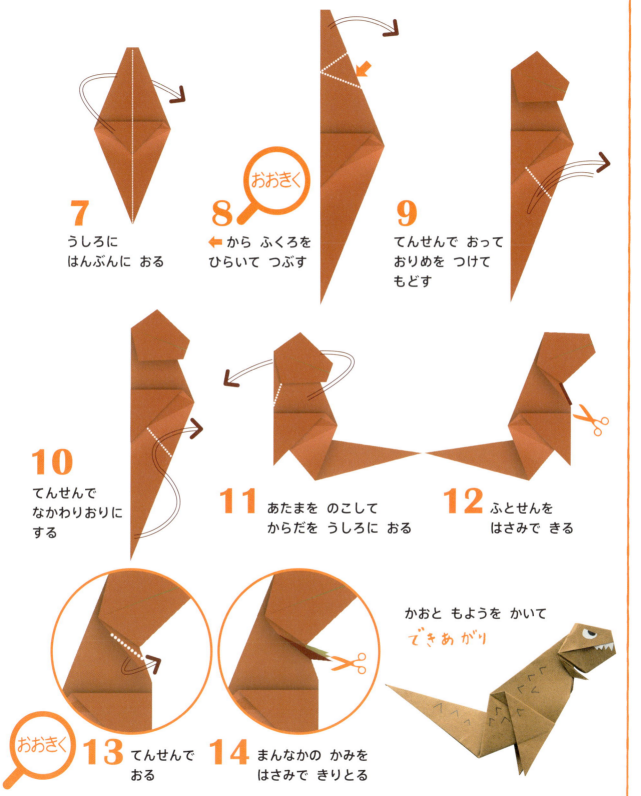

きょうりゅうの
だいかぞくにしても
たのしいよ。

おやこのきょうりゅう

こどものきょうりゅう ★折《お》りがみを 2cmカットして使《つか》います（13cm × 13cm）。

1 はんぶんに おる

2 まんなかに おりめを つけて もどす

3 てんせんで おる

おおきく

4 てんせんで おる

5 3 の かたちまで ひろげる

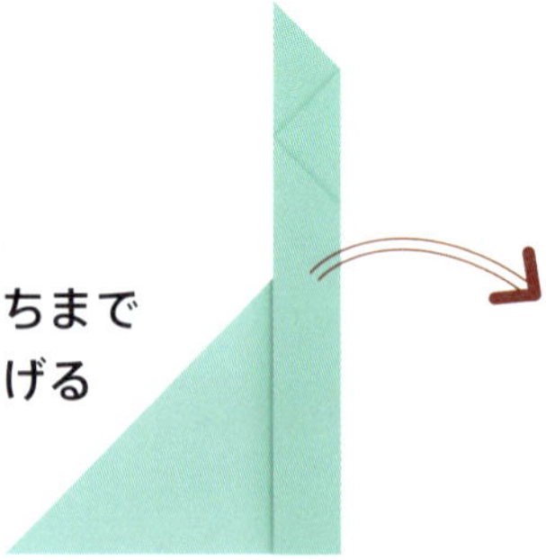

6 まくように おる

7 てんせんで おる

8 てんせんで おる

めと もようを かいて できあがり

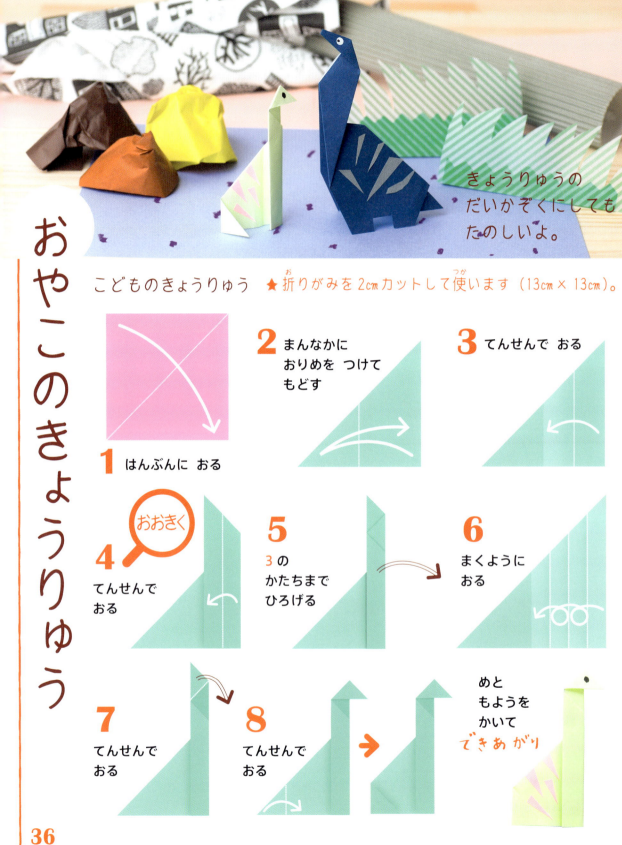

おやのきょうりゅう

1

まんなかに　おりめを
つけて　もどす

2

まんなかの　せんに
あわせて　おる

3

はんぶんに　おる

4

むきを　かえる

5

てんせんで　おって
おりめを　つけて　もどす

6

てんせんで
かぶせおりにする

7

てんせんで　おって
おりめを　つけて　もどす

8

てんせんで
かぶせおりに　する

9

てんせんで
なかわりおりに
する

10

てんせんで
おって　おりめを
つけて　もどす

11

うちがわに
だんおりに
する

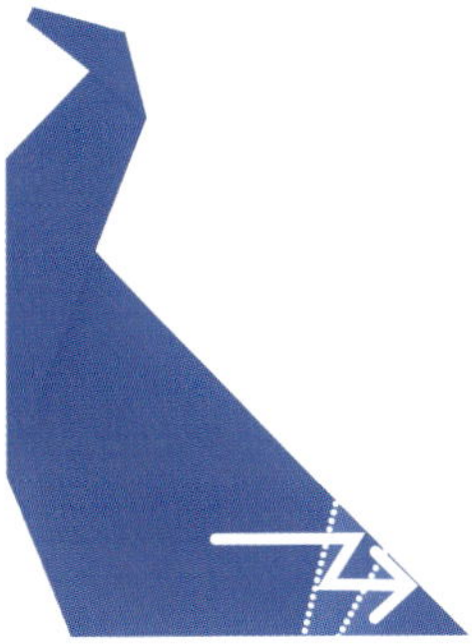

12

ふとせんを
はさみで
きる

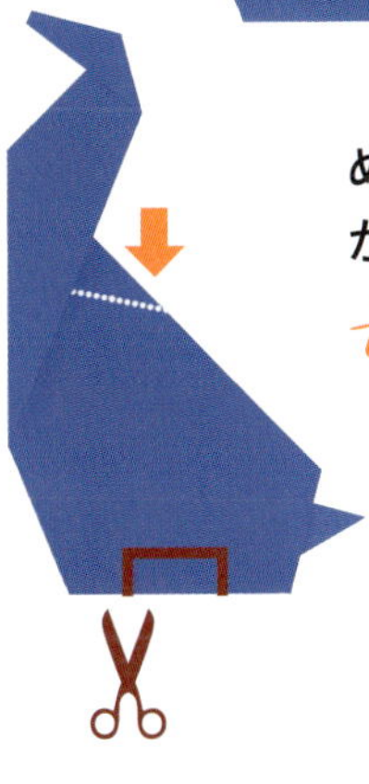

13

うえを　おしこみ
したは　ふとせんを
はさみで　きる

めと　もようを
かいて
できあがり

やさしい

くるま

おでかけしよう。
なにいろのくるまにする？

1 たてと よこに まんなかに おりめを つけて もどす

2 まんなかの せんに あわせて おる

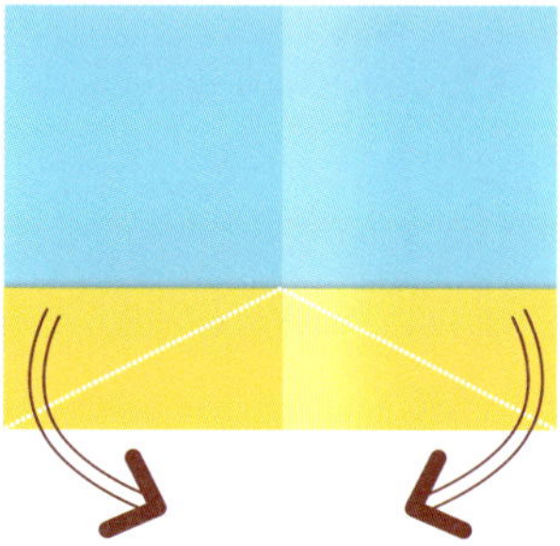

3 てんせんで おる

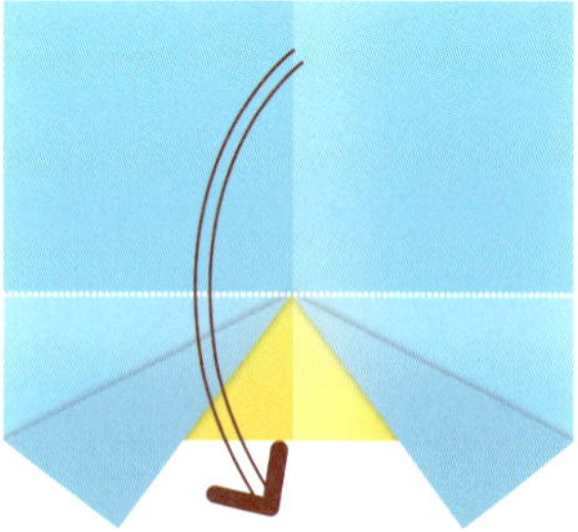

4 てんせんで おる

5 てんせんで おる

おおきく

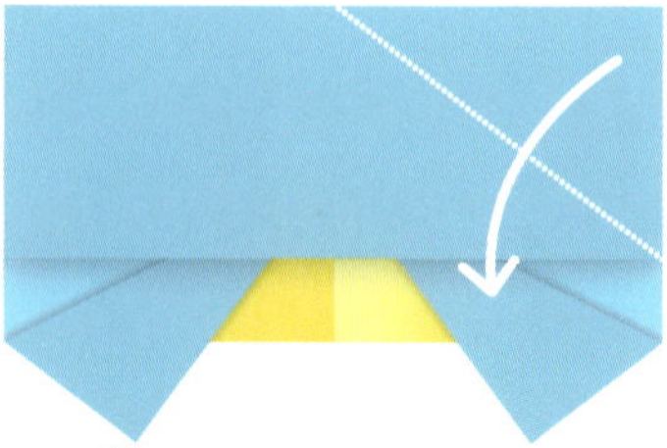

6 てんせんで おる

7 うらがえす

まどを かいて

できあがり

やさしい

パトカー

ウ〜〜〜。
スピードのだしすぎは
いけません。

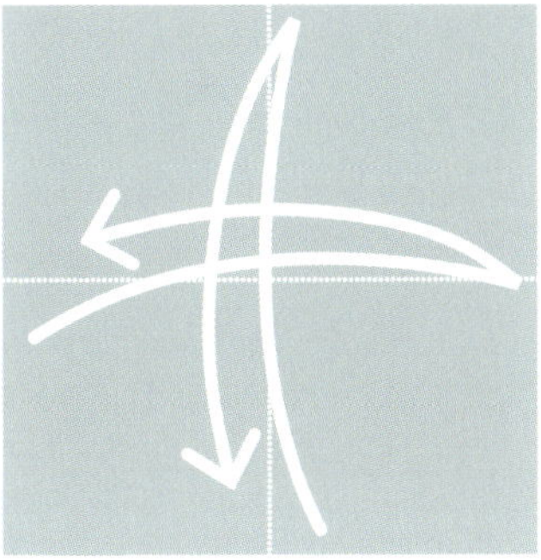

1 たてと よこに まんなかに
おりめを つけて もどす

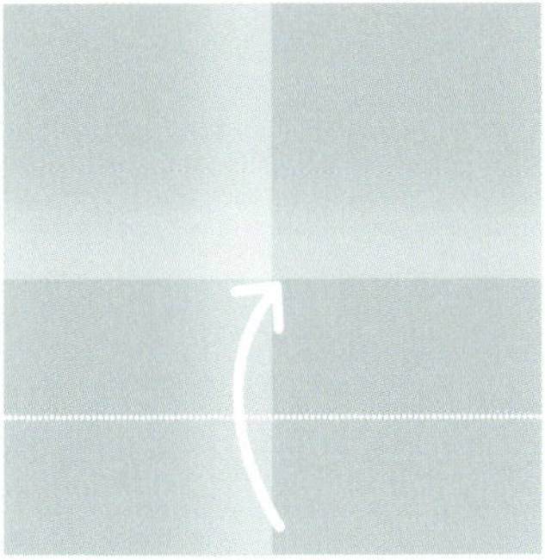

2 まんなかの せんに
あわせて おる

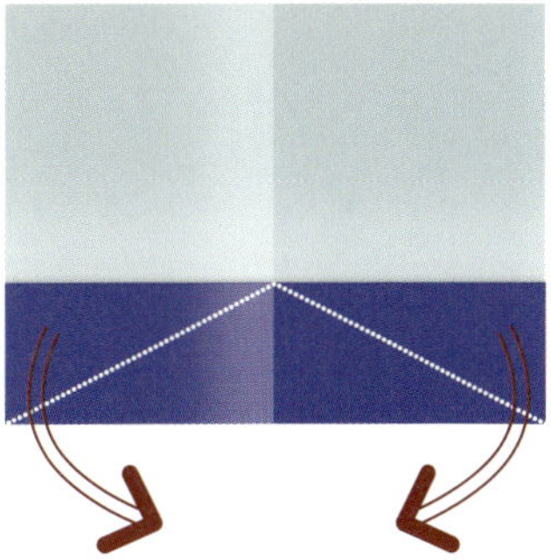

3 てんせんで おる

4 うらがえす

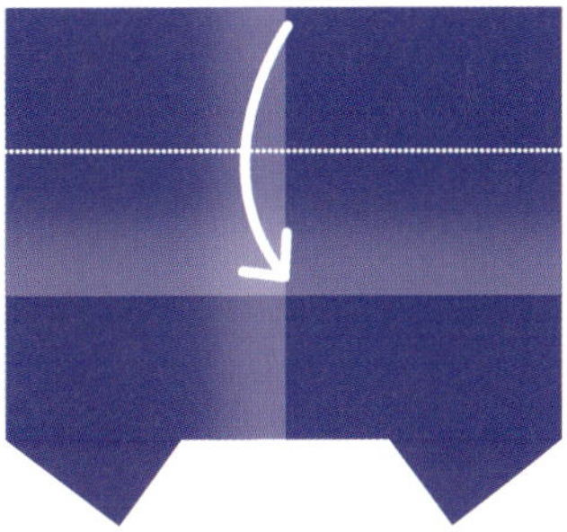

5 まんなかの
せんに
あわせて おる

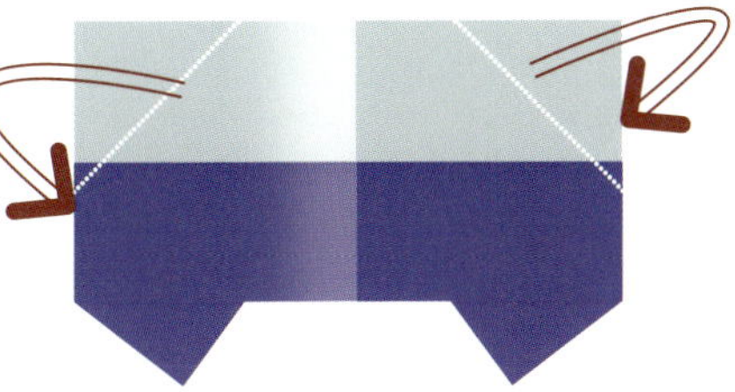

6 てんせんで うしろへ おる

まどを かいて
あかい ランプを つけて
できあがり

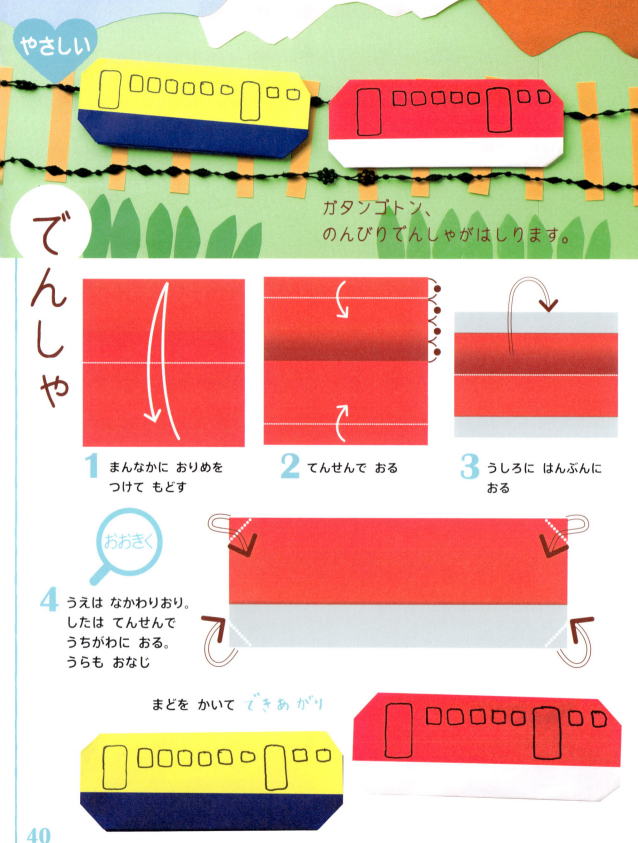

やさしい

でんしゃ

ガタンゴトン、
のんびりでんしゃがはしります。

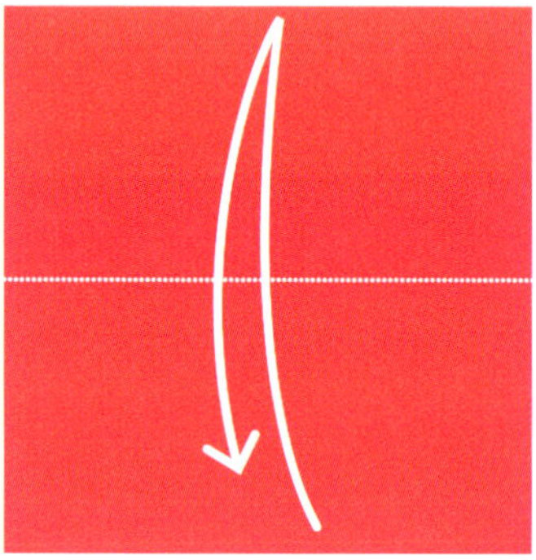

1 まんなかに おりめを
つけて もどす

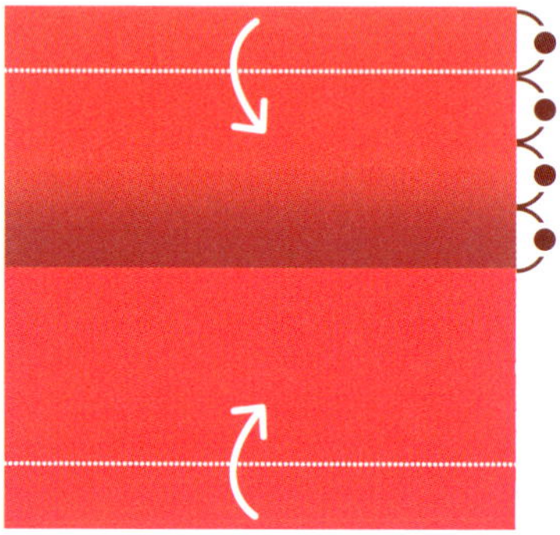

2 てんせんで おる

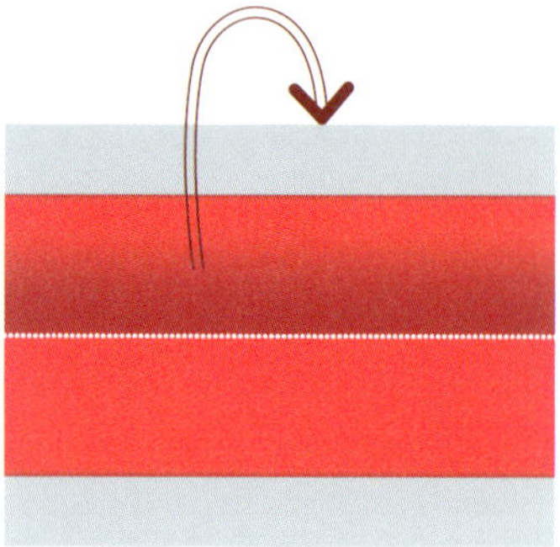

3 うしろに はんぶんに
おる

おおきく

4 うえは なかわりおり。
したは てんせんで
うちがわに おる。
うらも おなじ

まどを かいて できあがり

しんかんせん

やさしい

はやいはやいしんかんせん。
めにもとまらぬはやさだね。

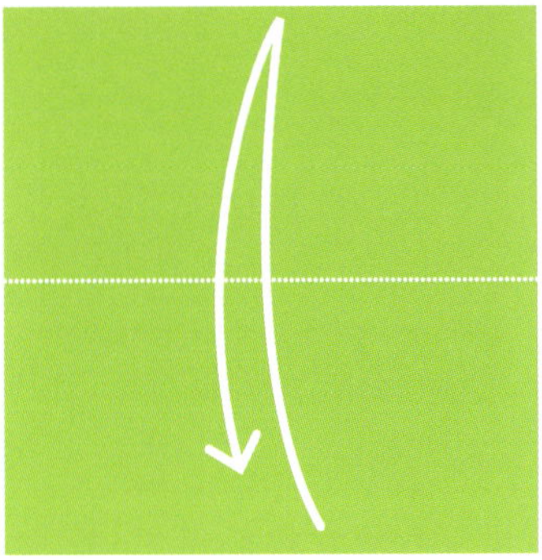

1 まんなかに おりめを つけて もどす

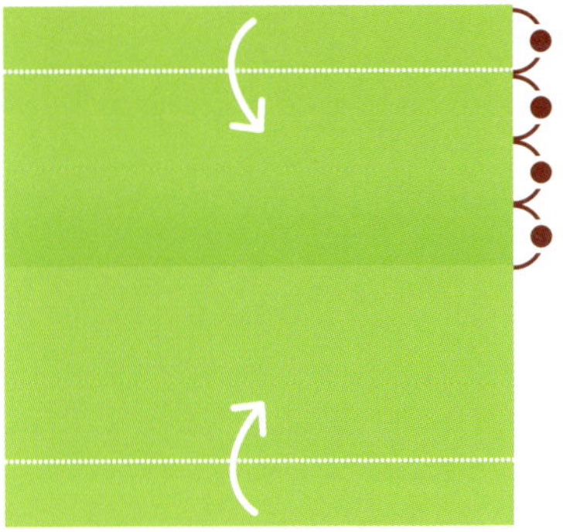

2 てんせんで おる

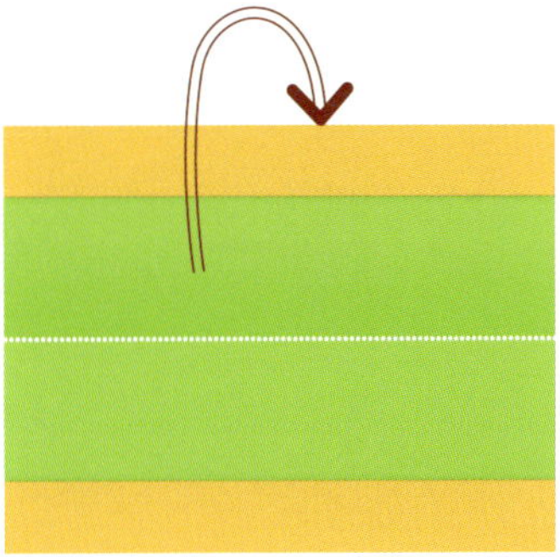

3 うしろに はんぶんに おる

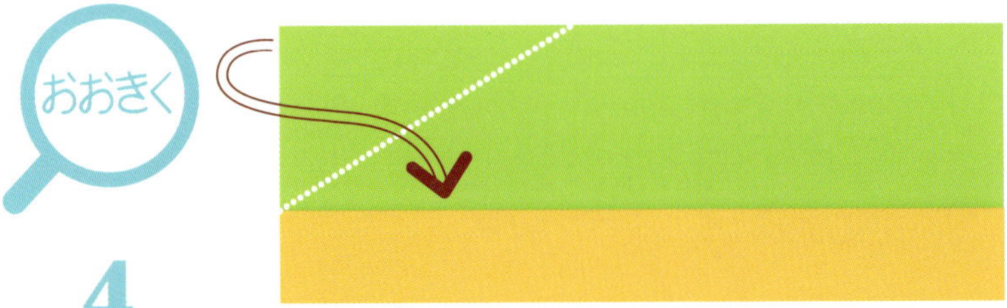

4 てんせんで なかわりおり

5 てんせんで うちがわに おる。うらも おなじ

まどを かいて できあがり

つなげる車両《しゃりょう》は、作《つく》り方《かた》3まで折《お》って、窓《まど》を描《か》いて完成《かんせい》!

トラック

にもつをたくさんはこぶ、
はたらきもの。

1 たてと よこに まんなかに
おりめを つけて もどす

2 てんせんで おる

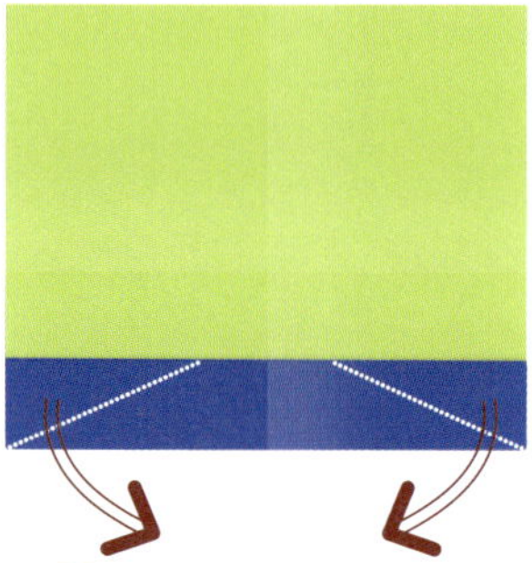

3 てんせんで おる

4 うらがえす

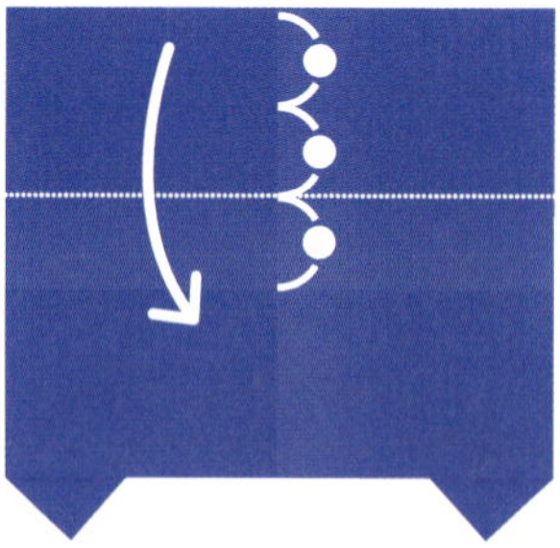

5 てんせんで おる

6 てんせんで おる

7 てんせんで おる

できあがり

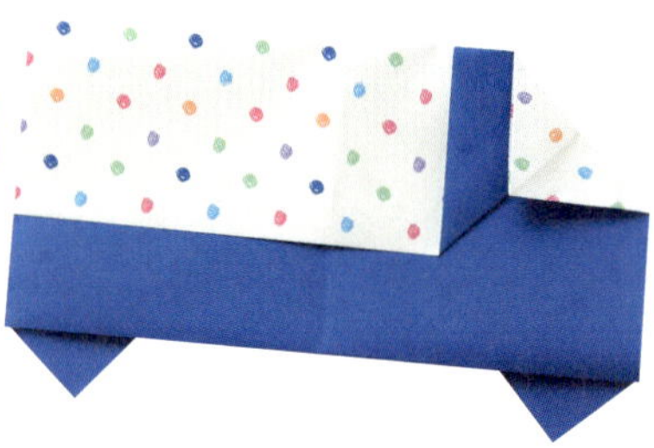

なみをかきわけ、
ズンズンすすみます。

ふね

1 たてと よこに まんなかに
おりめを つけて もどす

2 まんなかの せんに
あわせて おる

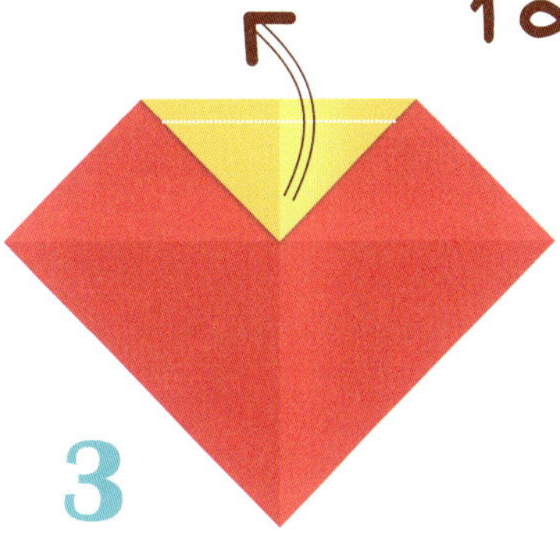

3 てんせんで おる

4 てんせんで おる

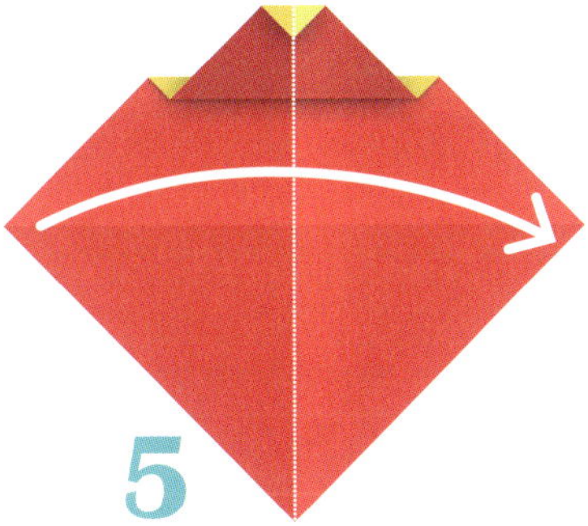

5 はんぶんに おる

6 てんせんで かぶせおり

7 むきを かえる

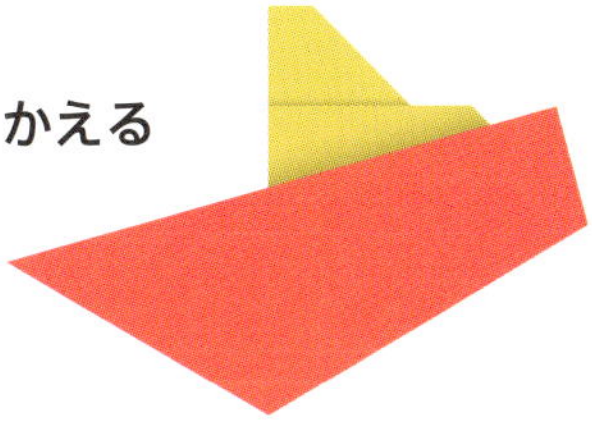

まどを かいて

できあがり

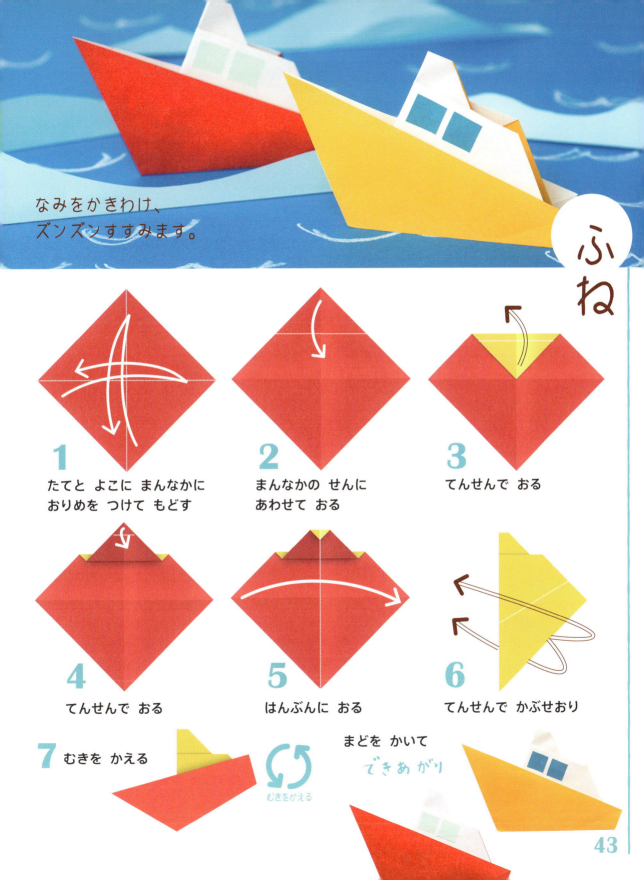

モーターのちからで
スピードアップ！

モーターボート

1
たてと よこに
まんなかに
おりめを　つけて
もどす

2
まんなかに
むけて おって
おりめを つけて
もどす

3
まくように
おる

4 うらがえす

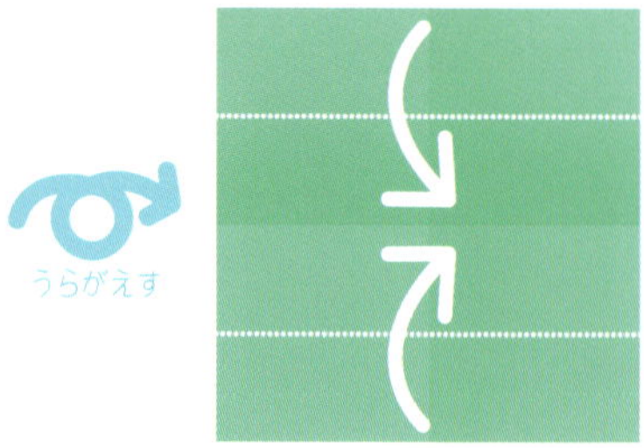

5 まんなかに
むけて　おる

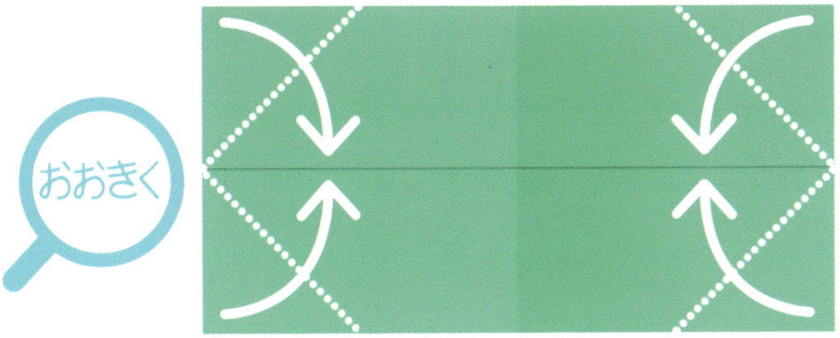

6 てんせんで　おる

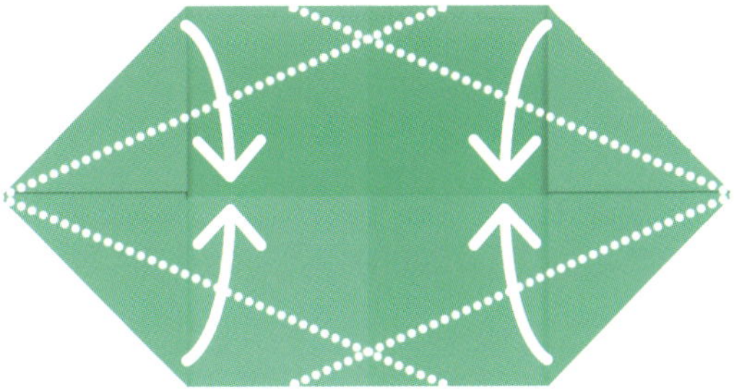

7 てんせんで　おる

8 てんせんで　おる

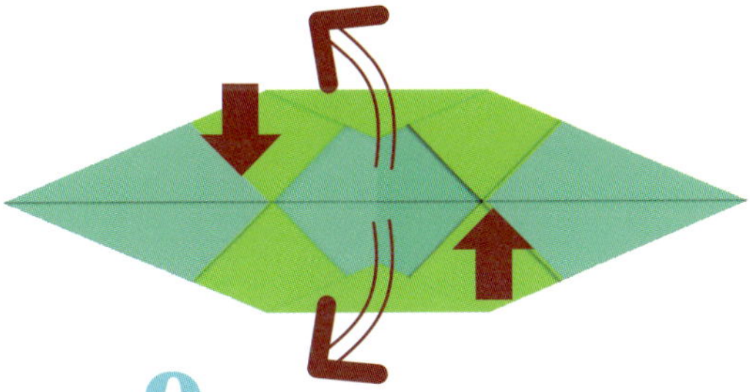

9 まんなかから　ひらく

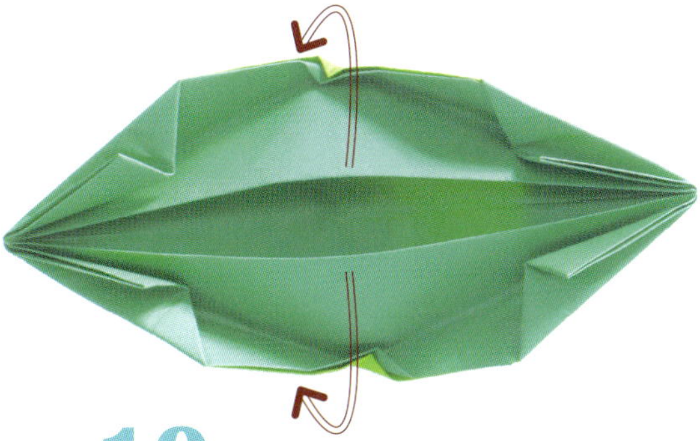

10 うしろに　ぐるりと
ひっくりかえす

11 うらがえす

12
うちがわの
かみを　だす

できあがり

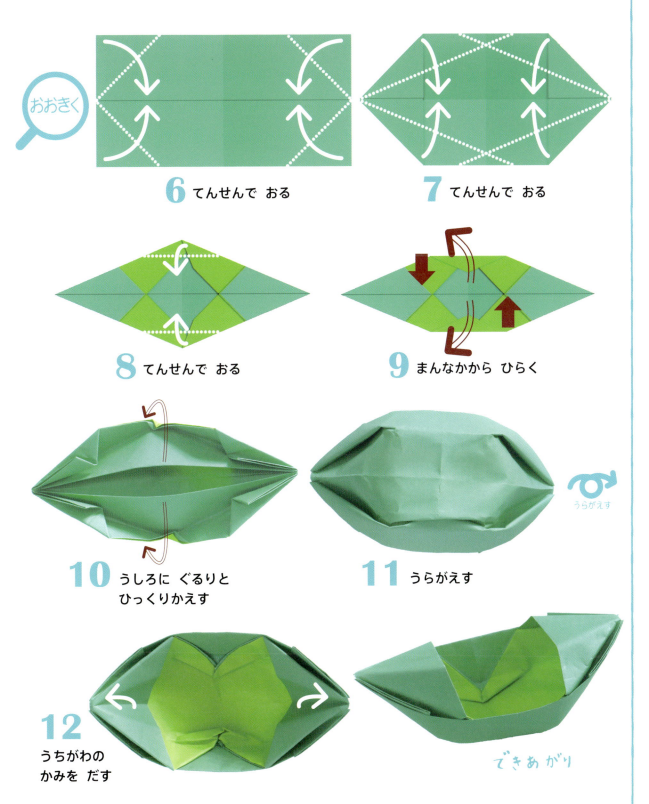

なみにチャプチャプゆれる、
かわいいボート。

オール／ボート

オール　★折《お》りがみを、たてに4等分《とうぶん》に切《き》って使《つか》います。

1 たてと　よこに
まんなかに　おりめを
つけて　もどす

2 まんなかの　せんに
あわせて　おる

おおきく

3 まんなかの
せんに
あわせて
うしろへ
おる

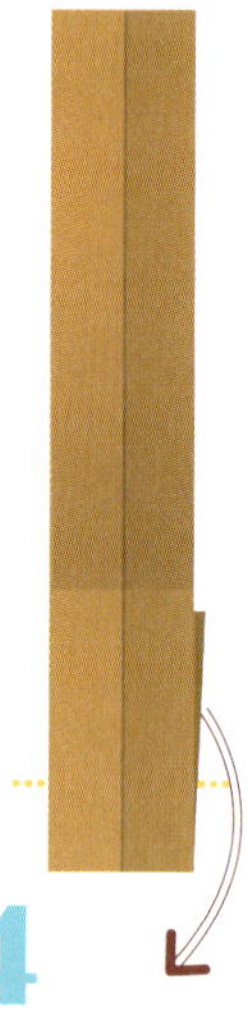

4 てんせんで
おる

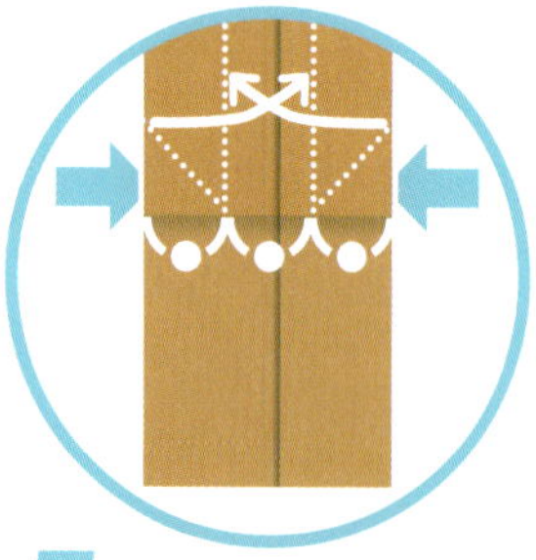

5 ⇐から　ひらいて
ほそく　おる

6 てんせんで　おる

7 うらがえす

できあがり

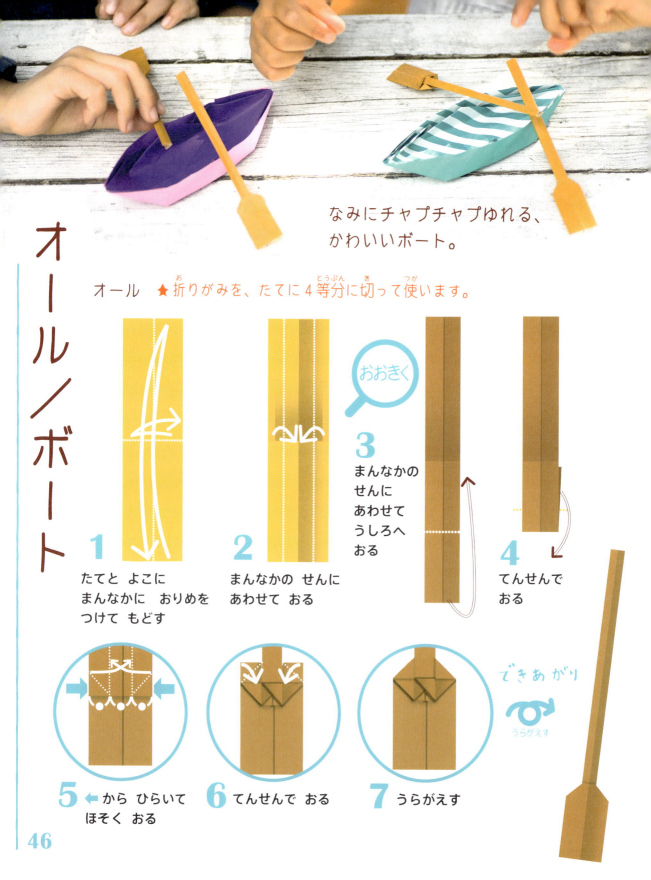

ボート

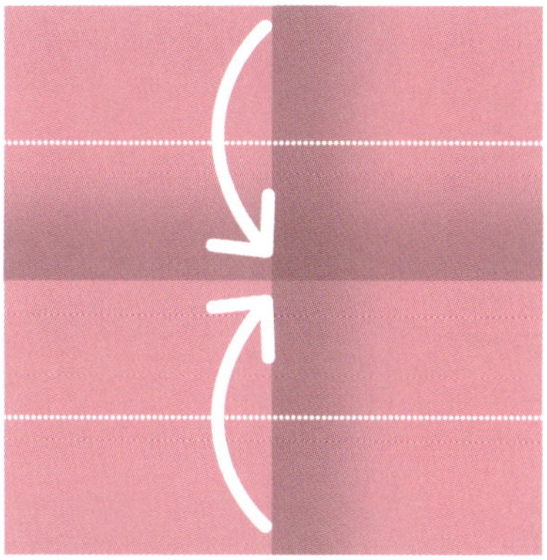

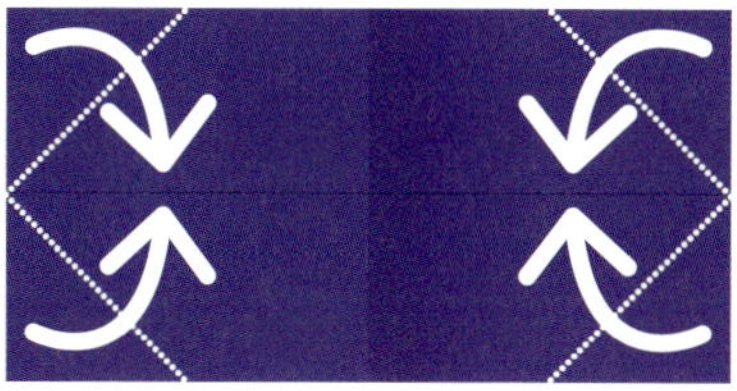

1 たてと よこに まんなかに
おりめを つけて もどす

2 まんなかの せんに
あわせて おる

3 まんなかの せんに
あわせて おる

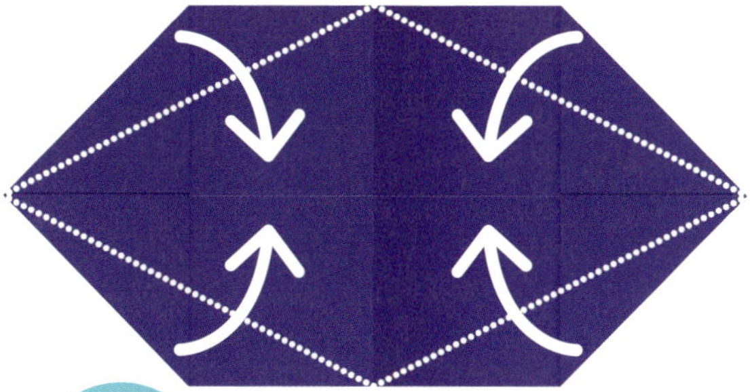

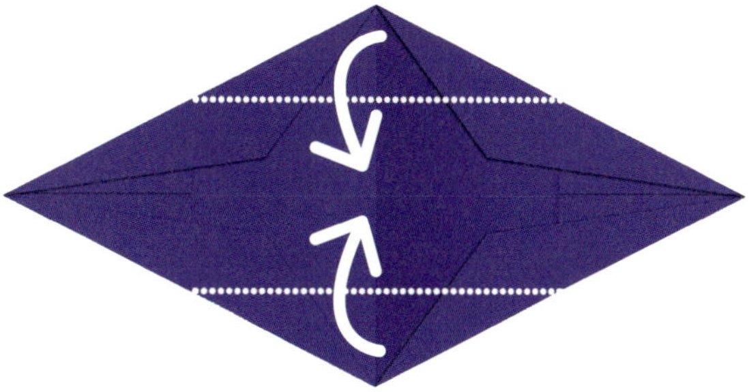

おおきく

4 てんせんで おる

5 まんなかの せんに
あわせて おる

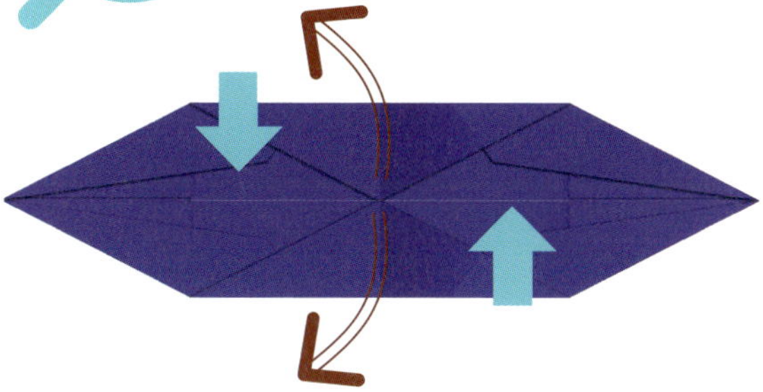

6 まんなかから ひらく

7 うしろに ぐるりと
ひっくり かえす

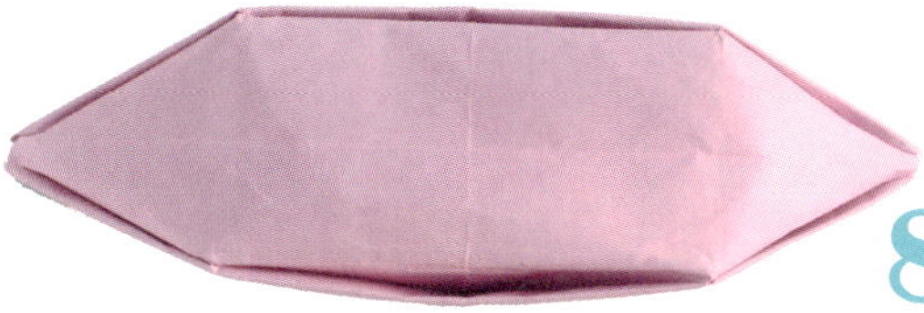

うらがえす

8 うらがえす

できあがり

3、2、1、
はっしゃ！
そらたかく
とんでいくよ。

ろけっと

1
たてと よこに
まんなかに
おりめを
つけて もどす

2
まんなかの
せんに
あわせて
おる

3 うらがえす

うらがえす

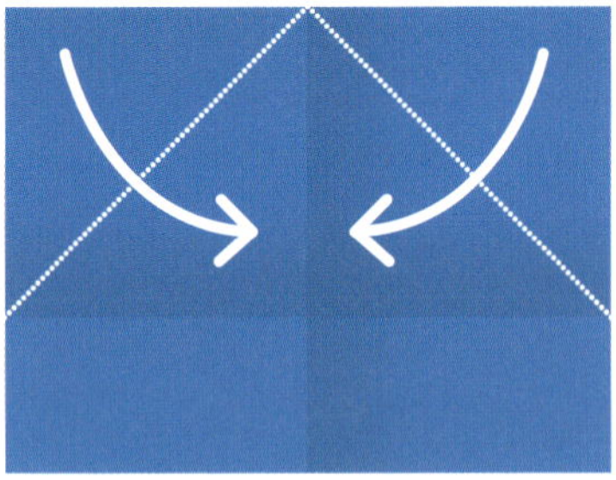

4 まんなかの せんに
あわせて おる

5 まんなかの せんに
あわせて おる

6
てんせんで
おる

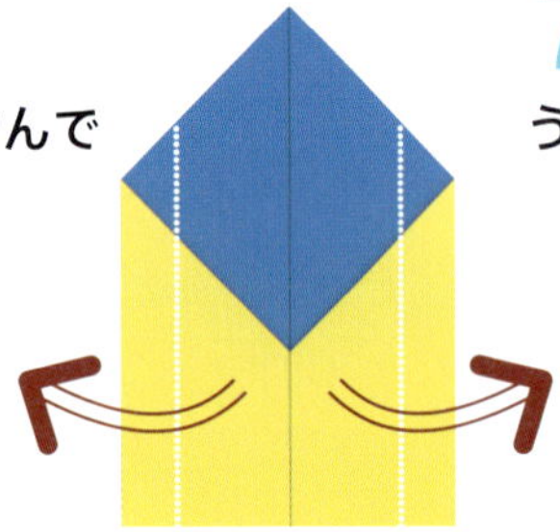

7
うらがえす

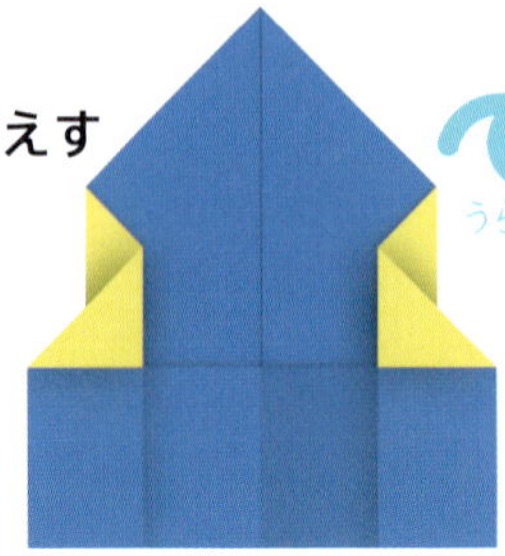

うらがえす

まどを かいて
できあがり

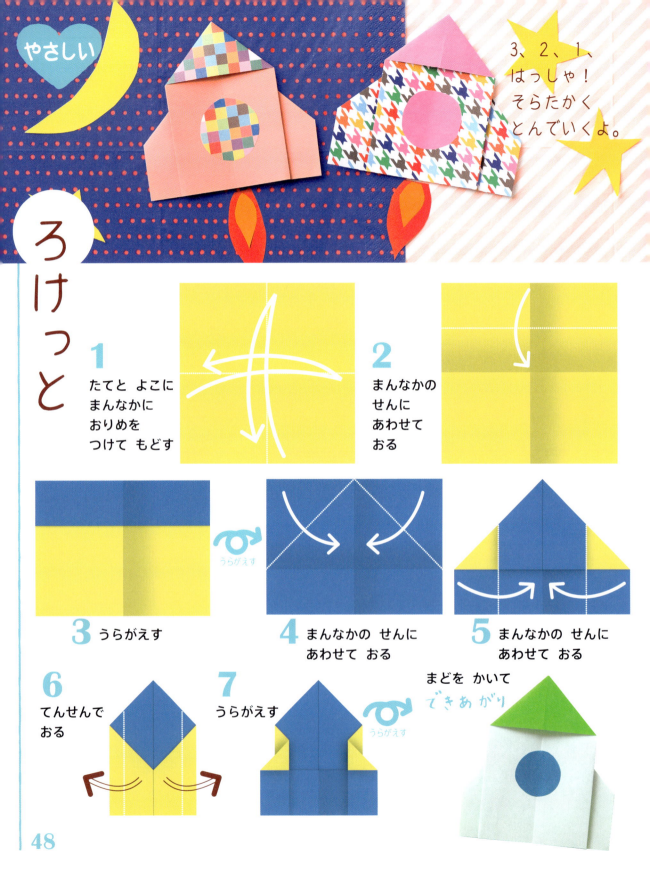

まわったり、
ひっくりかえったり？
やっぱりふしぎ。

やさしい

UFO

1 まんなかに おりめを つけて もどす

2 はんぶんに おる

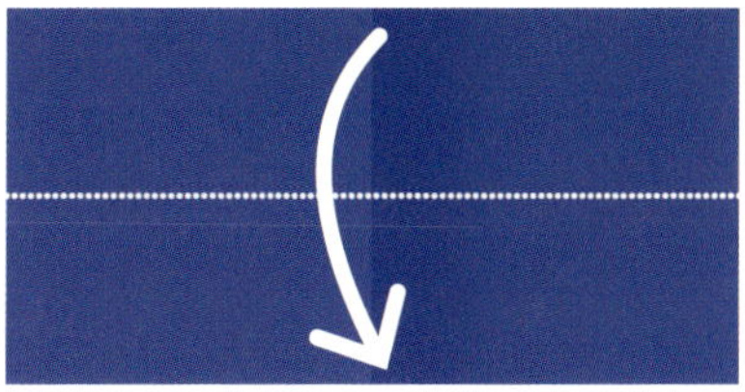

3 うえの 1まいを てんせんで おる

4 てんせんで おる

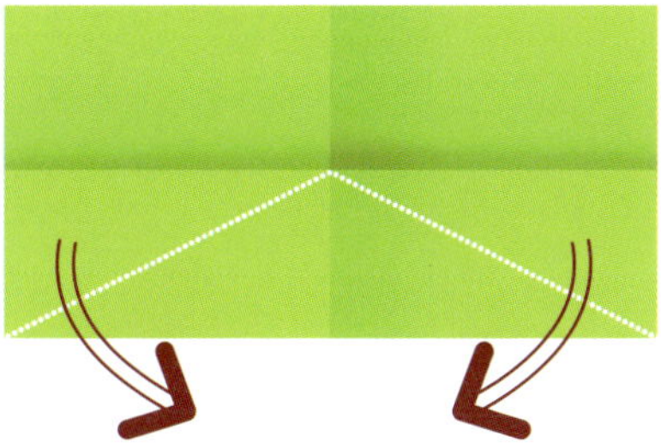

5 てんせんで おる

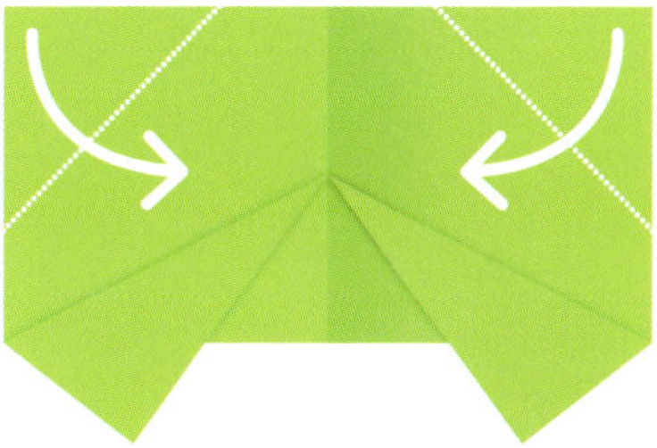

6 うらがえす

まどを かいて できあがり

たべもの

あまーいかおりのプリン、
だーいすき！

プリン

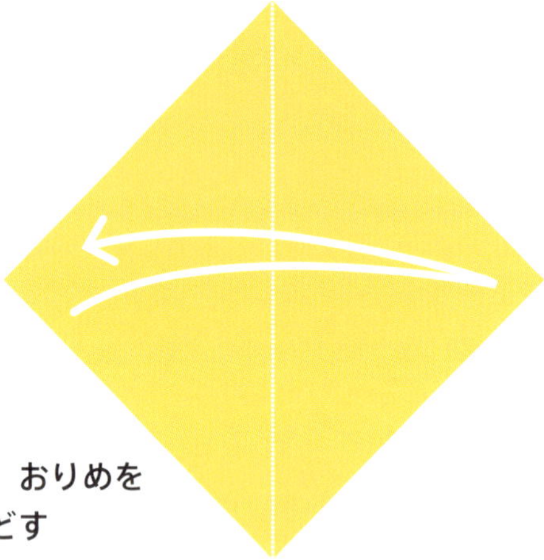

1
まんなかに おりめを
つけて もどす

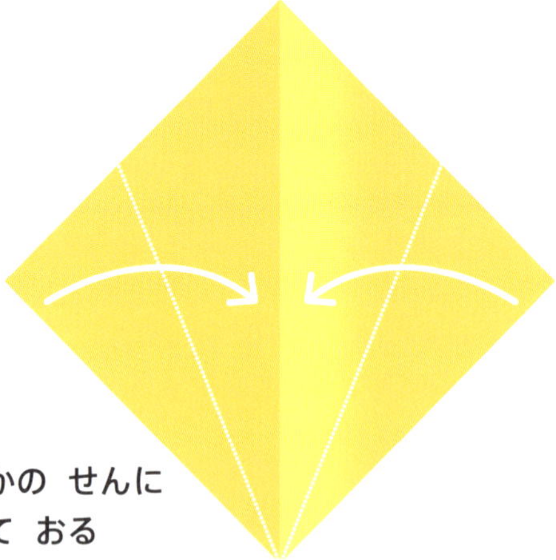

2
まんなかの せんに
あわせて おる

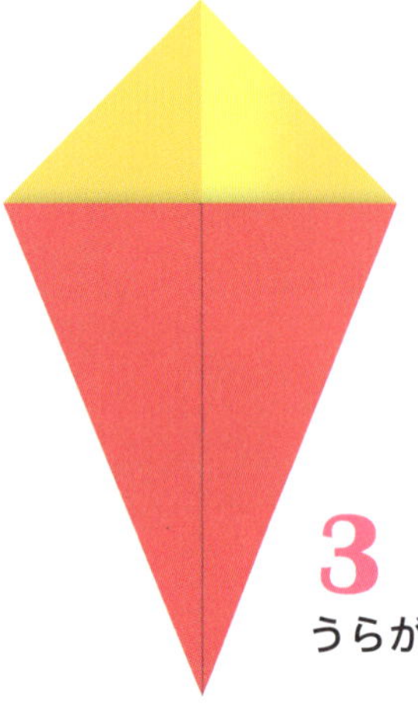

3
うらがえす

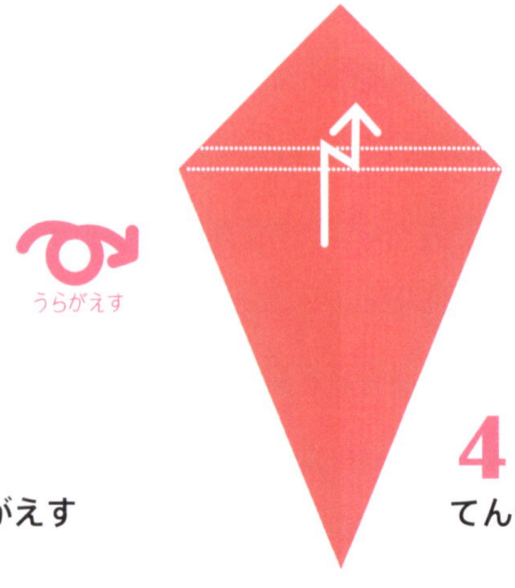

4
てんせんで だんおりにする

おおきく

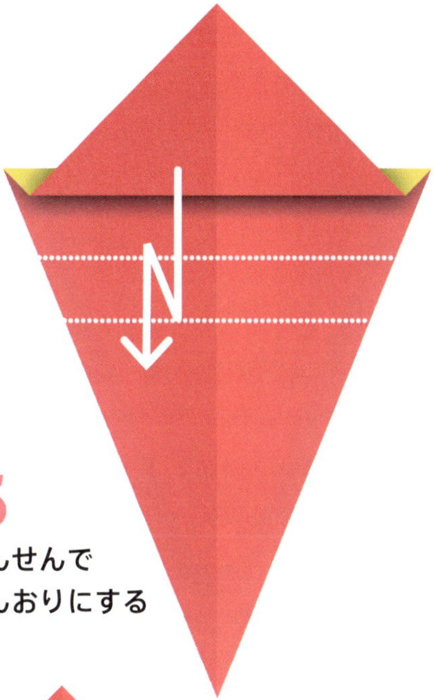

5
てんせんで
だんおりにする

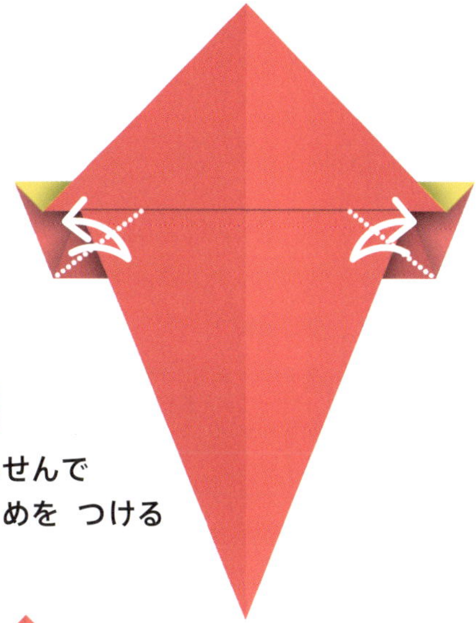

6
てんせんで
おりめを　つける

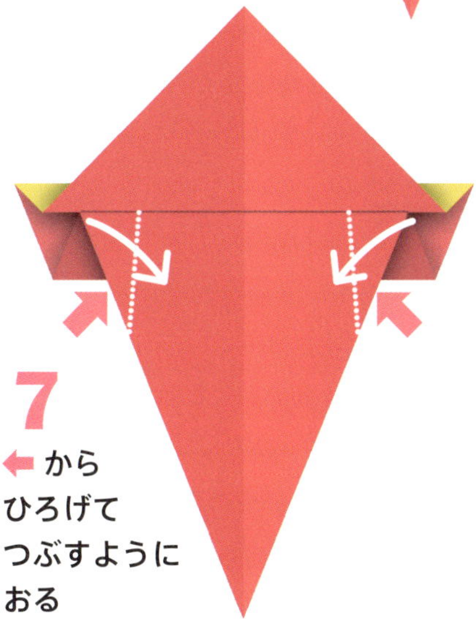

7
← から
ひろげて
つぶすように
おる

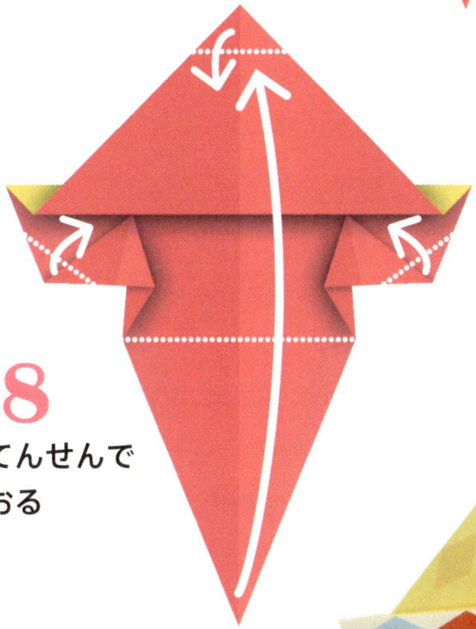

8
てんせんで
おる

9 うらがえす

カラメルソースを
かいて

できあがり

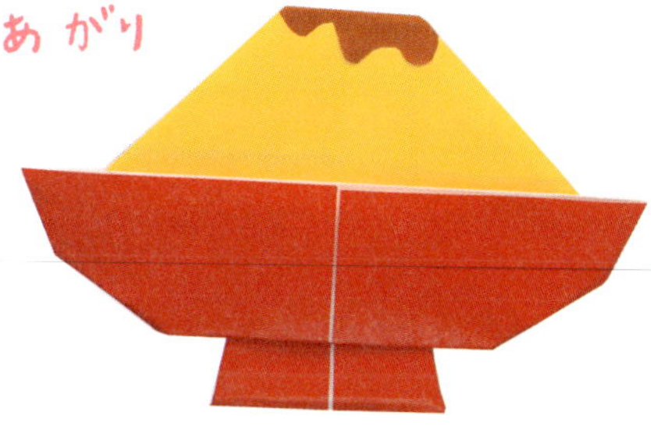

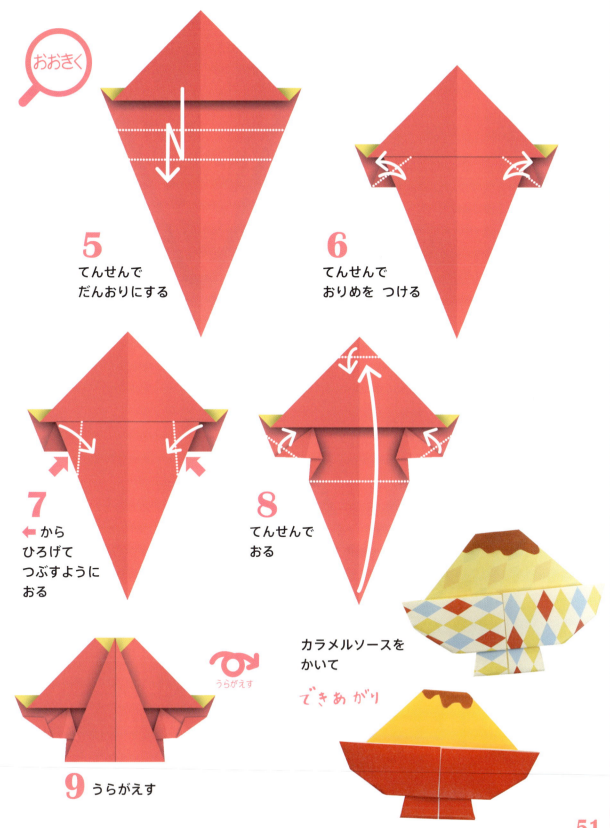

かわいいケーキ。
みんな
たべちゃいたいな。

ショートケーキ

1 まんなかに
おりめを　つけて
もどす

2 はんぶんに　おる

3 うえの
1まいを
てんせんで
おる

4 てんせんで
おる

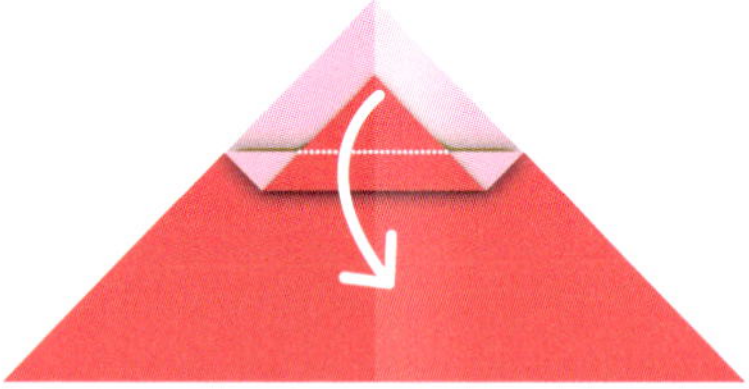

5 てんせんで　おる

6 てんせんで　おる

7 うしろに　だんおりにする

8 てんせんで
おる

9 てんせんで
うしろに
おる

10
まんなかで
すこし　おる

できあがり

チョコのドーナッツ？
それともプレーン？

ドーナッツ

1 たてと よこに まんなかに おりめを つけて もどす

2 はさみで 2まいに きる

3 てんせんで おる

4 てんせんで おる

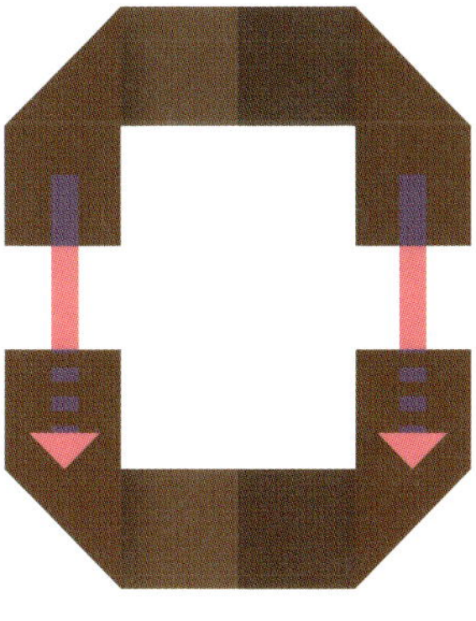

5 さしこんで のりで とめる

6 うらがえす

つぶと ちょこを かいて できあがり

おはなみにたべたい、
さんしょくのおだんご。

三《さん》色《しょく》団《だん》子《ご》

1 はんぶんに　おる

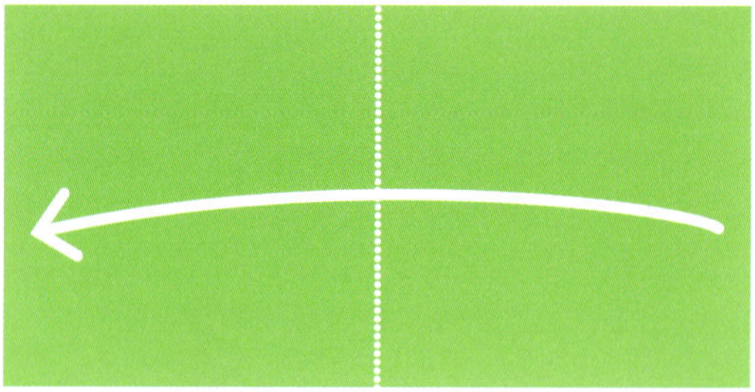

2 はんぶんに　おる

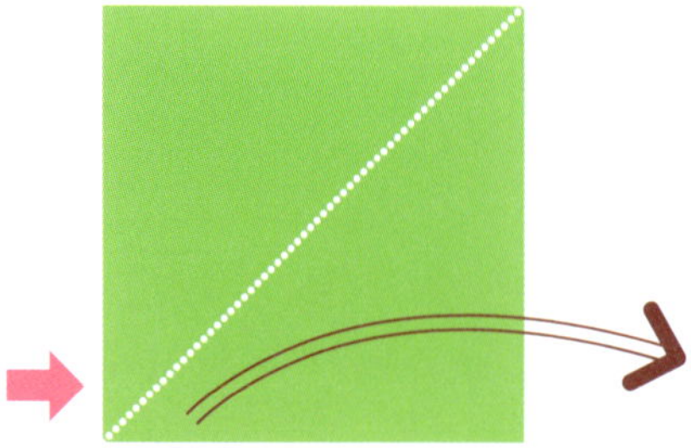

3 ← から　ふくろを　ひらいて　つぶす

4 うらがえす

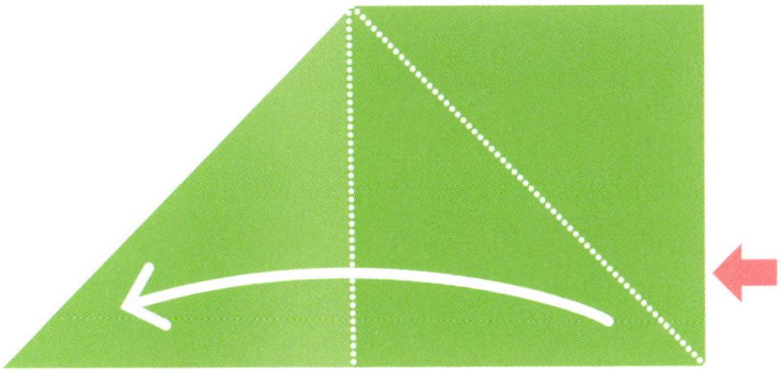

5 おなじように ふくろを
ひらいて つぶす

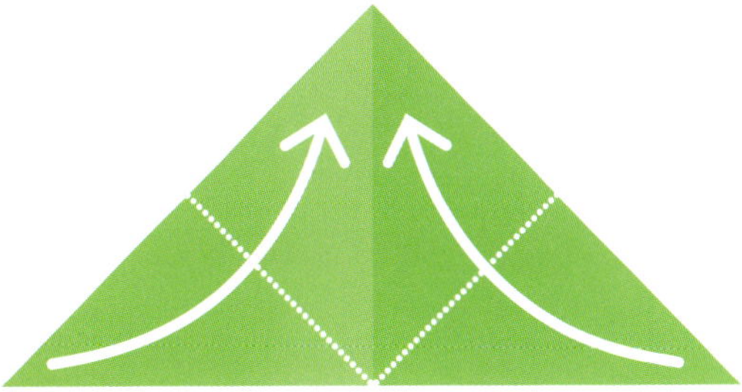

6 まんなかの せんに あわせて おる。
うらも おなじ

おおきく

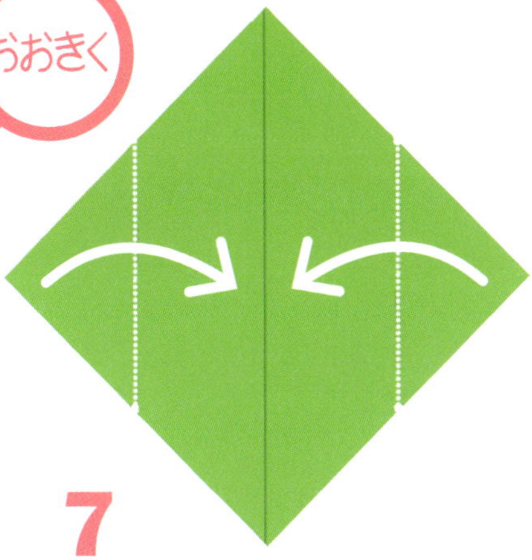

7
まんなかに あわせて おる。
うらも おなじ

8
てんせんで おって さんかくの
ふくろの なかに おしこむ。
うらも おなじ

9
したから くうきを
いれて ふくらませる

むきをかえる

10
おなじものを 3つ つくり
くうきを いれたところから
たけぐしを さしこんでいく

たけぐしの
さきをきって
できあがり

やきたての
クロワッサンを
めしあがれ。

クロワッサン

1 たてと よこに
まんなかに おりめを
つけて もどす

2 まんなかの
せんに
あわせて おる

3 てんせんで
おる

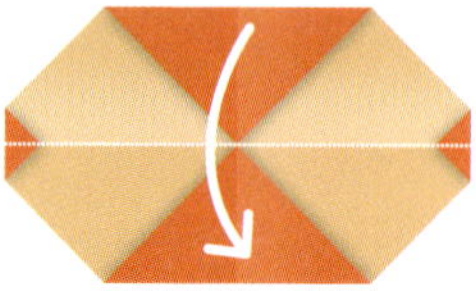

4 はんぶんに
おる

おおきく

5 てんせんで
おりあげる

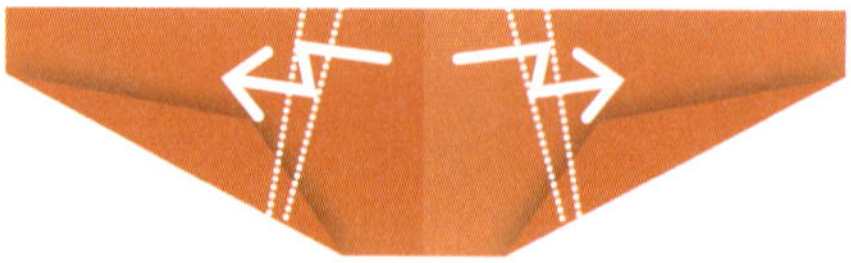

6 てんせんで
だんおりにする

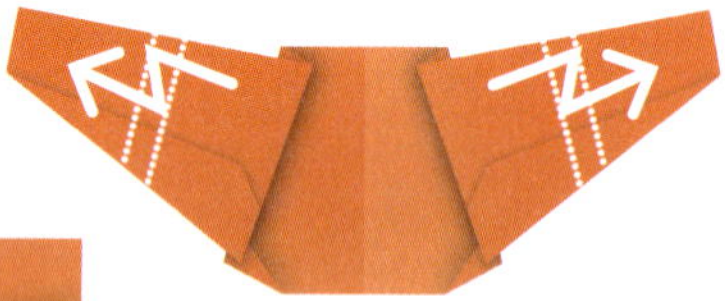

7 てんせんで
だんおりにする

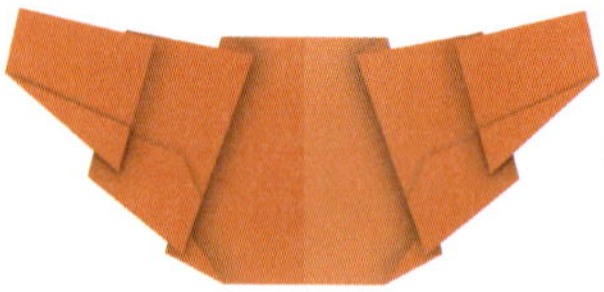

8 うらがえす

うらがえす

できあがり

かんぱーい！
ごっくん！
ああ、おいしい。

ジュース

1 たてと よこに まんなかに おりめを つけて もどす

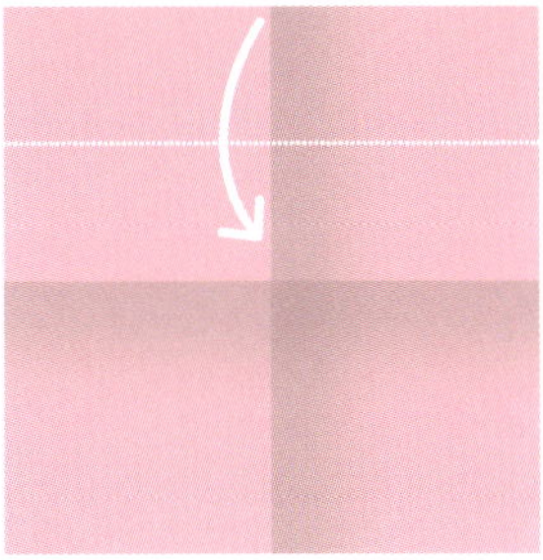

2 まんなかの せんに あわせて おる

3 うらがえす

うらがえす
おおきく

4 まんなかの せんに あわせて おる

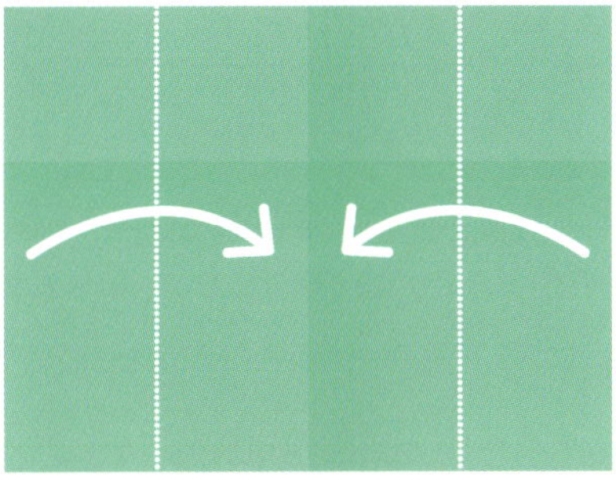

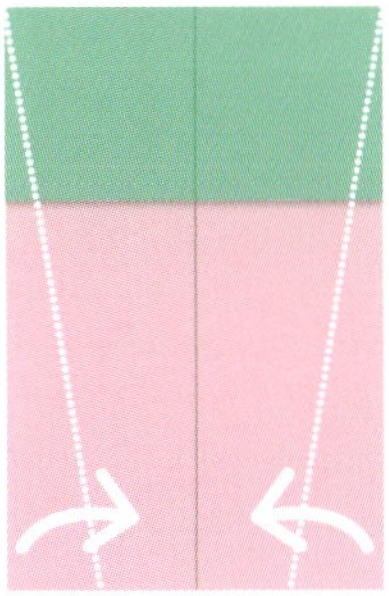

5 てんせんで おる

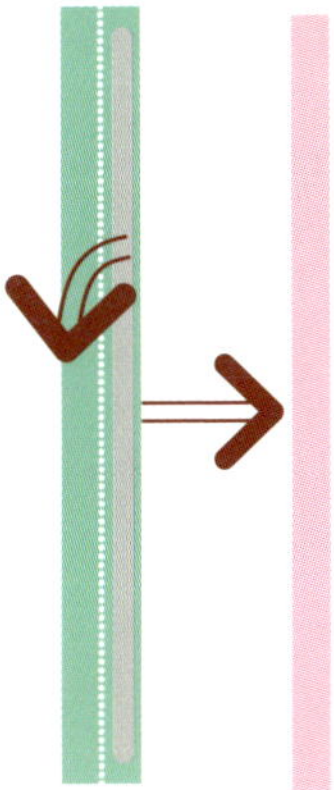

6 おりがみを ほそく きって のりをつけ はんぶんに おる

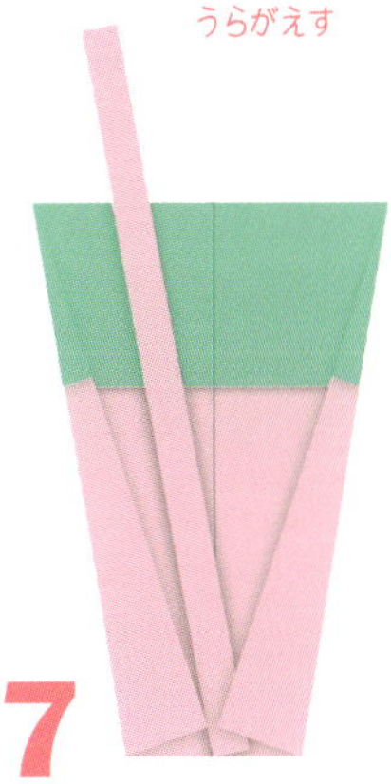

7 ストローをはる

うらがえす

できあがり

おでかけのおとも。
きょうはどの
すいとうにする？

やさしい

すいとう

1 たてと よこに まんなかに
おりめを つけて もどす

2 てんせんで おる

3 うらがえす

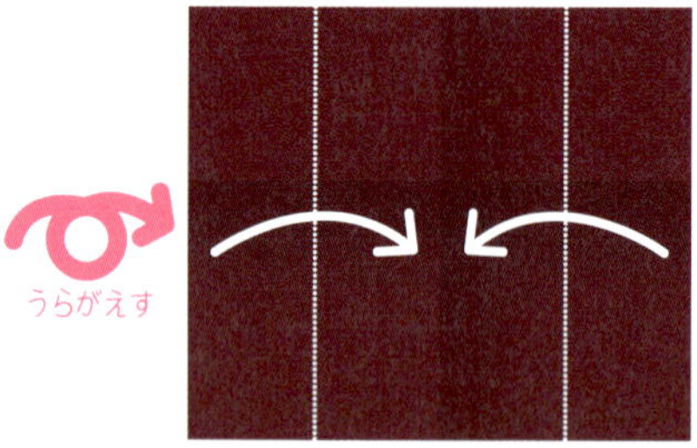

4 まんなかの せんに
あわせて おる

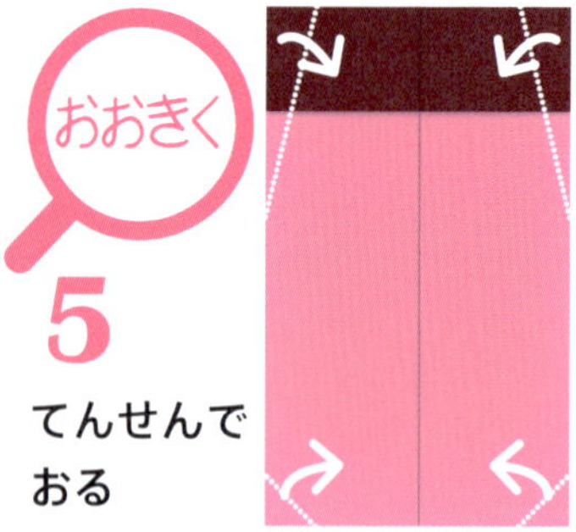

5
てんせんで
おる

6
べつの おりがみを
ほそく きって
2 ほんを つなげ
「ひも」を つくる

できあがり

7
ひもを
はって
うらがえす

やさしい

おむすび

おおきなおむすび。
おおきなおおくちで
いただきまーす。

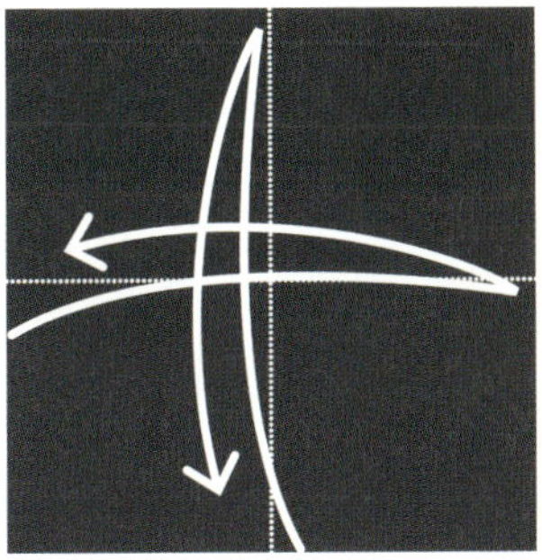

1 たてと よこに まんなかに
おりめを つけて もどす

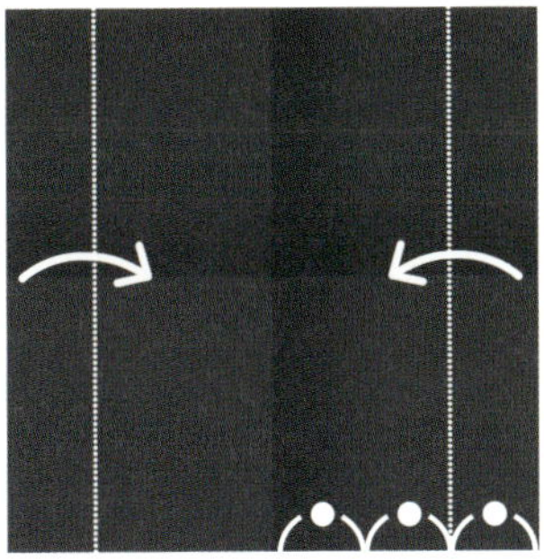

2 てんせんで おる

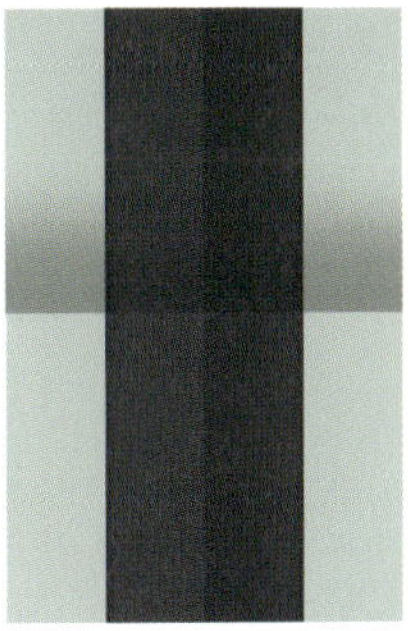

3 うらがえす

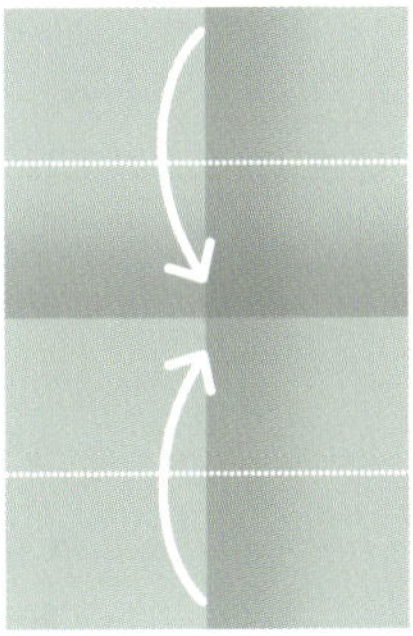

4
まんなかの
せんに
あわせて おる

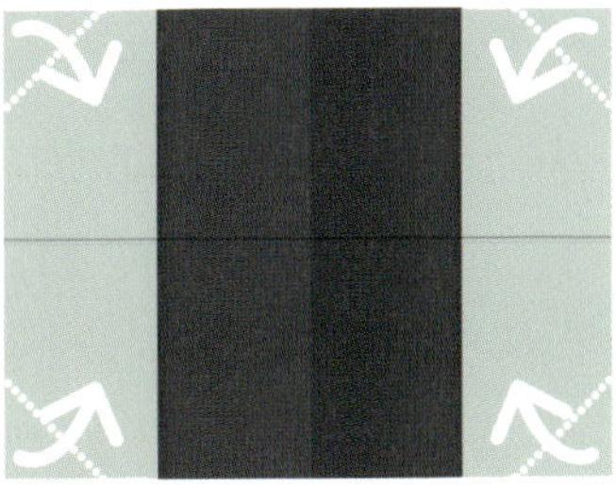

5 てんせんで おる

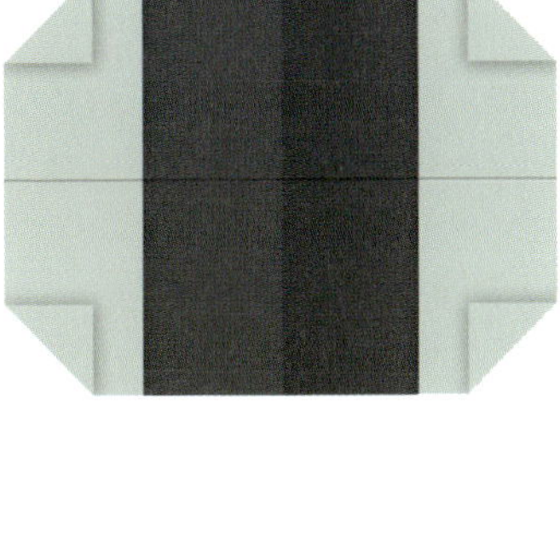

6 うらがえす

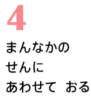

できあがり

オレンジいろのにんじんには
えいようがいっぱい。

にんじん

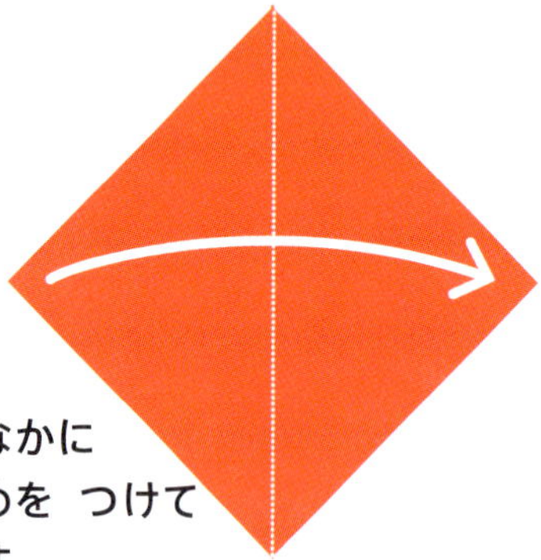

1
まんなかに
おりめを　つけて
もどす

2
まんなかの
せんに
あわせて　おる

3
まんなかの
せんに
あわせて　おる

4
てんせんで
うしろに
おる

5
てんせんで
おる

おおきく

6
てんせんで
おりあげる

7
← から
ふくろを
ひらいて
つぶす

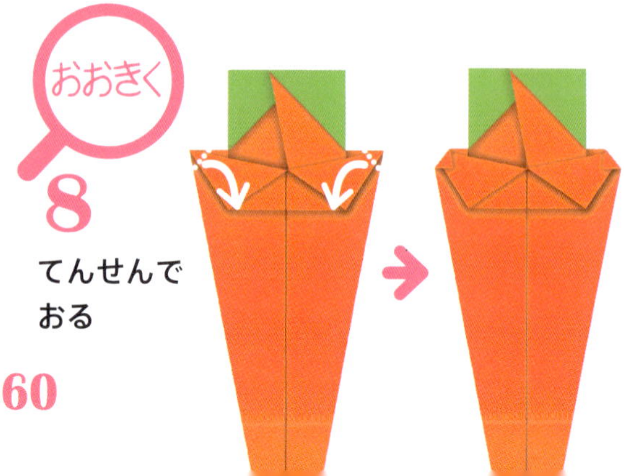
おおきく

8
てんせんで
おる

うらがえす

9
うらがえす

できあがり

おやつのすいか、
あまくて
おいしいね。

すいか

1 たてと よこに まんなかに おりめを つけて もどす

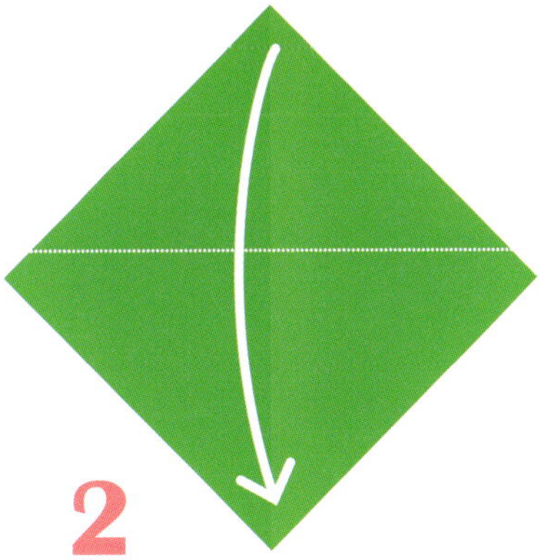

2 てんせんで おる

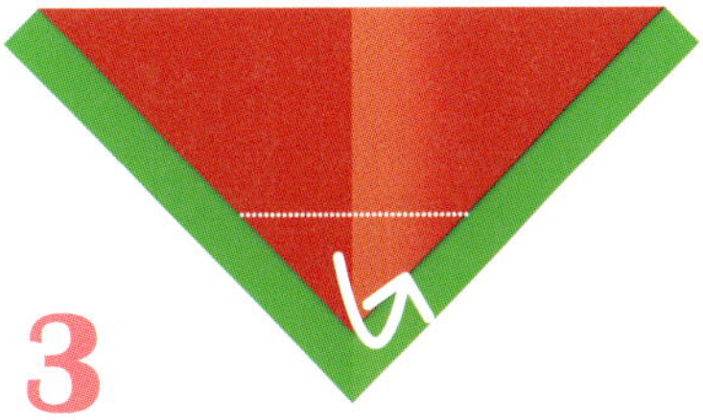

3 うえの 1まいを てんせんで うちがわへ おる

おおきく

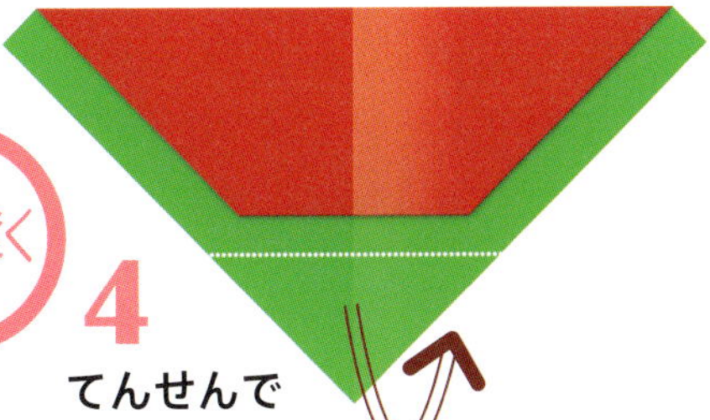

4 てんせんで うしろへ おる

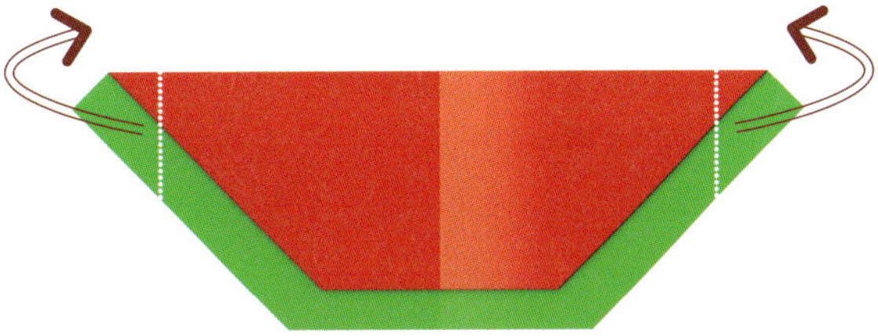

5 てんせんで うしろへ おる

たねを かいて

できあがり

おはな

おはなばたけを
つくりましょう。

はな／はっぱ

はな

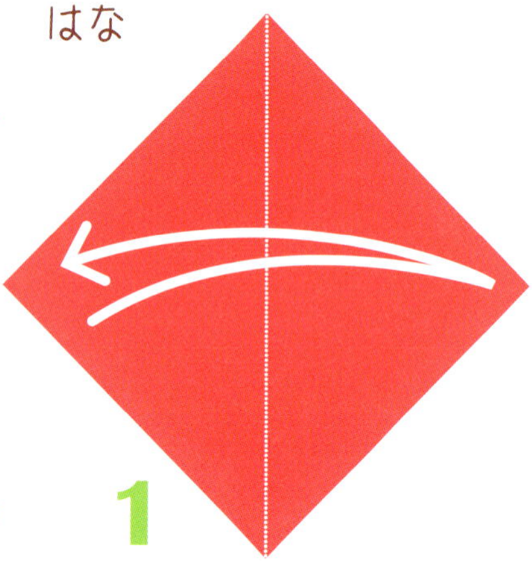

1
まんなかに　おりめを
つけて　もどす

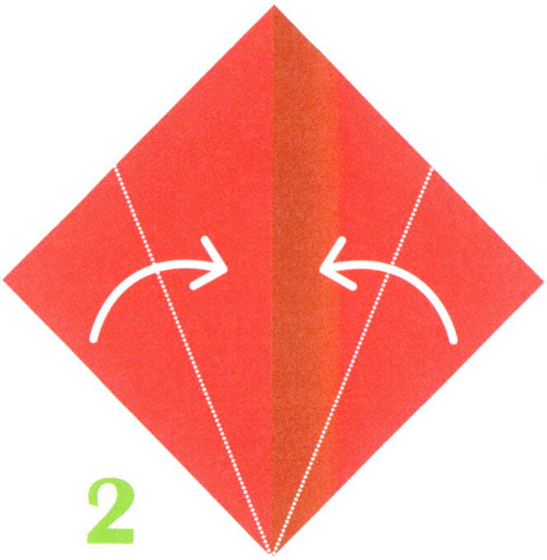

2
まんなかの　せんに
あわせて　おる

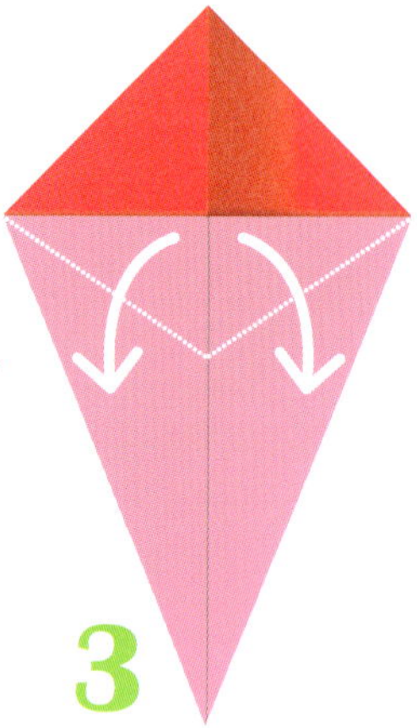

3
てんせんで
おる

4
うらがえす

5
てんせんで
おる

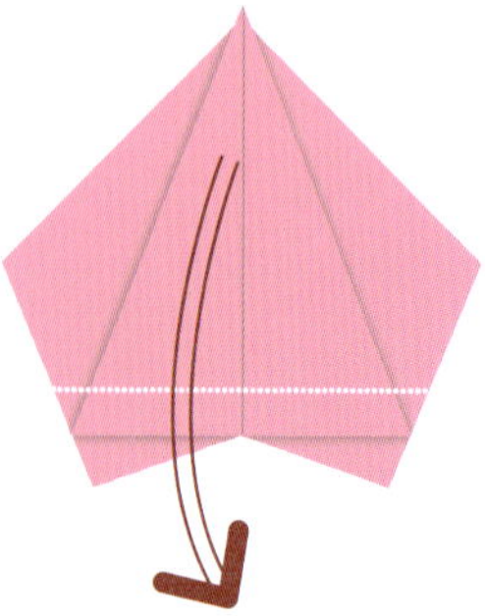

6 てんせんで　おる

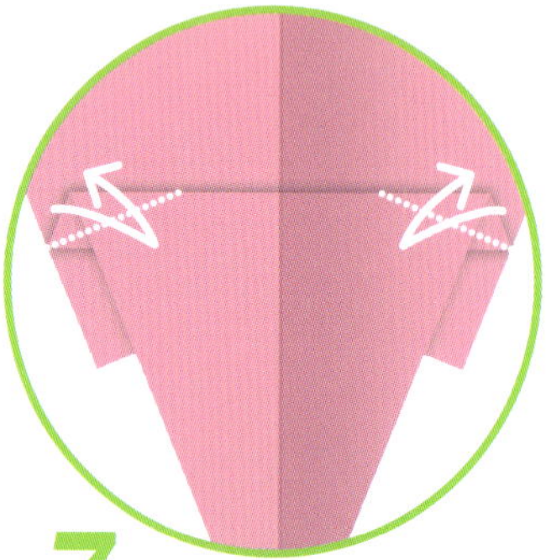

7 てんせんで
おりめを　つけて
もどす

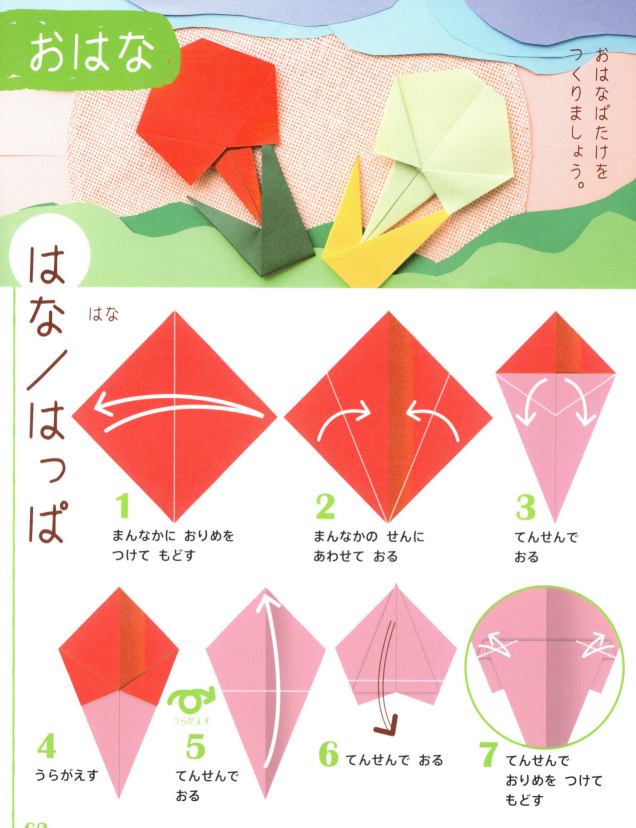

おおきく

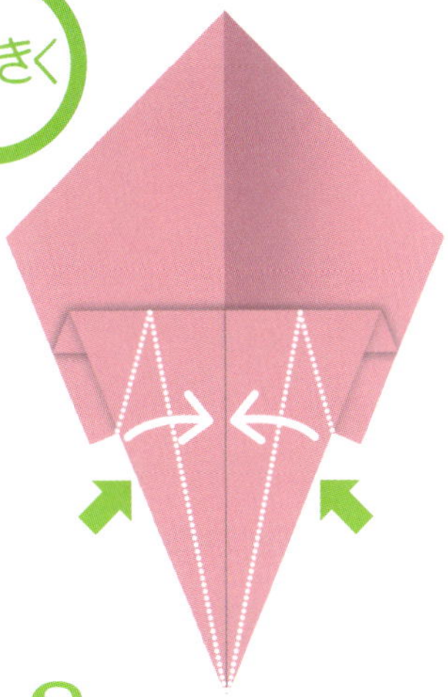

8 ←から ひろげて
つぶすように おる

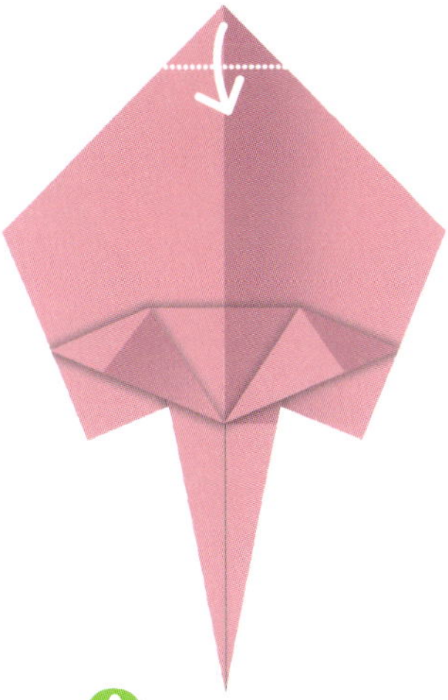

9 てんせんで
おる

10 うらがえす

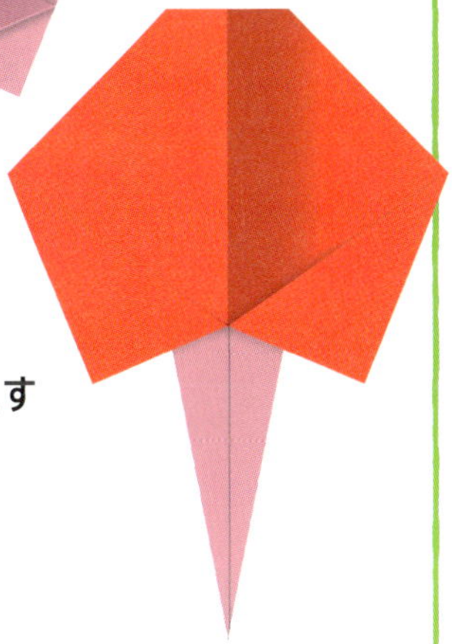

はっぱ

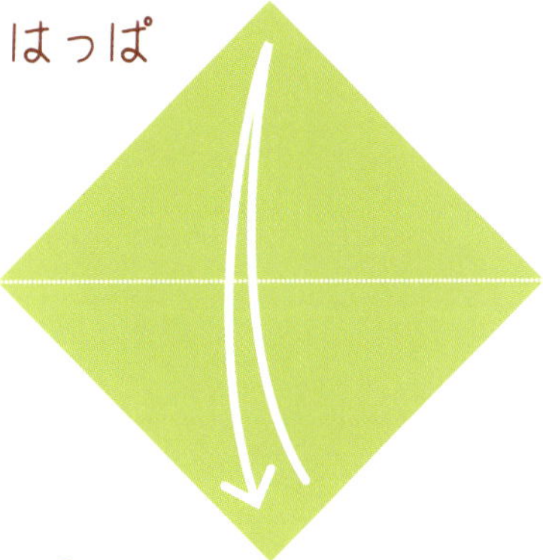

1 まんなかに おりめを
つけて もどす

2 まんなかの せんに
あわせて おる

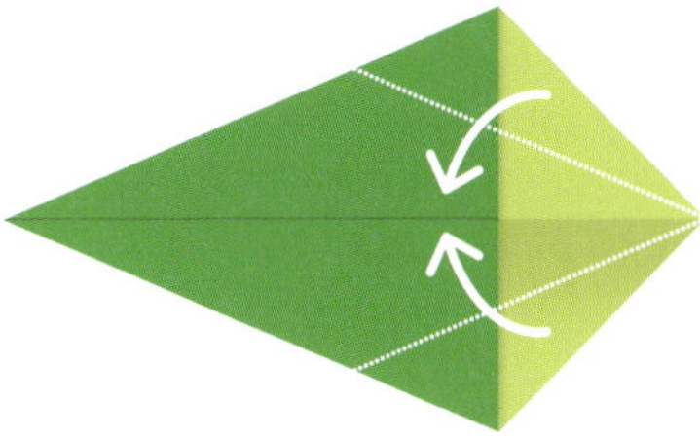

3 まんなかの せんに
あわせて おる

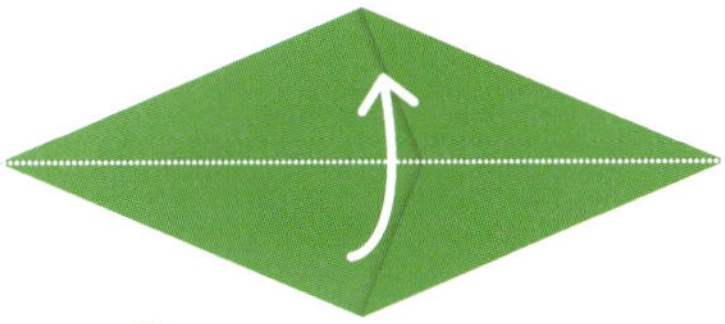

4 はんぶんに おる

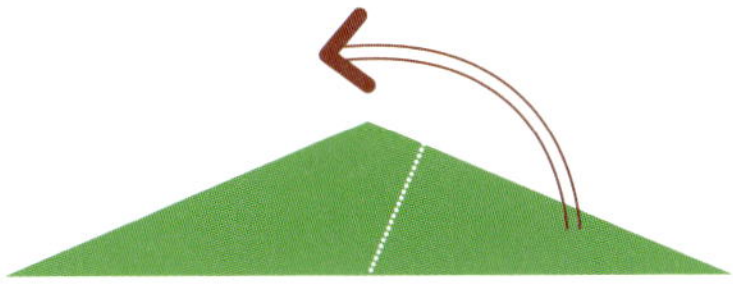

5 てんせんで おる

6 むきをかえる

はなと
くみあわせる

できあがり

わかりやすくするために、折《お》り方《かた》の説明《せつめい》では、
表《おもて》と裏《うら》の色《いろ》を変《か》えています。

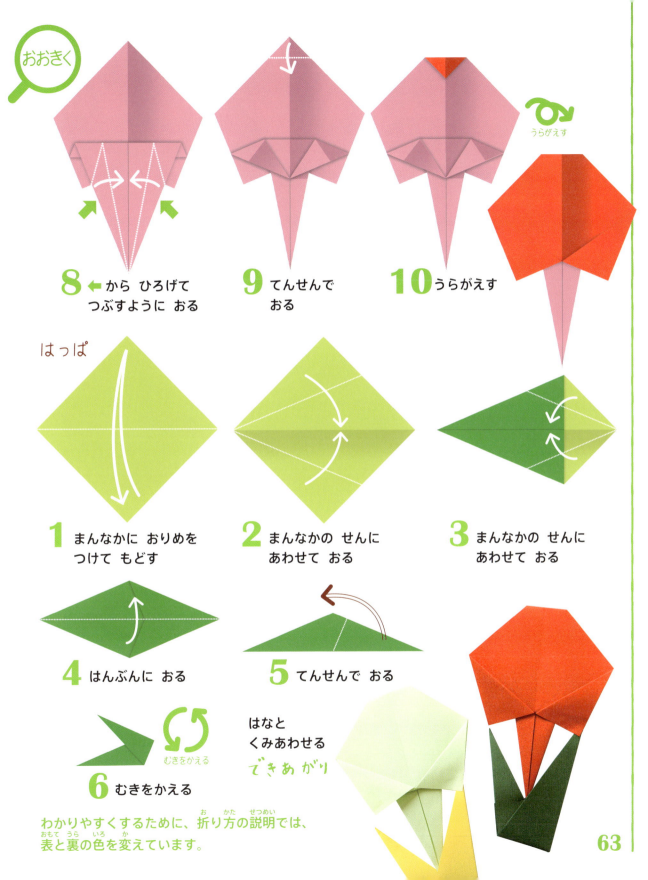

チューリップ/はっぱ

はな

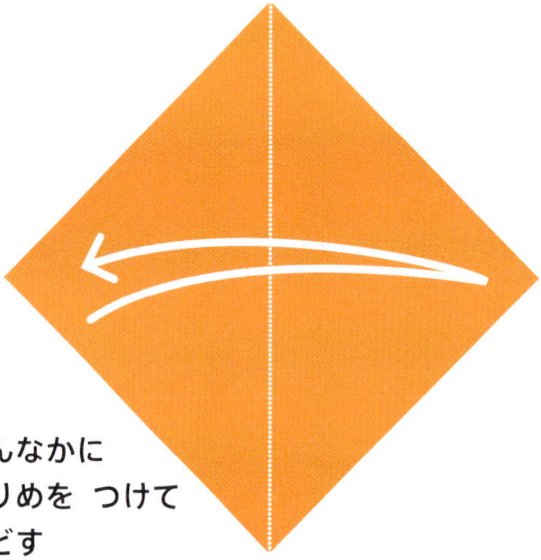

1
まんなかに
おりめを　つけて
もどす

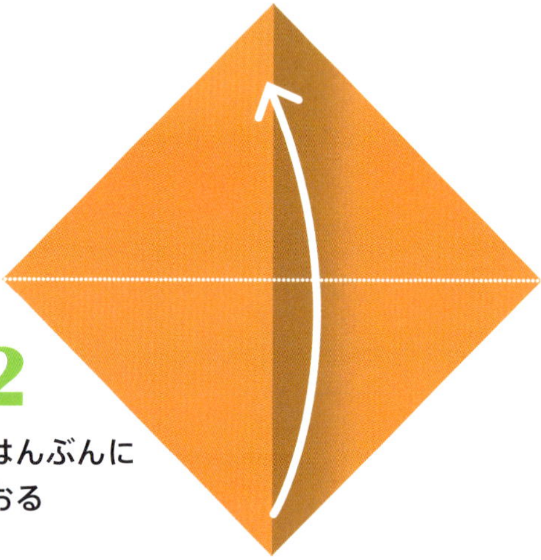

2
はんぶんに
おる

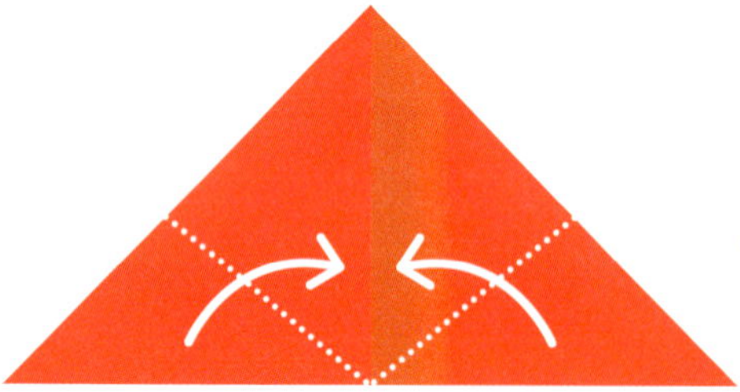

3 てんせんで　おる

4 てんせんで
うしろへ　おる

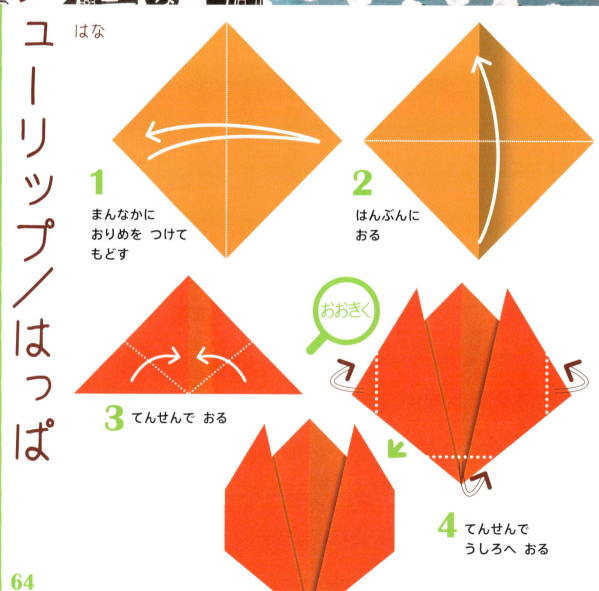

はっぱ

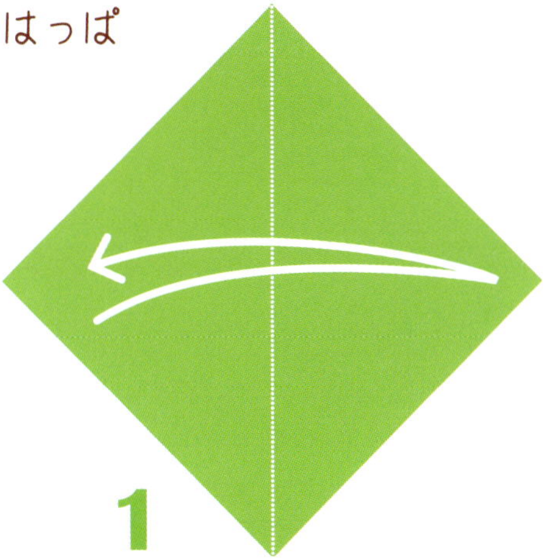

1 まんなかに おりめを
つけて もどす

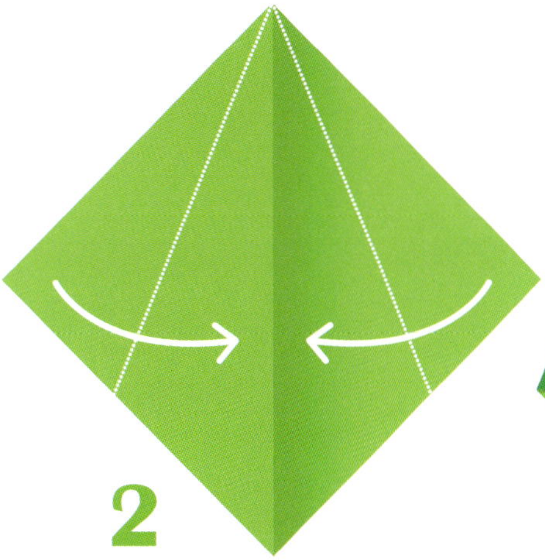

2 まんなかの せんに
あわせて おる

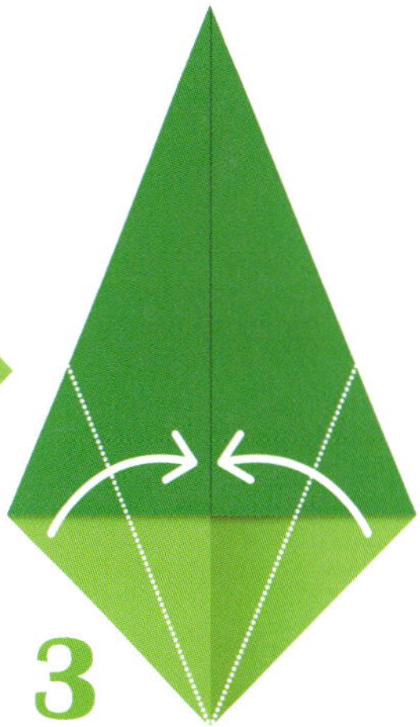

3 まんなかの せんに
あわせて おる

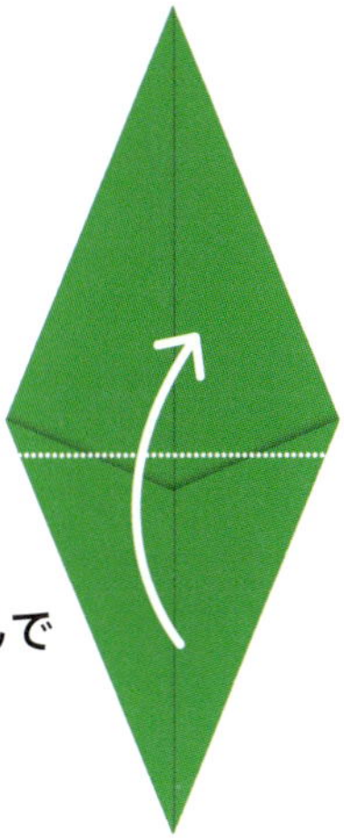

4 てんせんで
おる

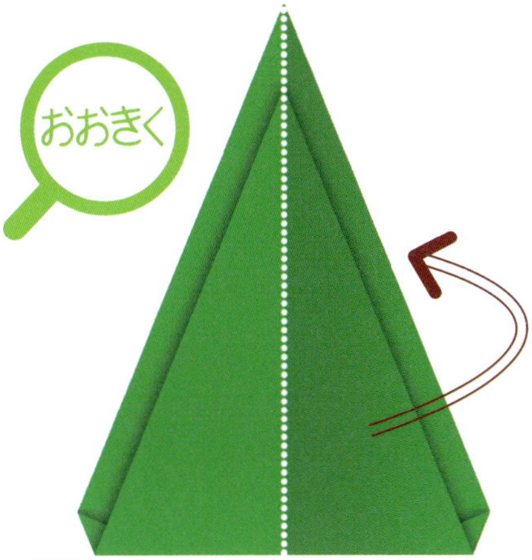

5 うしろへ はんぶんに おる

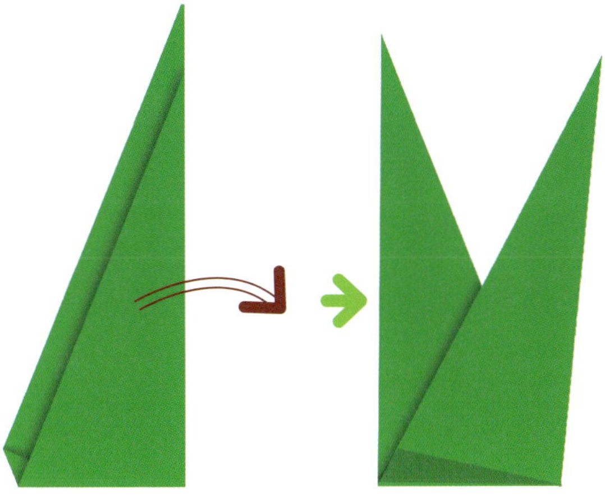

6 ひらいて したを つぶす

はっぱの
うえに はなを
のせて うらから
テープで はる

できあがり

あじさい／はっぱ

あじさいって、
ちいさなおはながあつまっているの。

はっぱ　★折《お》りがみを４つに切《き》って使《つか》います。

1 はんぶんに　おる

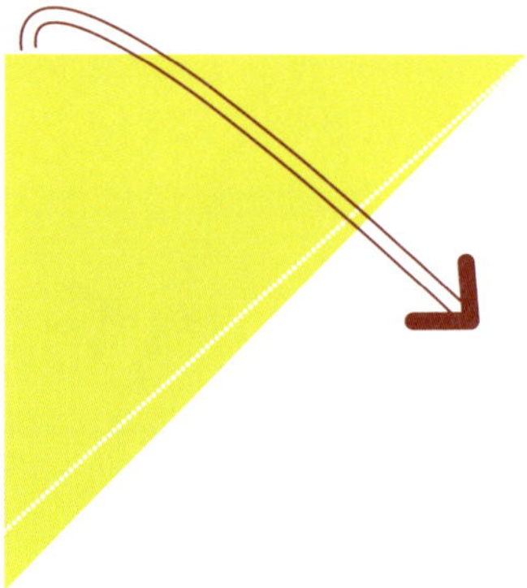

2 すこしだけ　のこして
てんせんで　おりかえす

3 てんせんで
うしろに　おる

4 てんせんで　うしろに　おる

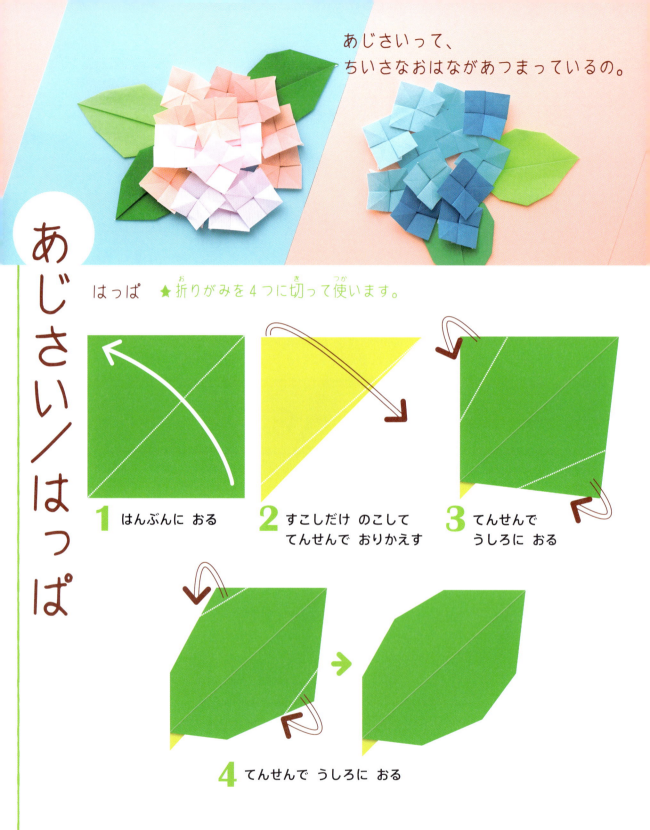

あじさい ★折《お》りがみを4つに切《き》って使《つか》います。

1 はんぶんに　おる

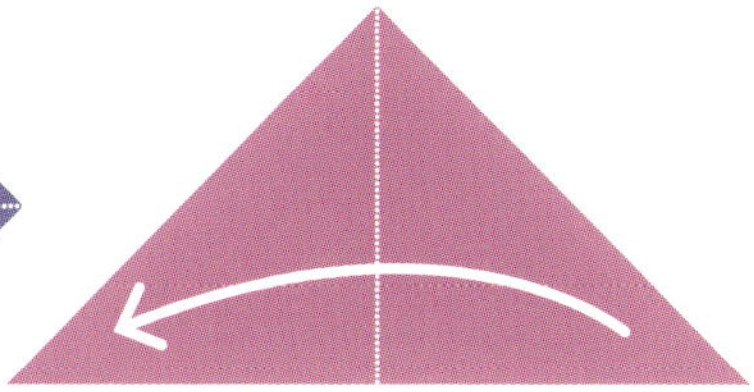

2 はんぶんに　おる

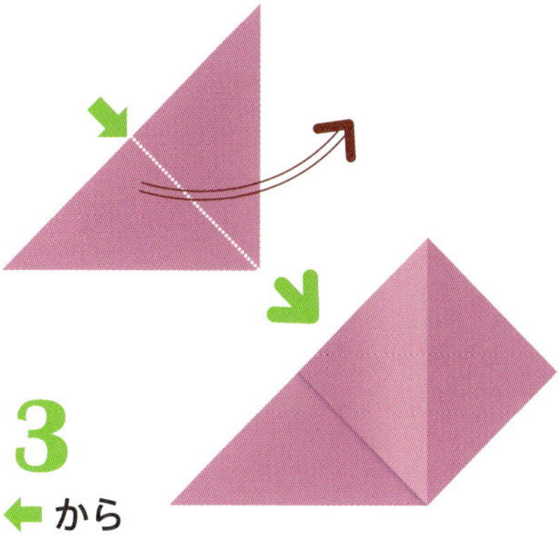

3
← から
ふくろを　ひらいて　つぶす

4
うらも
おなじように
おる

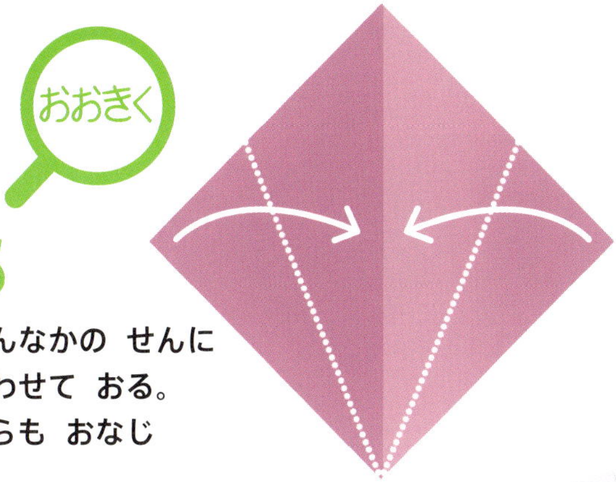

5
まんなかの　せんに
あわせて　おる。
うらも　おなじ

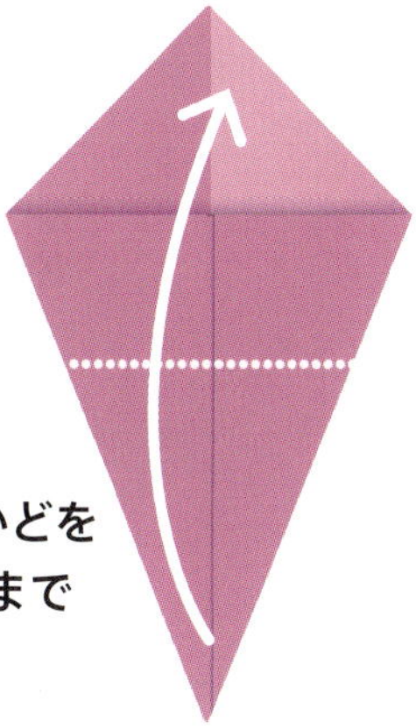

6
したの　かどを
てっぺんまで
おる

7
← から　ゆびをいれて
ひらいて　つぶす
（わきから　ゆびを　いれて
ぐっと　おす。　しぜんと
はなびらが　ひらく）
おなじものをたくさんつくる

おったはなを
はっぱのうえに
おいて
できあがり

あさがお／はっぱ

きれいにさいたあさがおのはな。
はっぱのかたちもかわいいね。

はっぱ

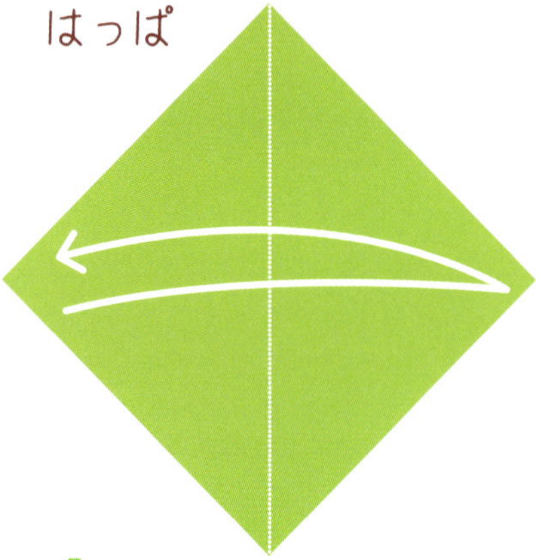

1 まんなかに おりめを
つけて もどす

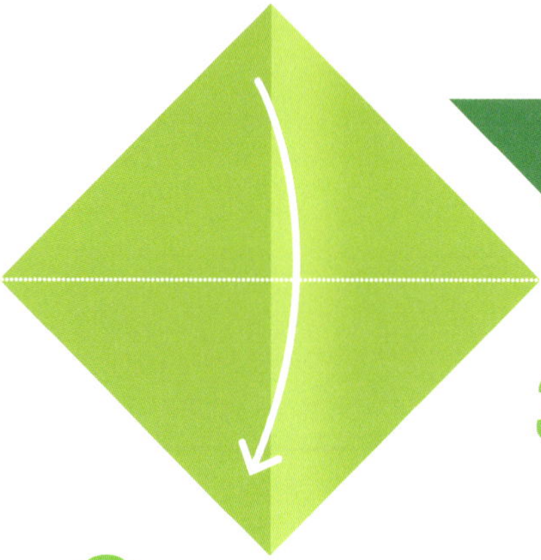

2 はんぶんに おる

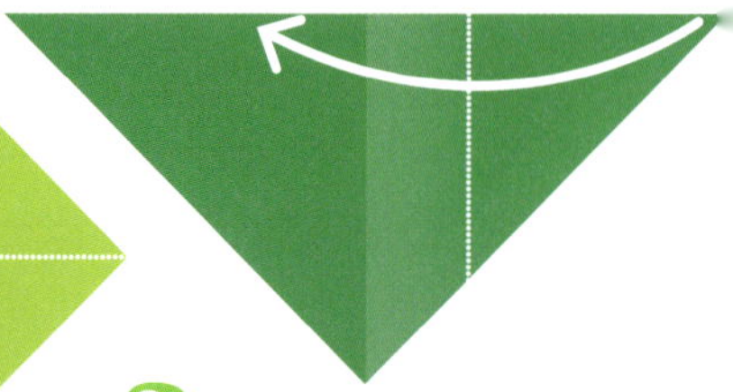

3 てんせんで おる

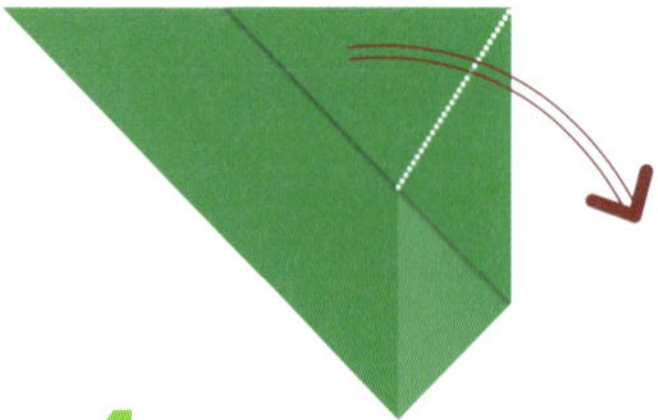

4 てんせんで おる

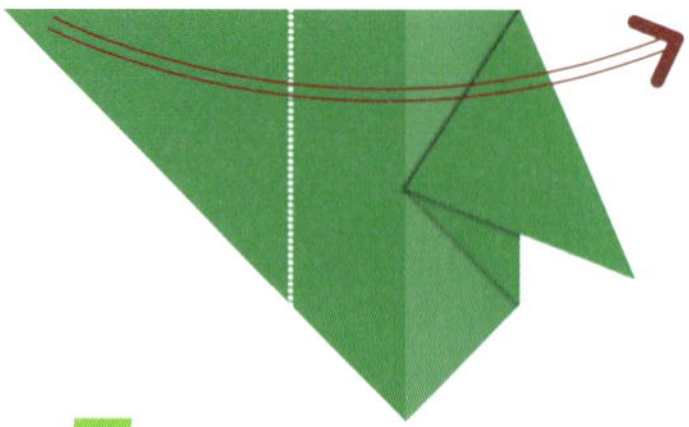

5 てんせんで おる

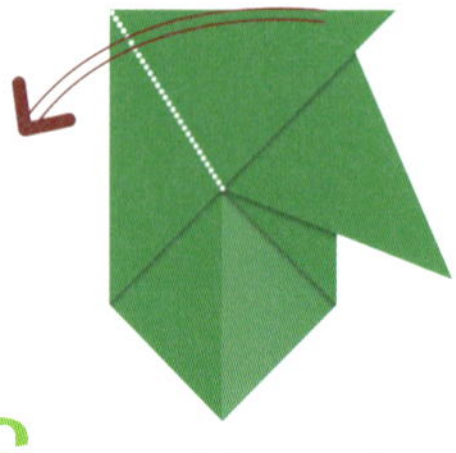

6 てんせんで おる

おおきく

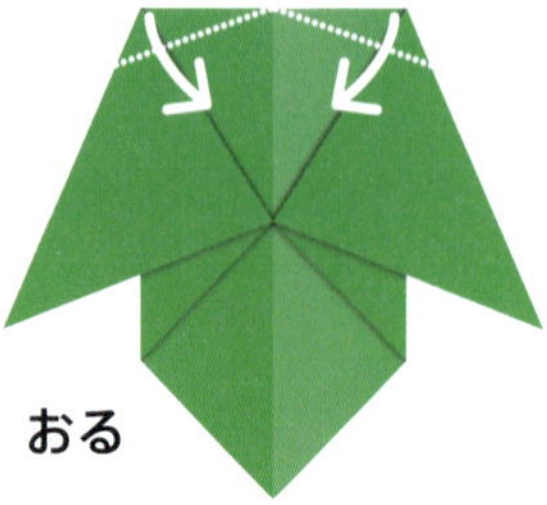

7
てんせんで おる

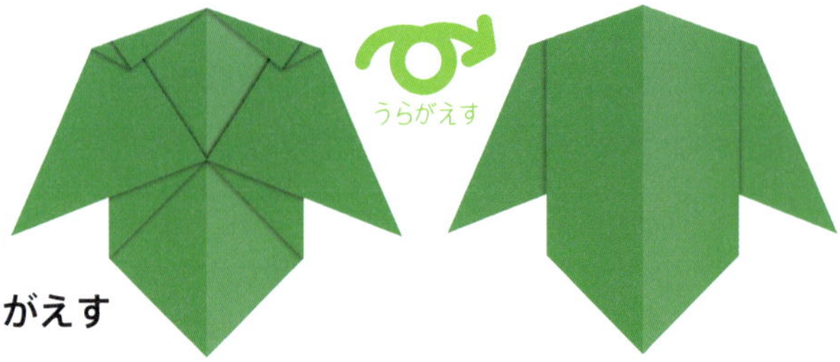

8
うらがえす

あさがお

1 たてと よこに おりめを つけて もどす

2 まんなかの せんに あわせて おりめを つけて もどす

3 てんせんで おる

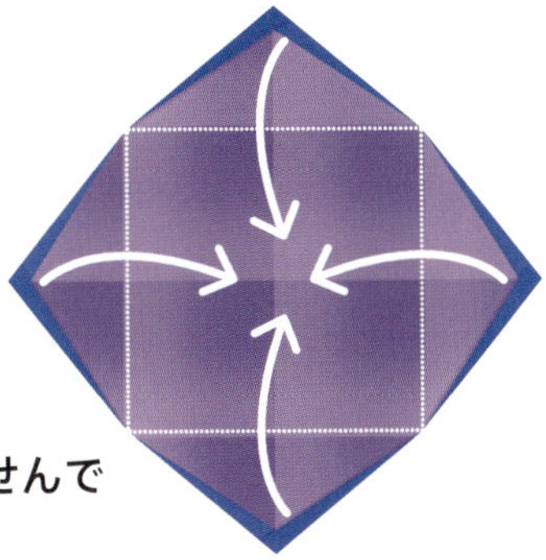

4 てんせんで おる

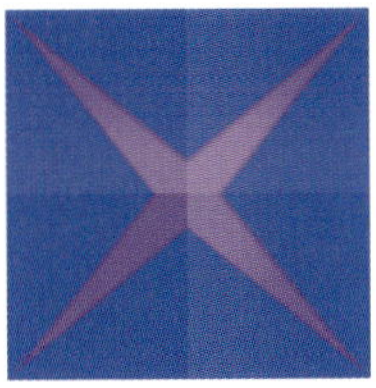

5 むきを かえる

むきをかえる

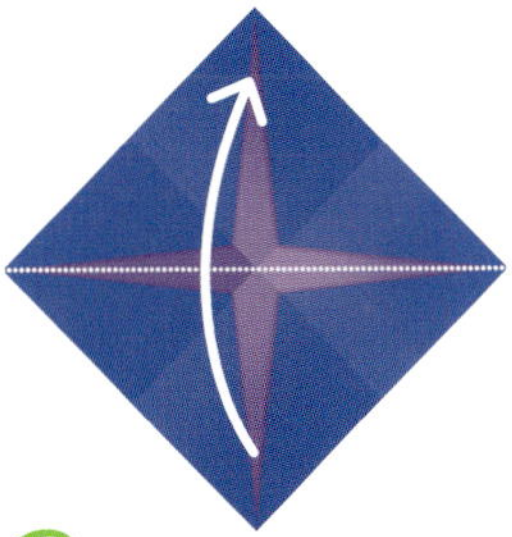

6 はんぶんに おる

おおきく

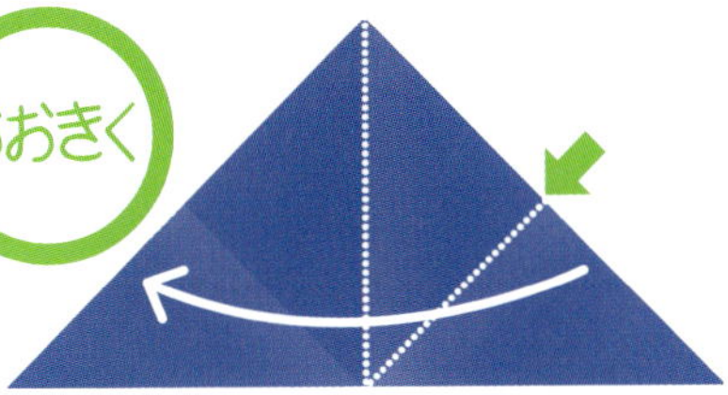

7 ← から ふくろを ひらいて つぶす

8 うらも おなじように おる

おおきく

9 まんなかの せんに あわせて おる。うらも おなじ

10 ←から ふくろを ひらいて つぶす

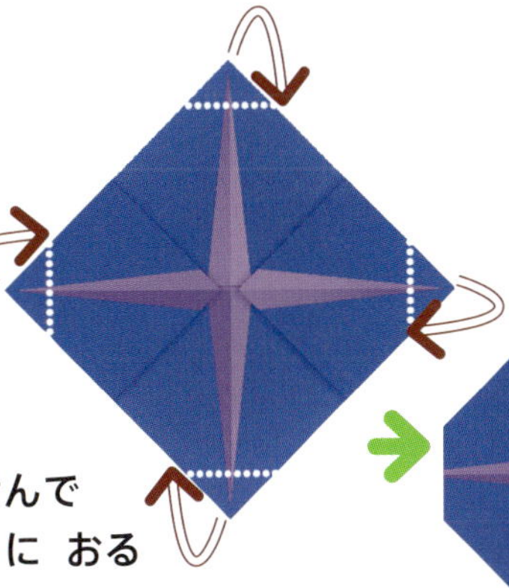

11 てんせんで うしろに おる

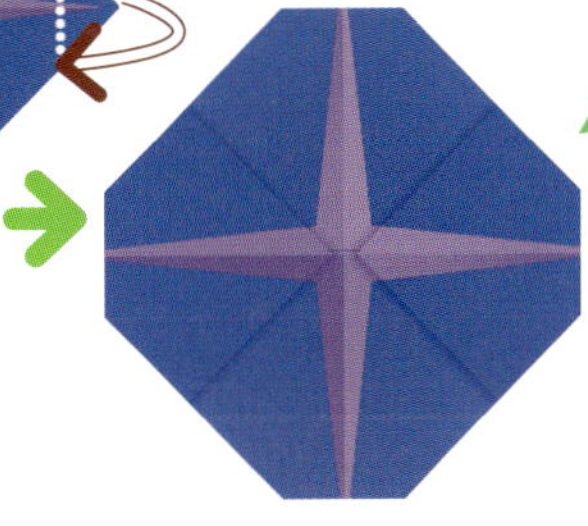

はっぱのうえに はなをおいて

できあがり

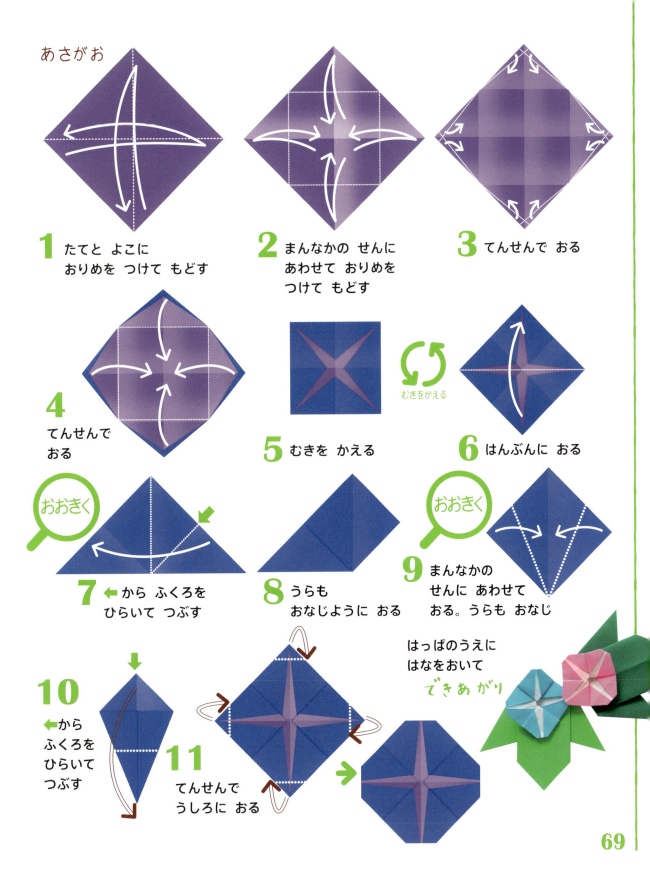

はなびらがいっぱいの、かわいいおはな。

コスモス

はな

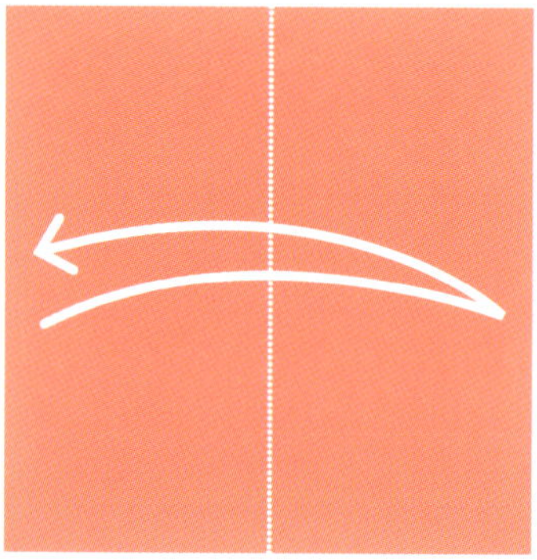

1 まんなかに おりめを つけて もどす

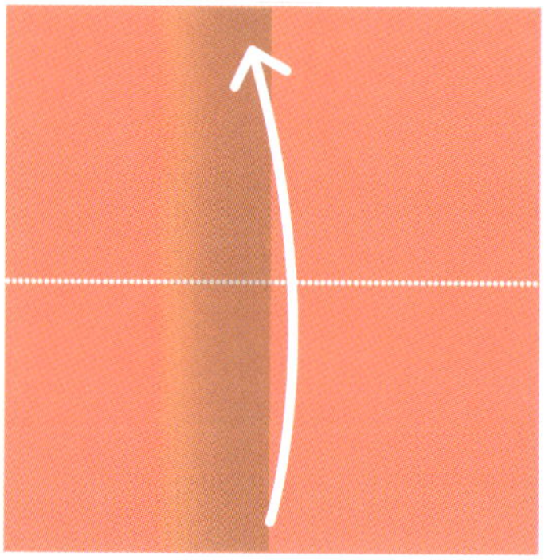

2 はんぶんに おる

3 おって おりめを つけて もどす

4 ひろげる

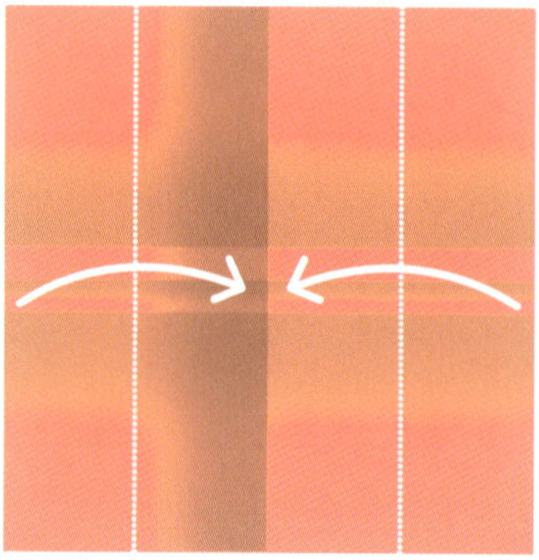

5 まんなかの せんに あわせて おる

6 まんなかの せんに あわせて おる

7 ひろげる

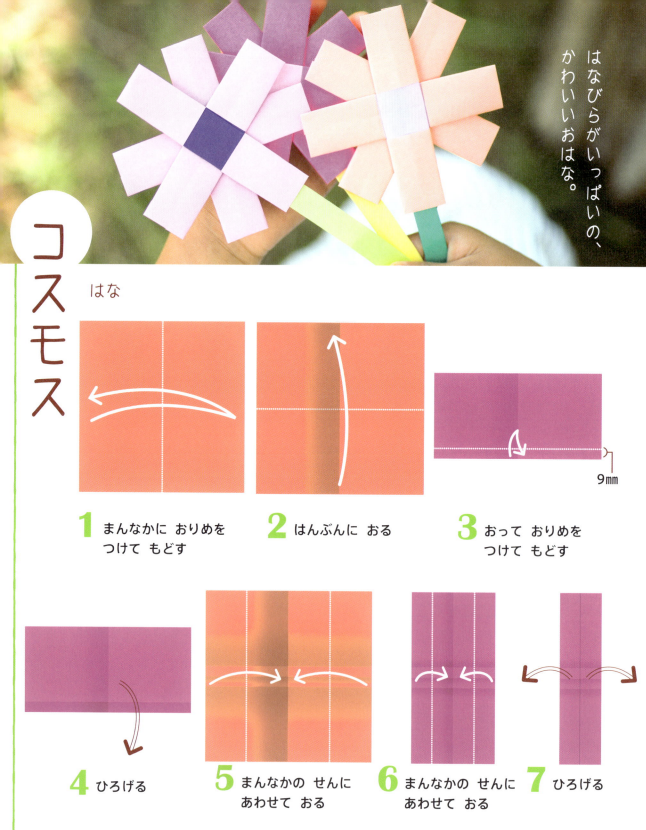

おおきく

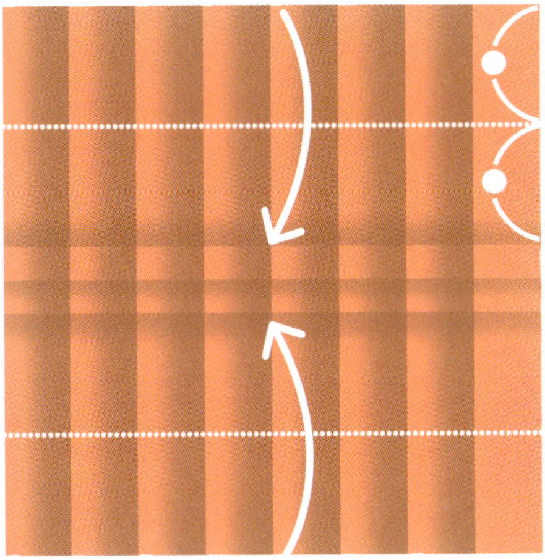

8
てんせんで
おる

9 はさみで 4つに きる

おおきく

10
てんせんで
うしろに おる

11
4こ つくる

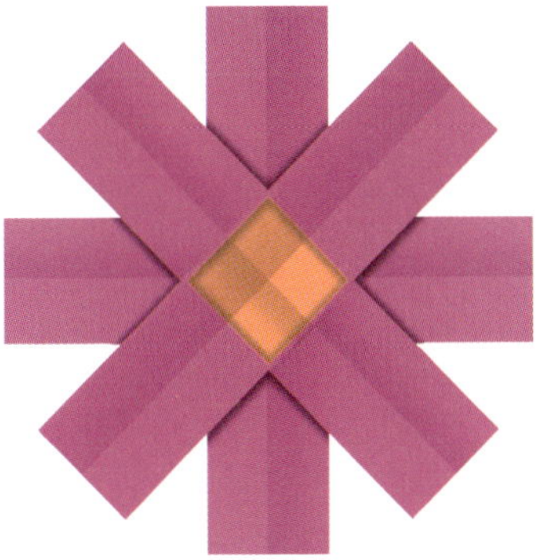

12 4こ かさねて のりで はる

くき ★折《お》りがみをほそく切《き》って使《つか》います。

1 てんせんで おる

2 うらがえす

くきを つけて
できあがり

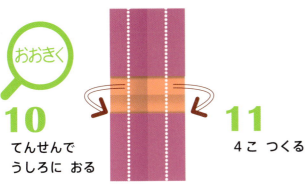

ははのひには
いっぱいつくりたいな。

カーネーション

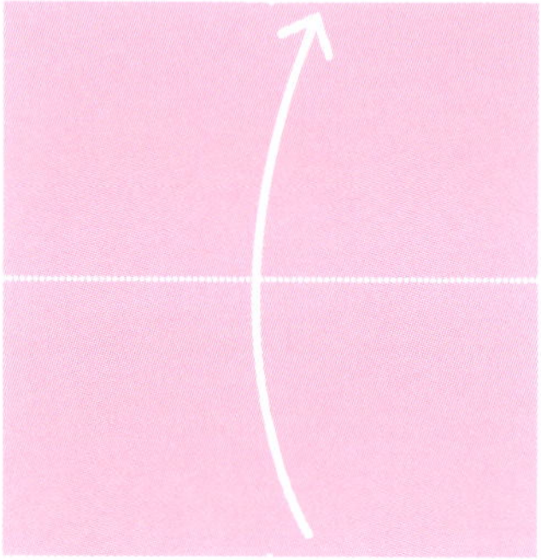

1 はんぶんに　おる

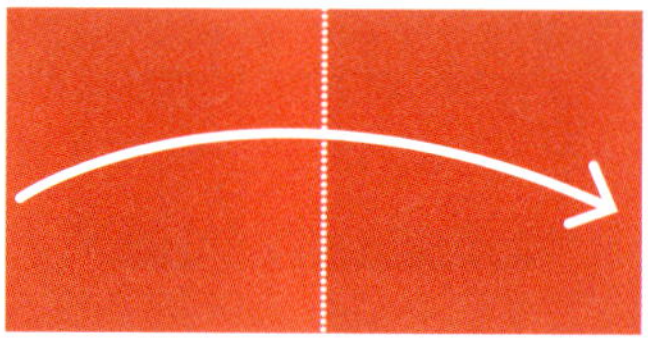

2 はんぶんに　おる

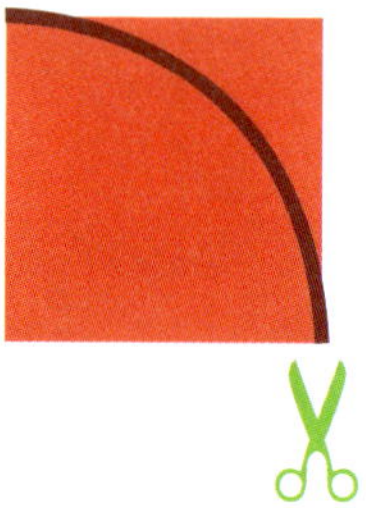

3 はさみで　きる

4 ぎざぎざに
はさみで　きる

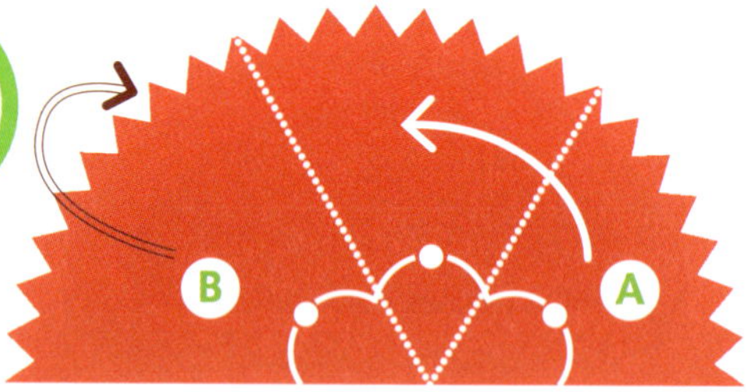

5 A は　まえに　おる。
B は　うしろに　おる

6 みどりの
かみを
よういする

7
おって　のりで
とめる

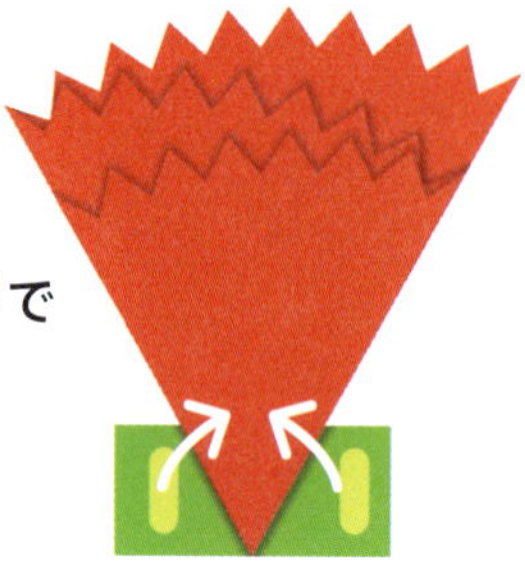

できあがり

くり

やさしい

かごにくりのみが
どっさり。
あきがきたね。

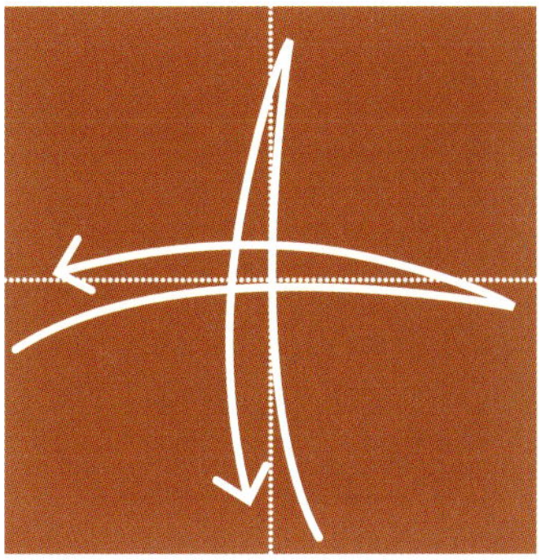

1 たてと よこに まんなかに
おりめを つけて もどす

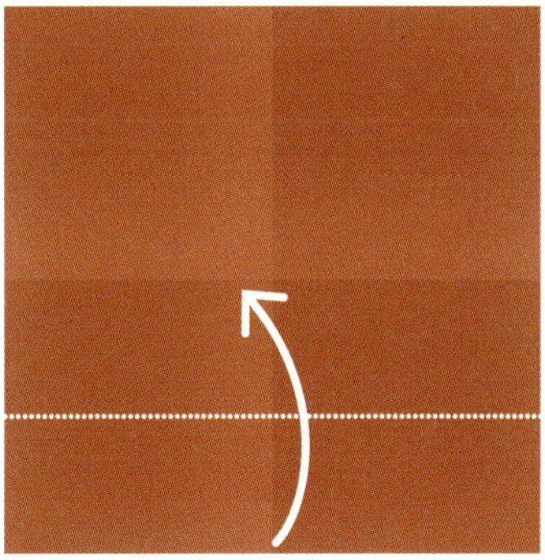

2 まんなかの せんに
あわせて おる

3 うらがえす

うらがえす

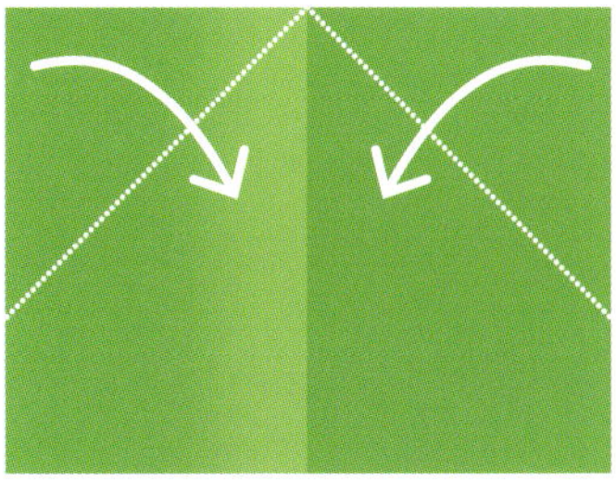

4 まんなかの せんに
あわせて おる

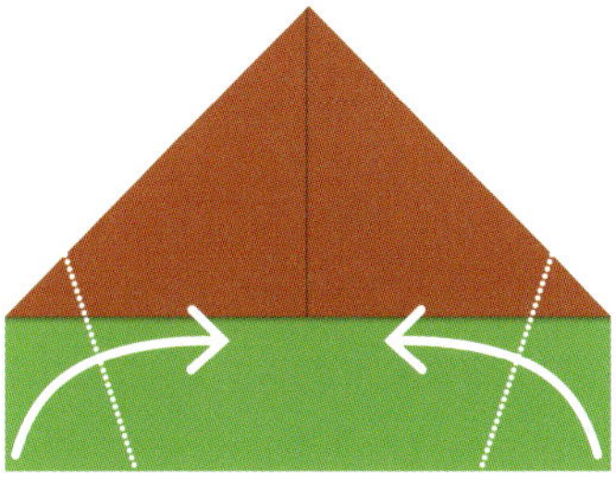

5 てんせんで おる

6 うらがえす

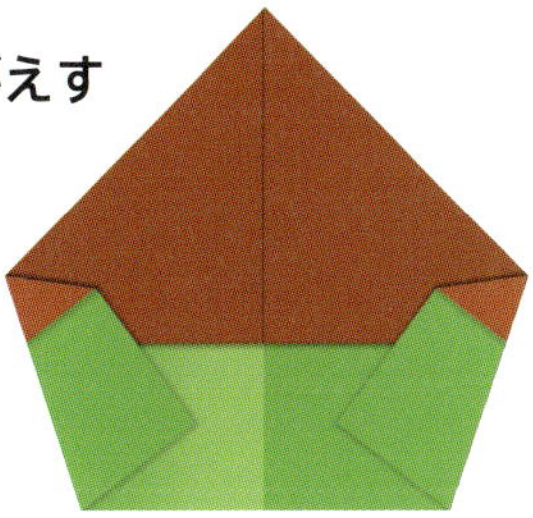

うらがえす

てんてんを
かいて
できあがり

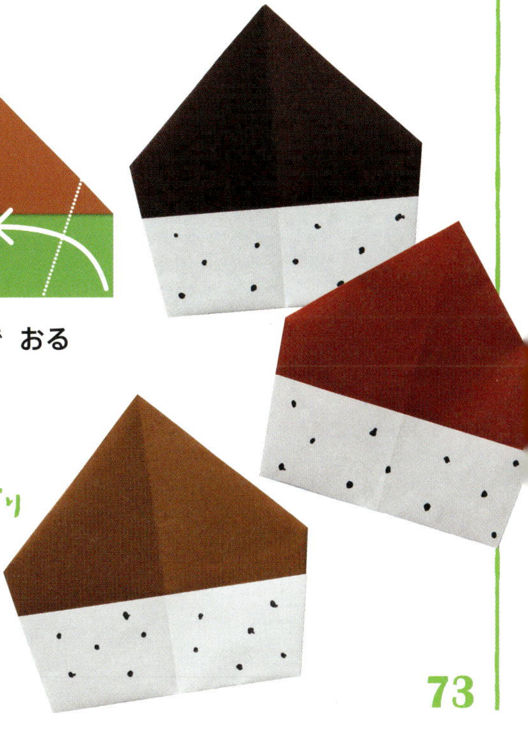

やさしい
コロンコロンのどんぐり。
いっぱいならべよう。

どんぐり

1 たてと よこに まんなかに
おりめを つけて もどす

2 まんなかの せんに
あわせて おる

3 まんなかの せんに
あわせて おる

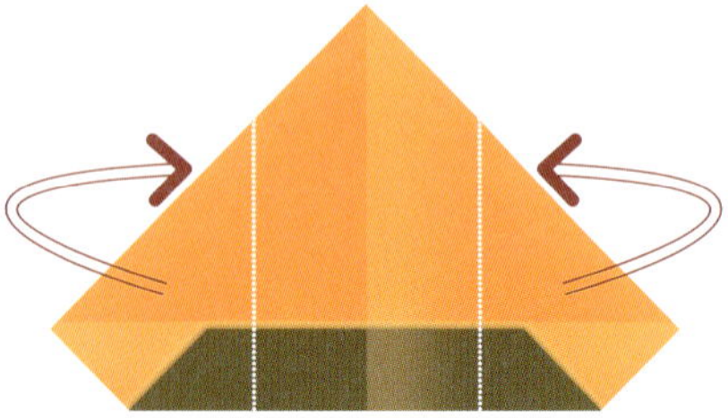

4 てんせんで
うしろに おる

おおきく

5 てんせんで
うしろに おる

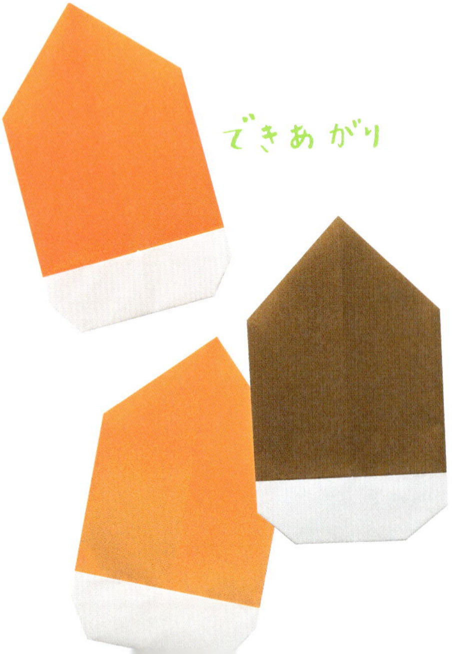
できあがり

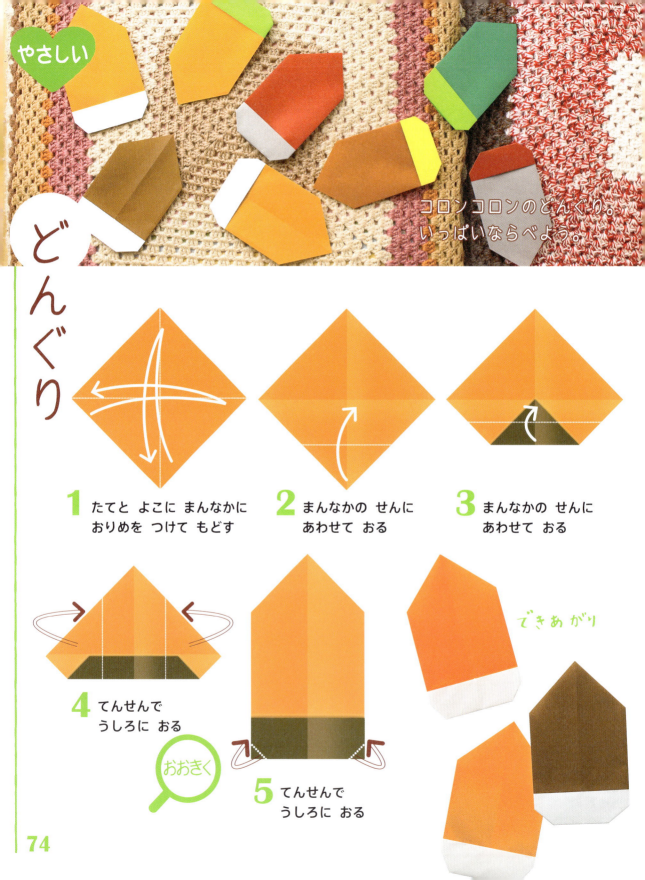

キュートなきのこ。
まんまるぼうしが
おしゃれです。

きのこ

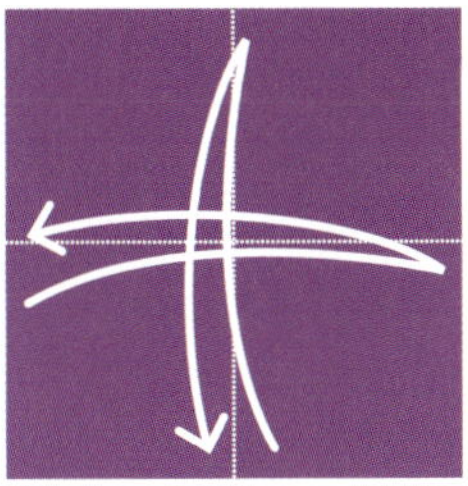

1 たてと よこに まんなかに
おりめを つけて もどす

2 まんなかの せんに
あわせて うしろに おる

3 まんなかの せんに
あわせて おる

4
てんせんで だんおりに する

5 てんせんで おって
おりめを つけて もどす

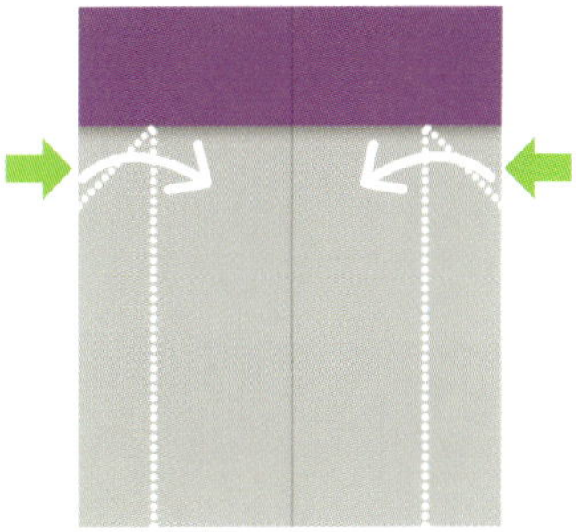

6 ← から ふくろを
ひらいて つぶす

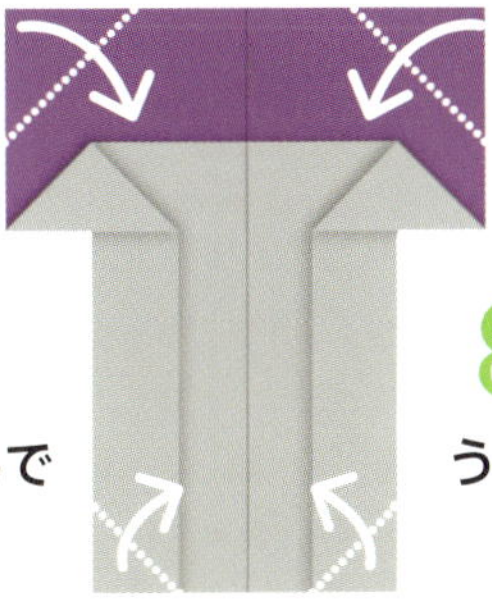

7
てんせんで
おる

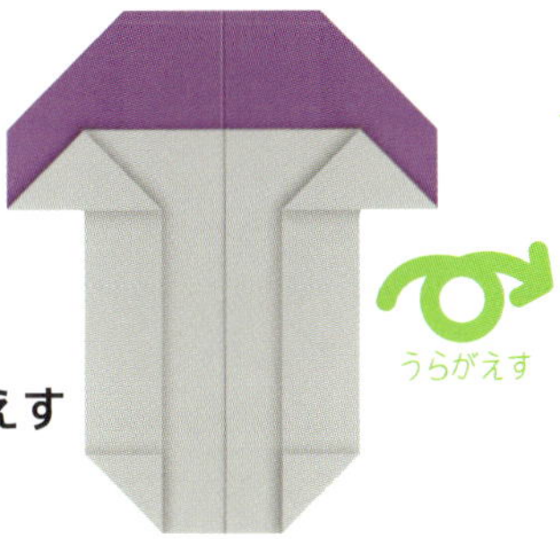

8
うらがえす

できあがり

おしゃれ

シャツ

パリッと
きれいなシャツ。
きちんとたたんで
ありますね。

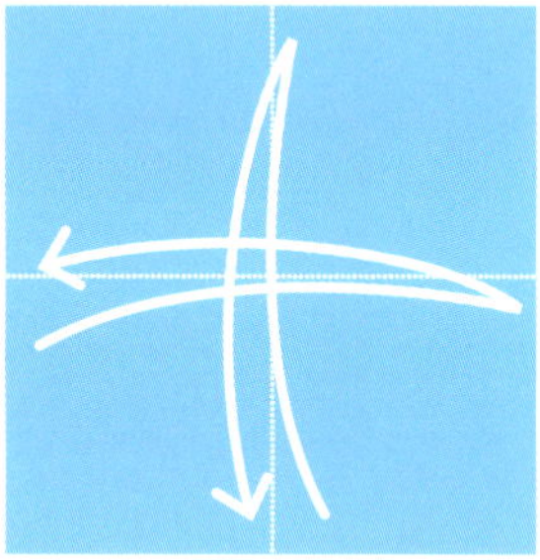

1 たてと　よこに　まんなかに
おりめを　つけて　もどす

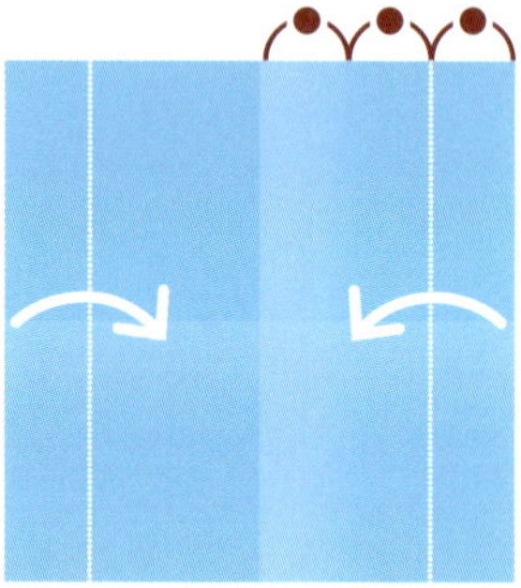

2 てんせんで　おる

3 てんせんで　おる

4
まんなかの
せんに
あわせて
おる

5
てんせんで
おる

6
てんせんで
おる

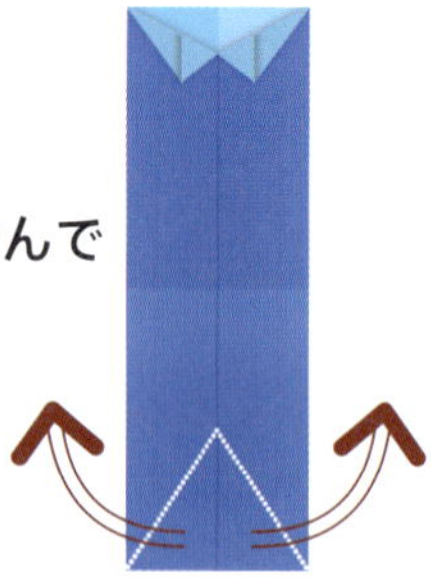

7
てんせんで
おって
えりの
したに
いれる

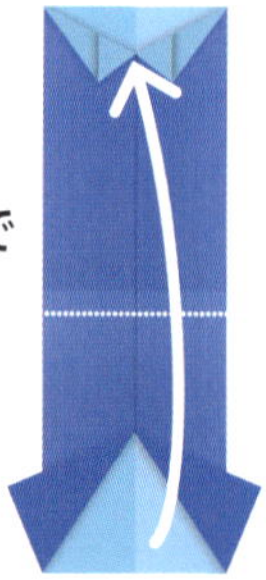

おおきく

8
てんせんで
うしろに　おる

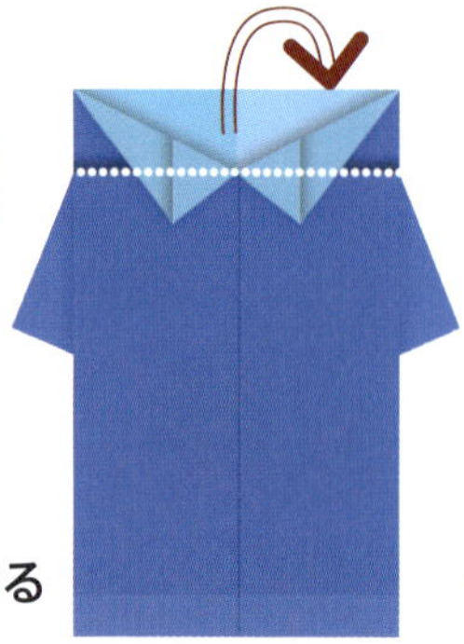

できあがり

ズボン

やさしい

すてきなズボン。
どんなシャツとコーディネートする？

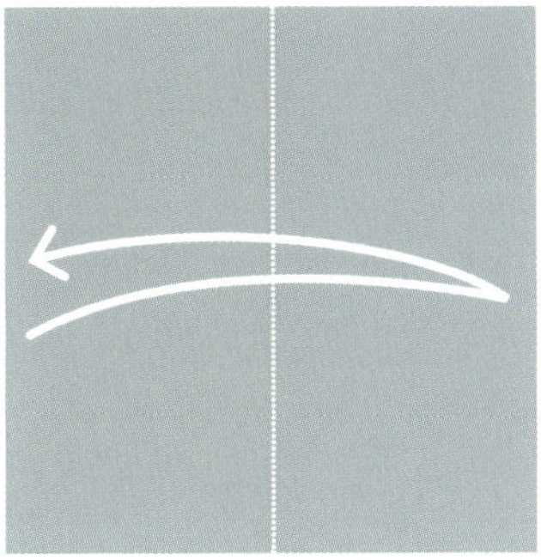

1 まんなかに おりめを つけて もどす

2 まんなかの せんに あわせて おって もどす

3 てんせんで うしろに おる

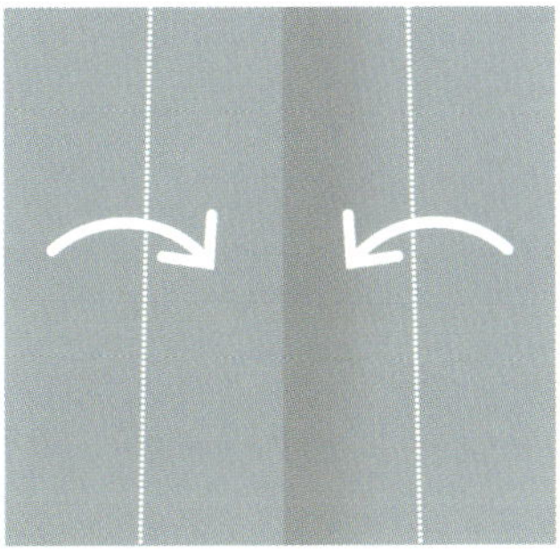

4 てんせんで おる

5 てんせんで うしろに おる

おおきく

6 てんせんで おる

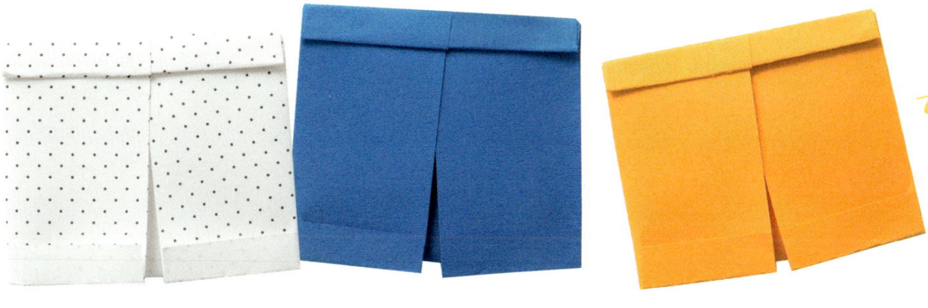

できあがり

やさしい

おんなのこらしい、
ふわっとスカートのできあがり。

スカート

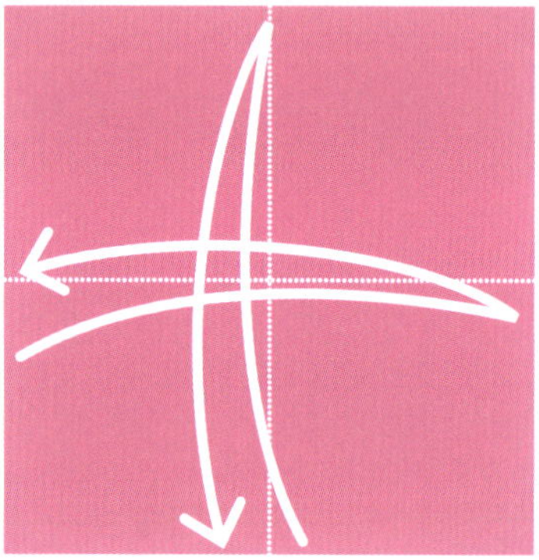

1 たてと よこに おって まんなかに
おりめを つけて もどす

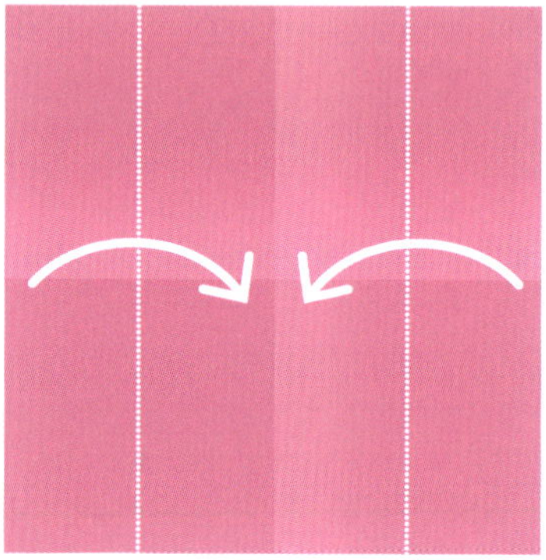

2 まんなかの せんに
あわせて おる

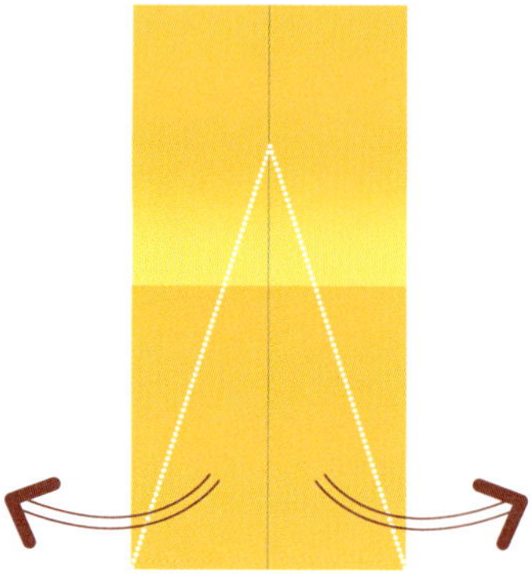

3 てんせんで おる

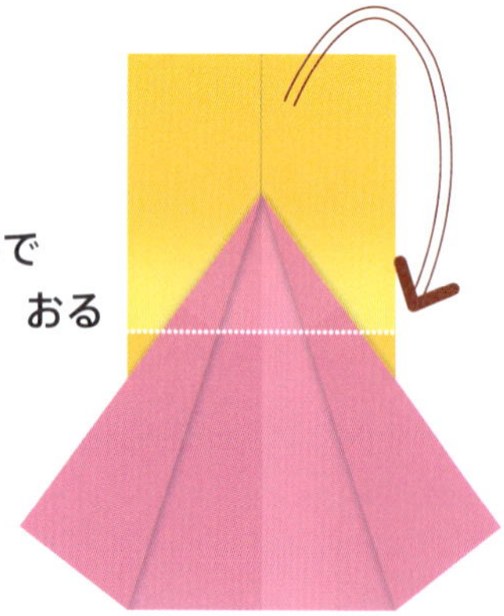

4
てんせんで
うしろに おる

5 てんせんで うしろに おる

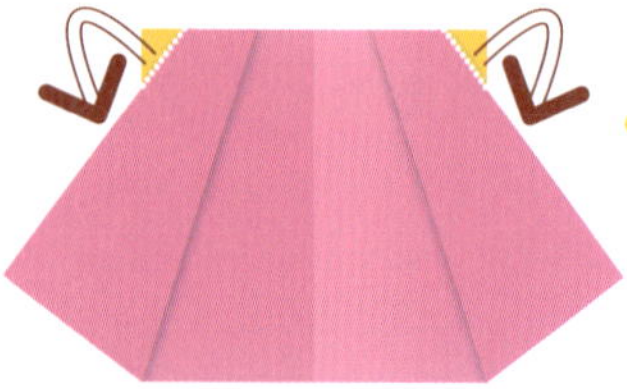

できあがり

やさしい

Tシャツ

カラフルなTシャツでげんきよく！

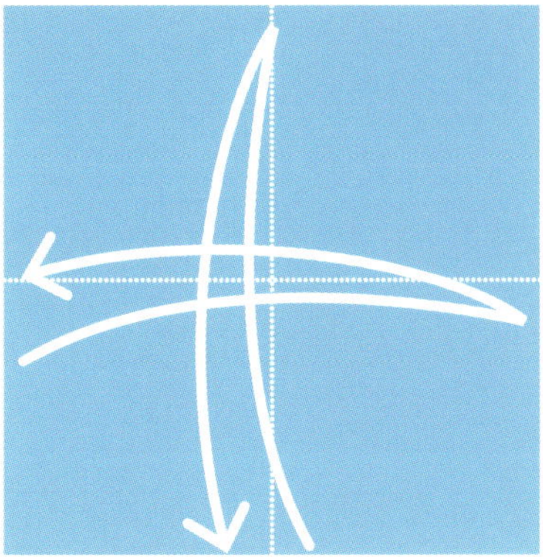

1 たてと よこに おって まんなかに おりめを つけて もどす

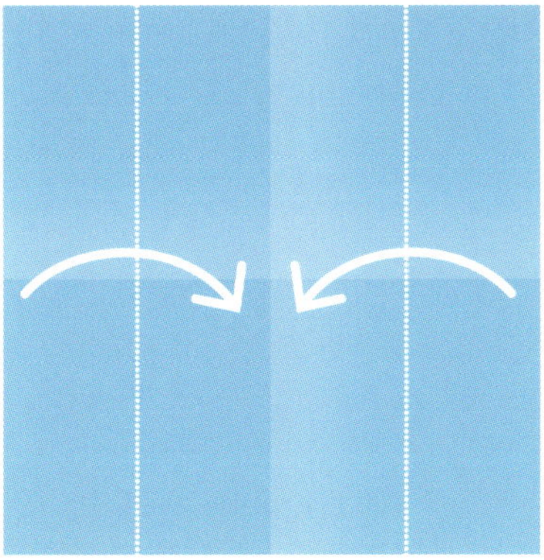

2 まんなかの せんに あわせて おる

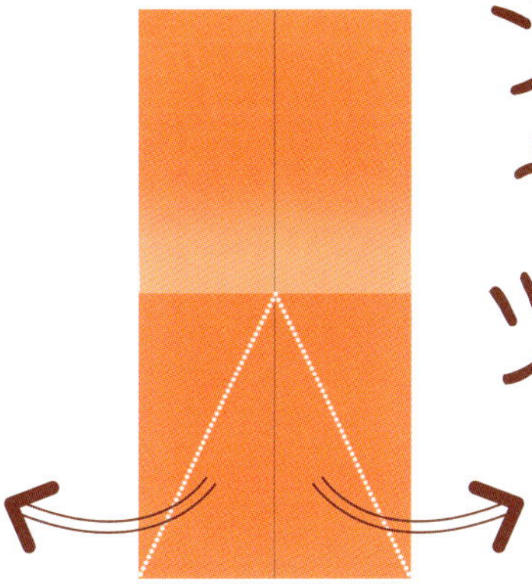

3 てんせんで おる

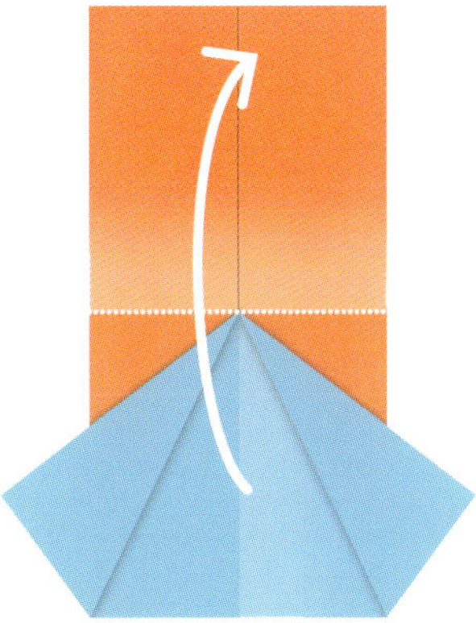

4 てんせんで おる

5 うらがえす

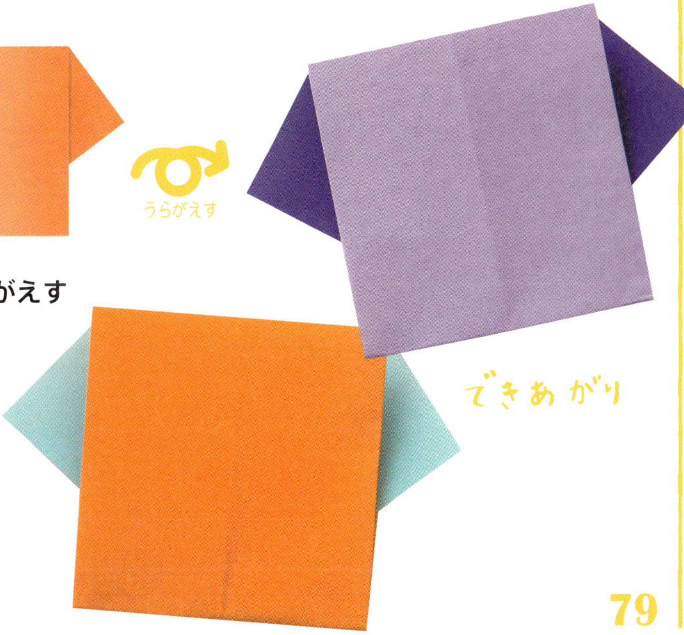

できあがり

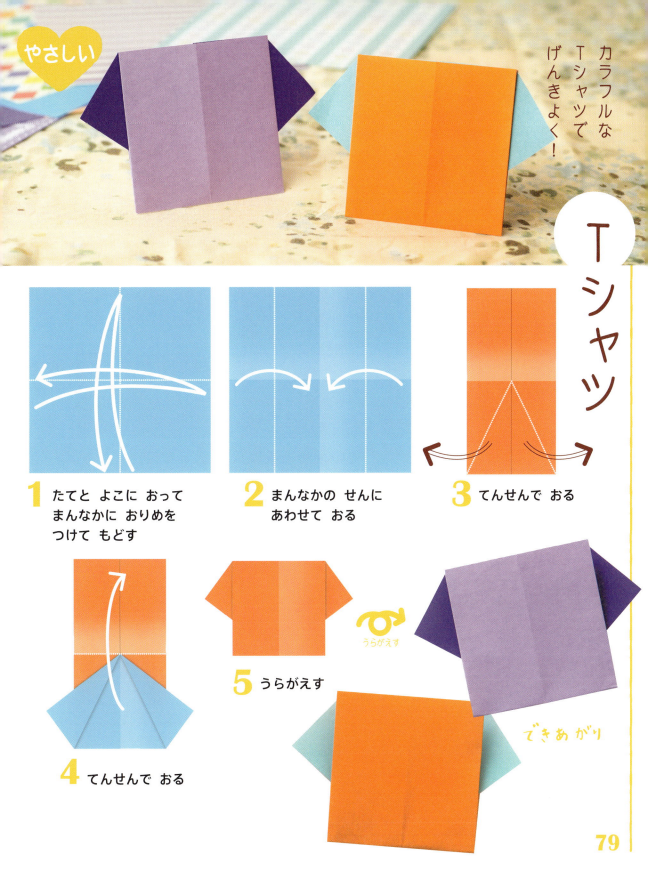

ワンピース

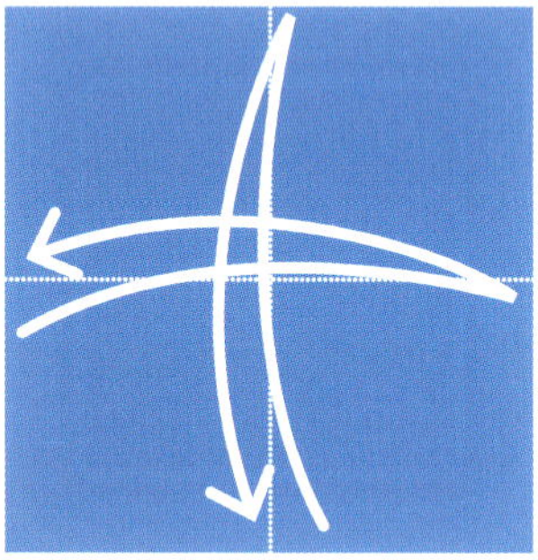

1 まんなかに おりめを
つけて もどす

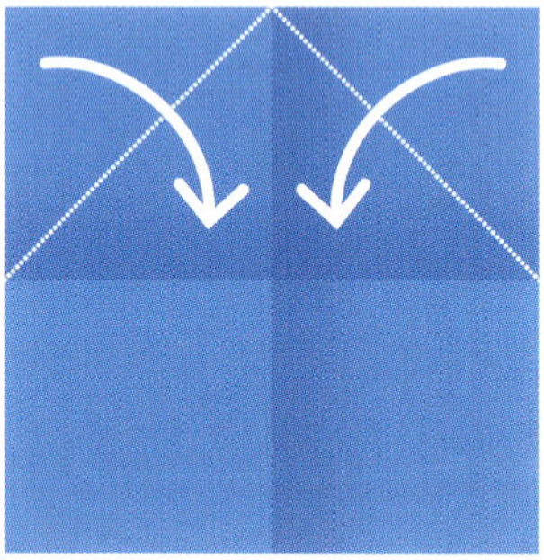

2 まんなかの せんに
あわせて おる

3 うらがえす

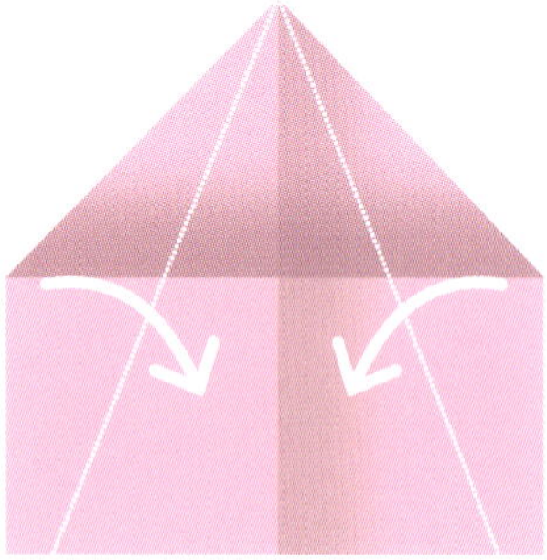

4 まんなかの せんに
あわせて おる

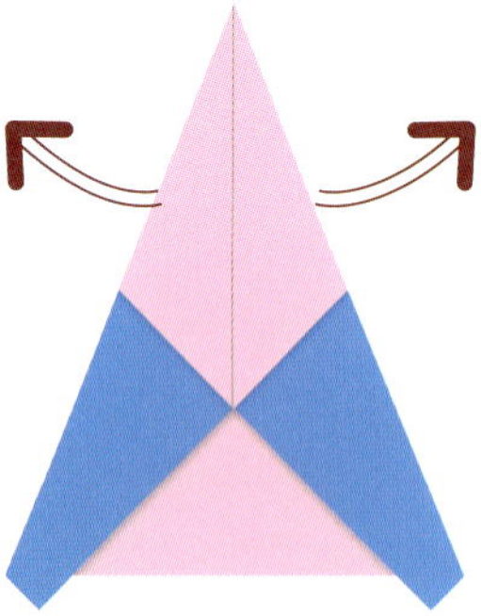

5 うしろがわを
ひろげる

6 かどを おる

7 うらがえす

8
てんせんで
おる

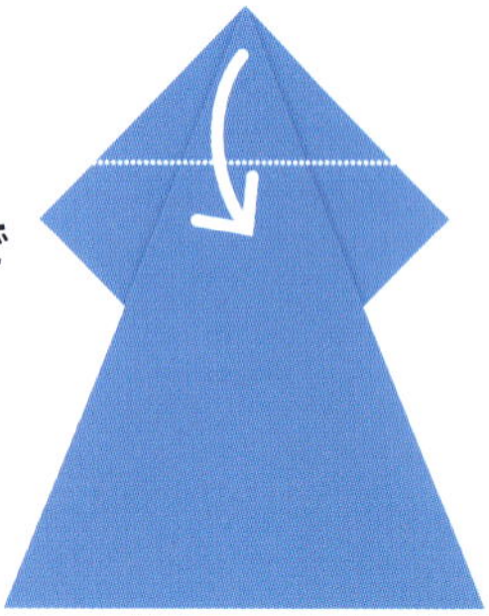

9 うらがえす

ボタンを かいて
できあがり

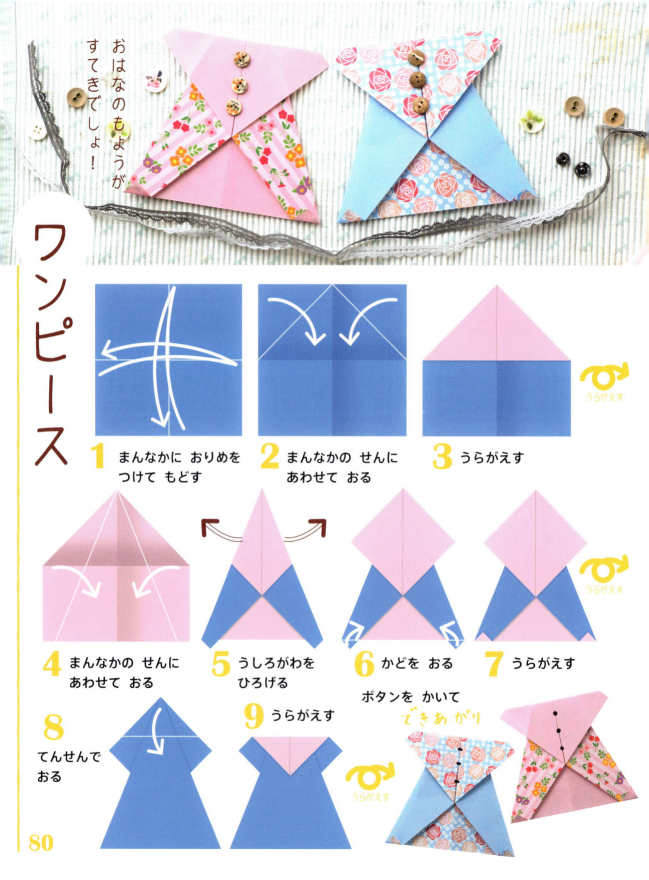

ネクタイ

ネクタイつけたら、
ちいさなぼくも
ジェントルマン。

1 まんなかに　おりめを
つけて　もどす

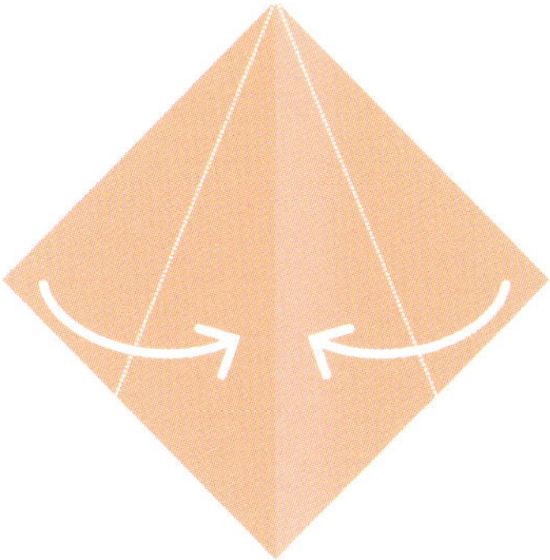

2 まんなかの　せんに
あわせて　おる

3 うらがえす

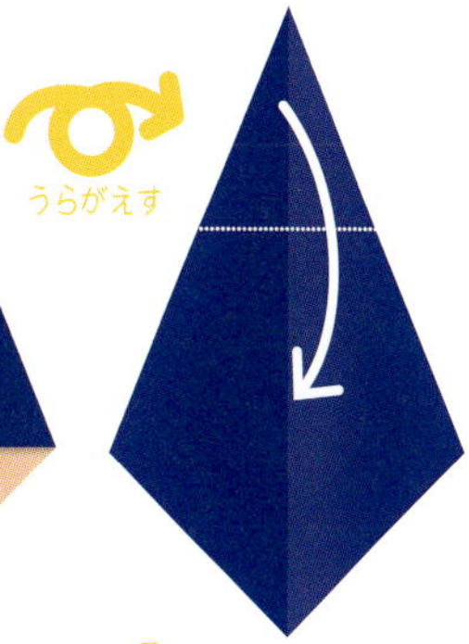
うらがえす

4 てんせんで
おる

おおきく

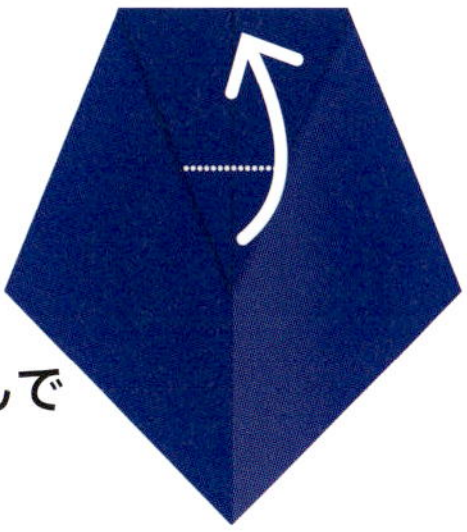

5
てんせんで
おる

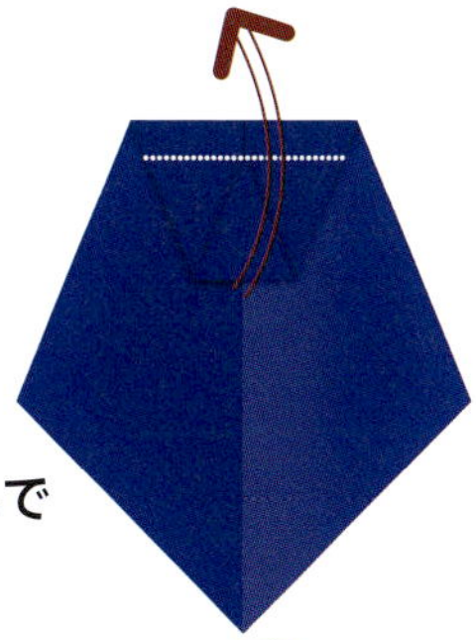

6
てんせんで
おる

7
てんせんで
おって　もどす

うらがえす

8
うらがえす

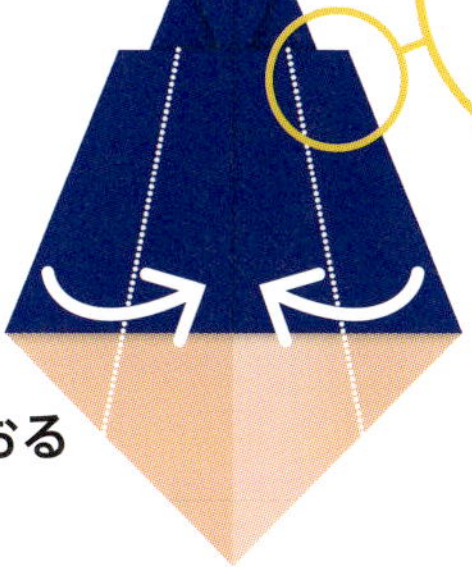

9
まんなかの
せんに
あわせて　おる

10
うらがえす

うらがえす
できあがり

ハンドバッグ

ステキなバッグ、
なにいれる？

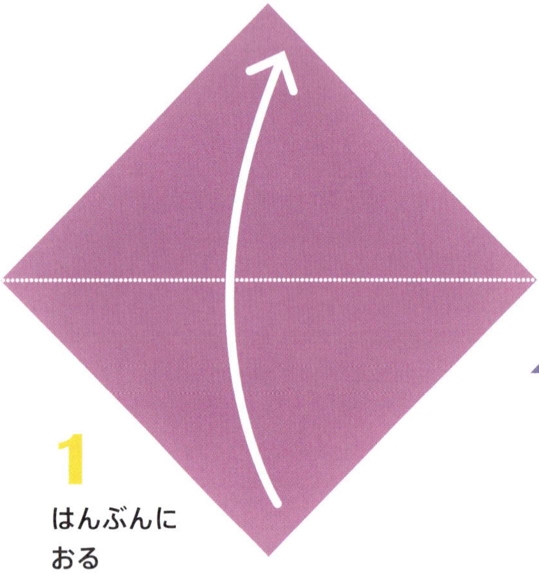

1 はんぶんに おる

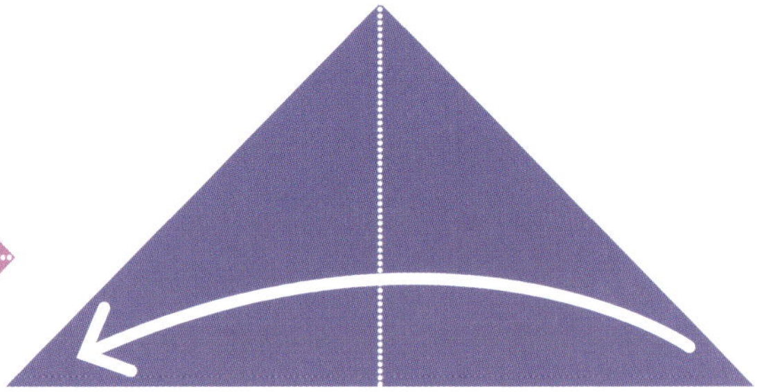

2 はんぶんに　おる

3 ←から ふくろを ひらいて つぶす

4 うらも おなじように おる

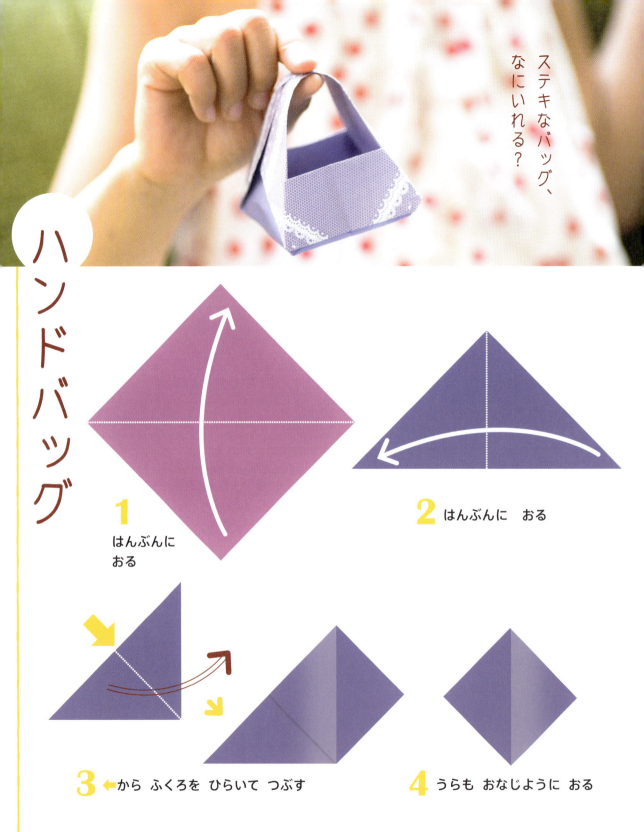

おおきく

5
てまえの 1まいを まんなかに
おりめを つけて もどす。
うらも おなじ

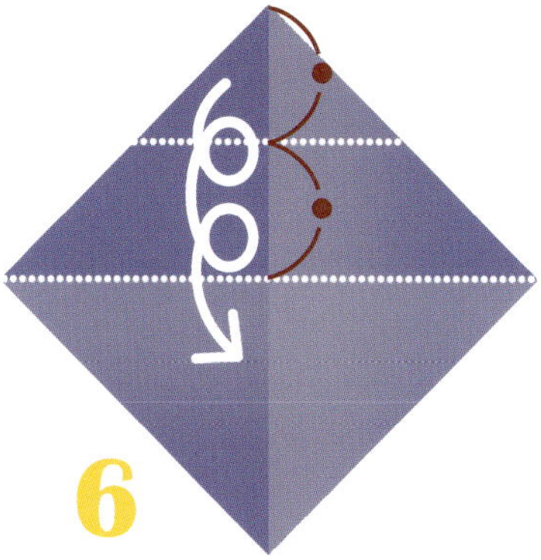

6
まくように おる。
うらも おなじ

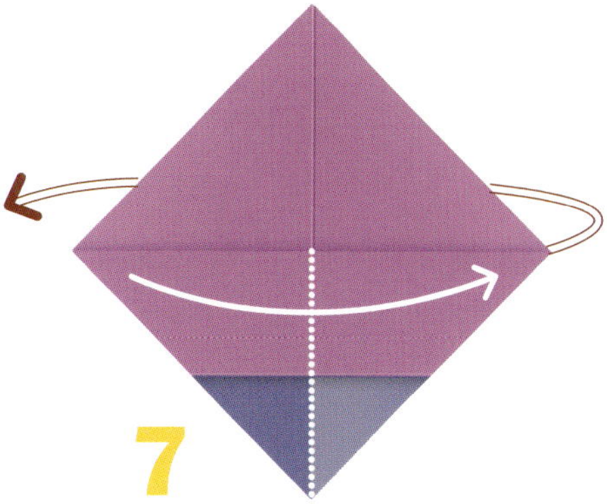

7
おりずらして
おるめんを かえる

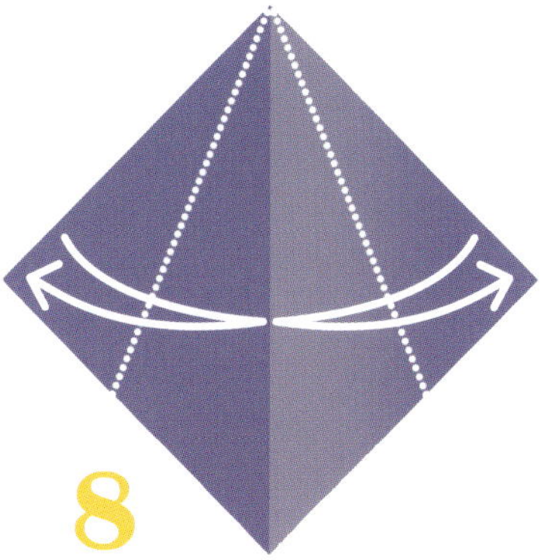

8
まんなかの せんに
あわせて おって もどす

9
てんせんで おる

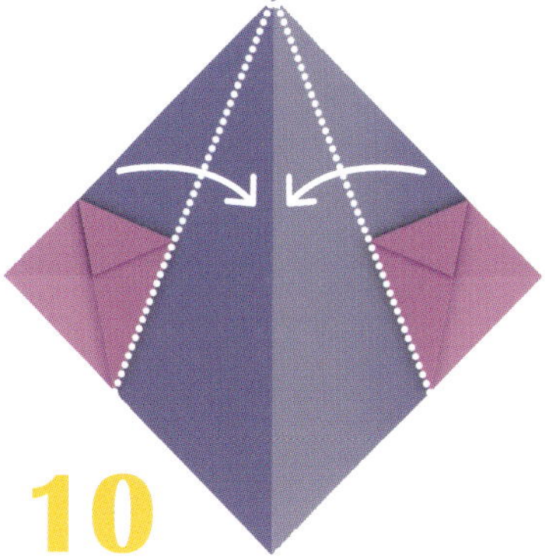

10
てんせんで
まんなかに あわせて おる

11
10を おったところ。
うらも 8から
10の じゅんに おる

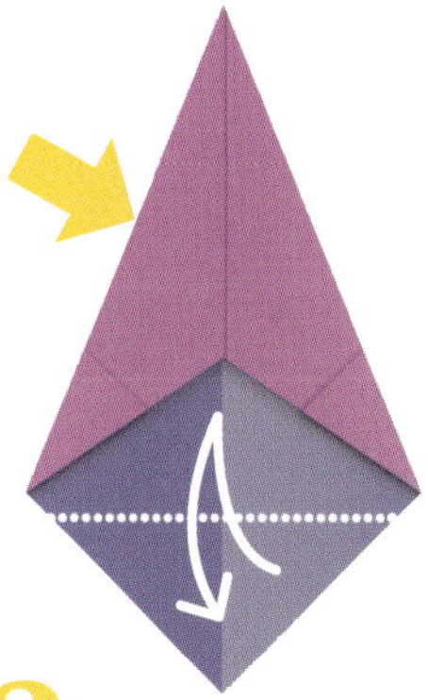

12
てんせんで おったら
⬅から てを いれて
そこを ひろげる

もちてを のりで
とめて

できあがり

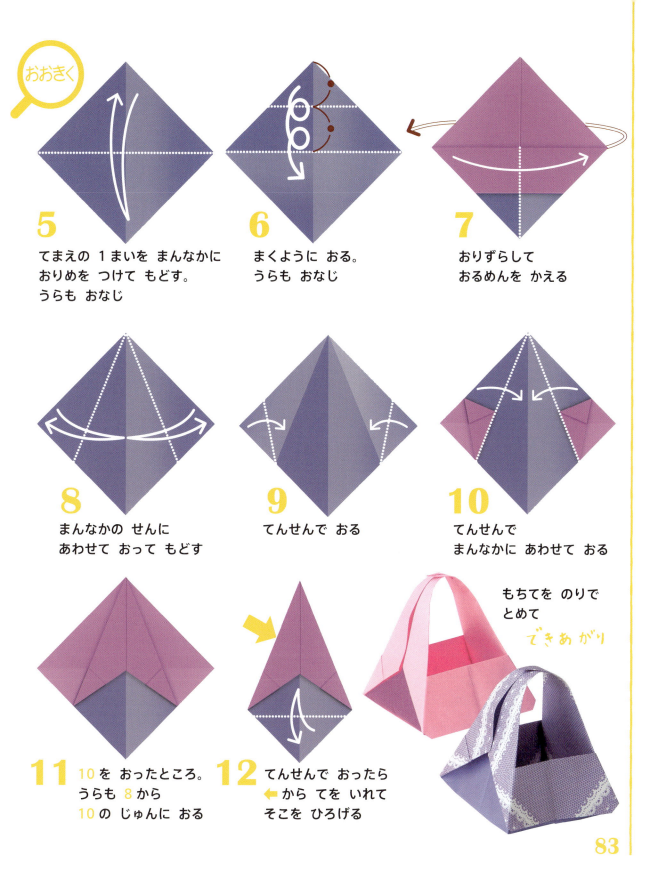

コップをおいて、
さあ、めしあがれ。

コースター

しかく

1

たてと よこに
まんなかに
おりめを
つけて
もどす

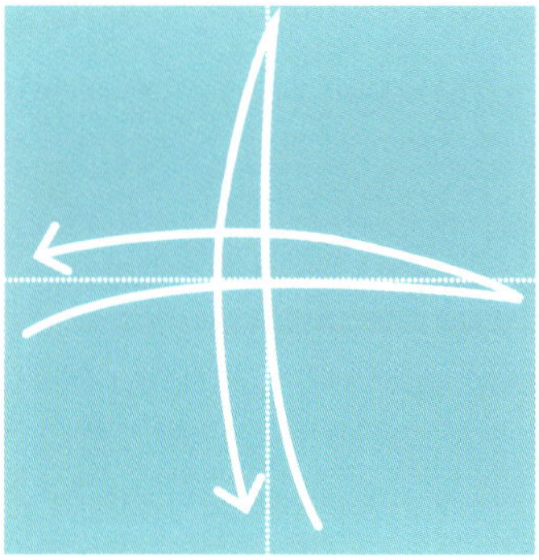

2

たてと よこの
まんなかの
せんに あわせて
おりめを
つけて もどす

3

おりめに
あわせて
おる

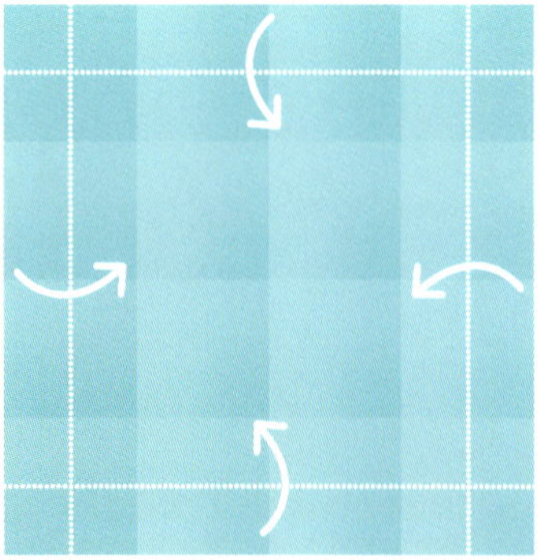

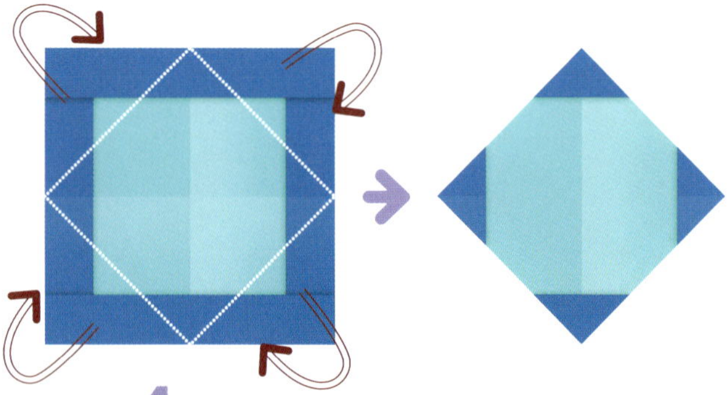

4 てんせんで うしろに おる

できあがり

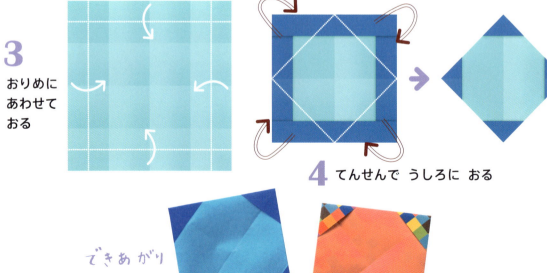

うさぎ

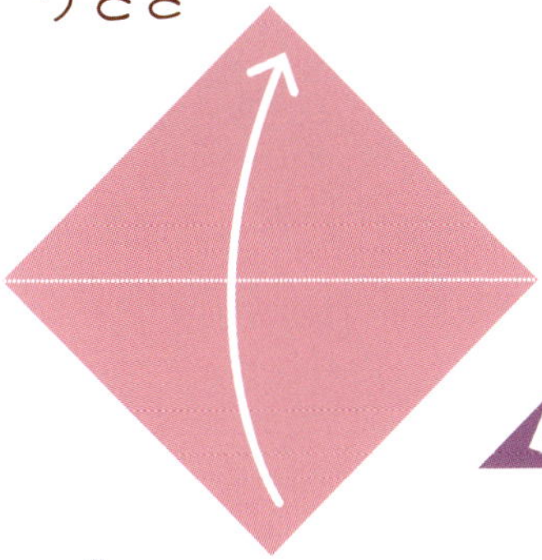

1 はんぶんに　おる

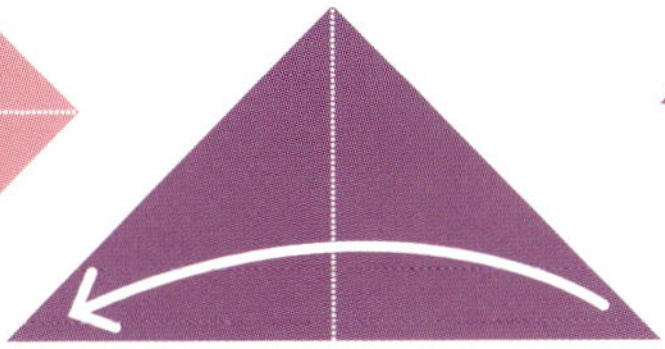

2 はんぶんに
おる

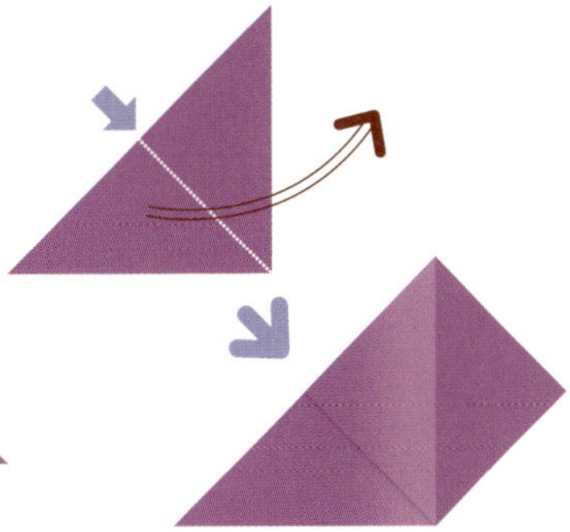

3 ←から　ふくろを
ひらいて　つぶす

4 うらも
おなじように
おる

おおきく

5 うえの　1まいを
はんぶんに　おる

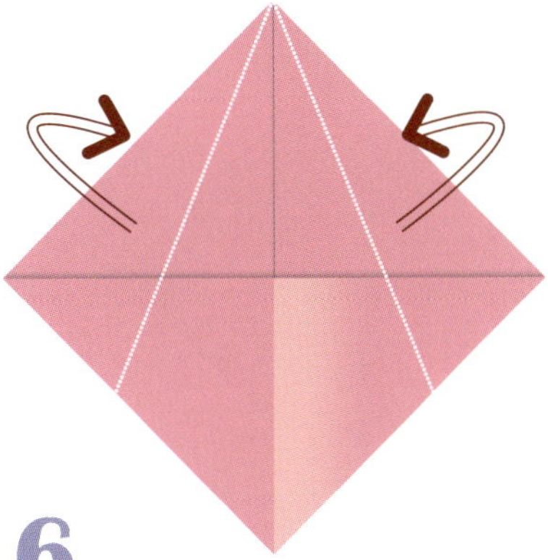

6 うえの　1まいを　てんせんで
うちがわに　おる

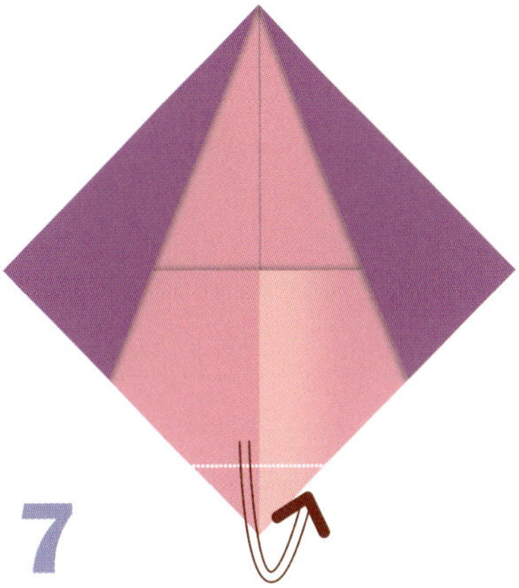

7 うえの　1まいを
てんせんで　うちがわに　おる

8 てんせんで　おる

かおを　かいて　できあがり

はしぶくろ

おはしがへんしん！
しょくじのじかんが
まちどおしいね。

1
たてと　よこに
まんなかに　おりめを
つけて　もどす

2
まんなかの
せんに　あわせて
おる

3 てんせんで　おる

4 ひろげる

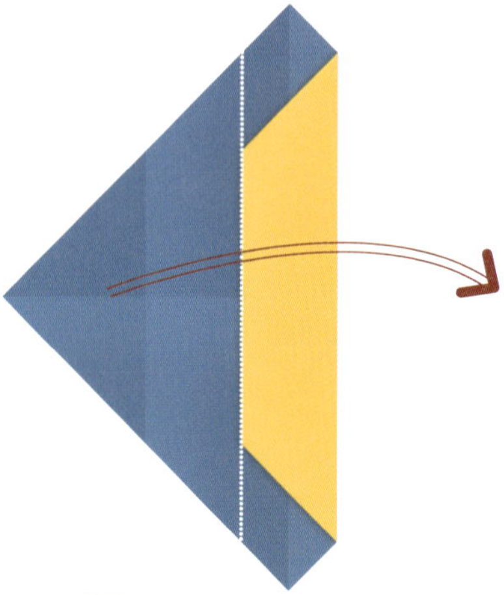

5 てんせんで　おる

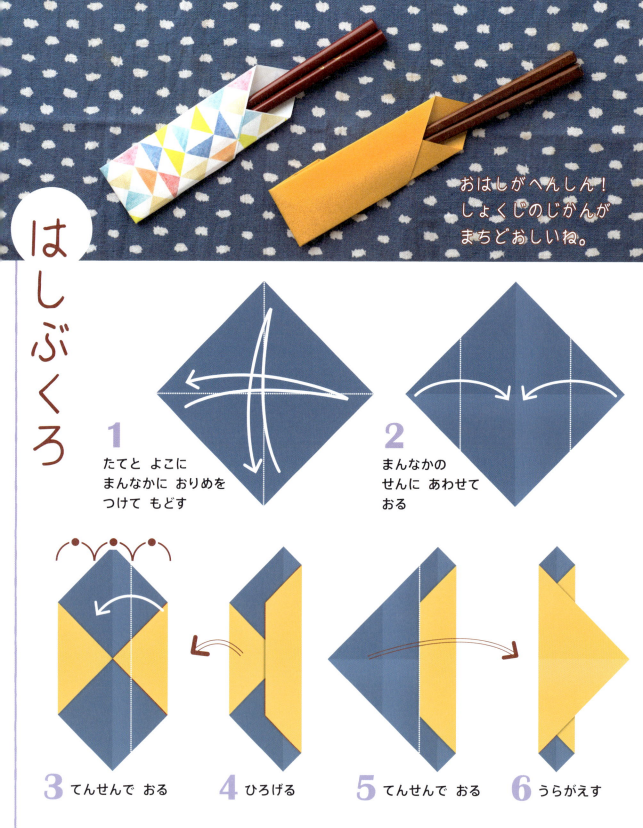

6 うらがえす

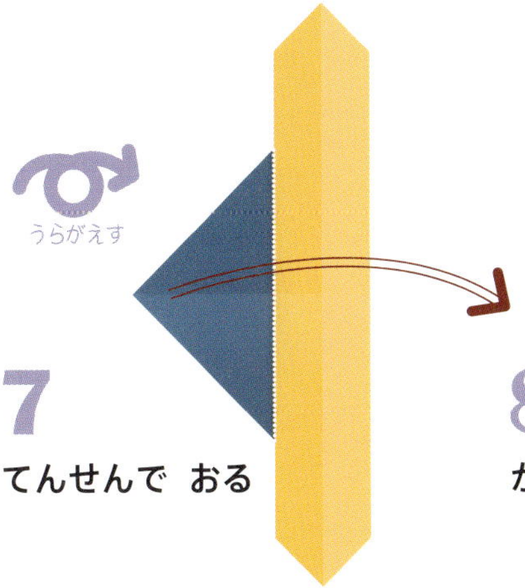

7

てんせんで　おる

8

かどを　おる

9

てんせんで
おる

10

てんせんで
うちがわに
おる

11

てんせんで
うちがわに
おる

12

うらがえす

できあがり

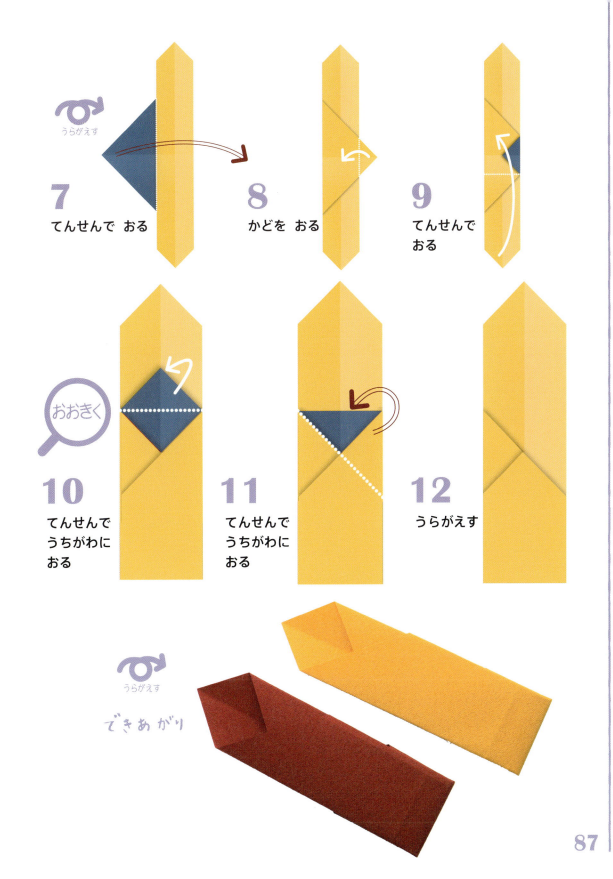

たくさんつくって、
なんでもいれちゃおう。

はがきいれ

★縦長《たてなが》の大《おお》きな紙《がみ》(A4くらい)や包装紙《ほうそうし》を使《つか》います。

1 たてと よこに まんなかに おりめを つけて もどす

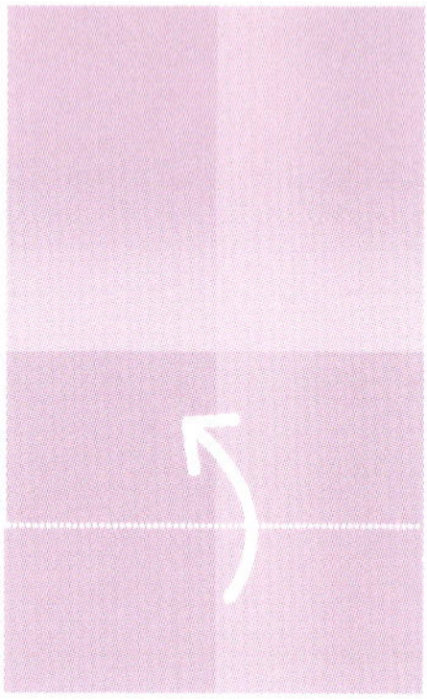

2 てんせんで おる

3 うらがえす

4 てんせんで おる

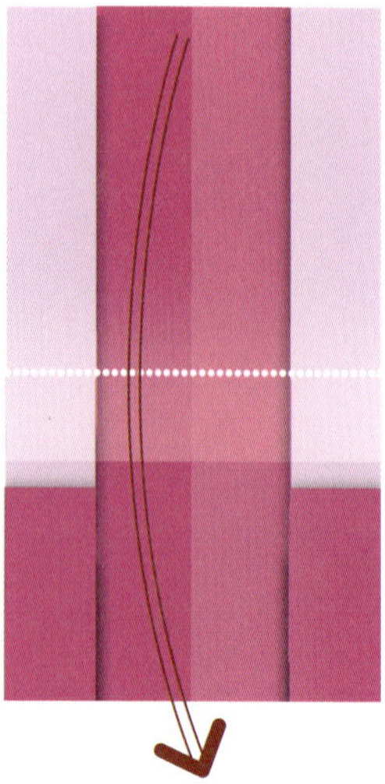

おおきく

5 てんせんで おる

6 てんせんで うしろに おって さしこむ

7 うらがえす

できあがり

おうち

さんかくおやねの、
かわいいいえだよ。

1 たてと よこに まんなかに おりめを つけて もどす

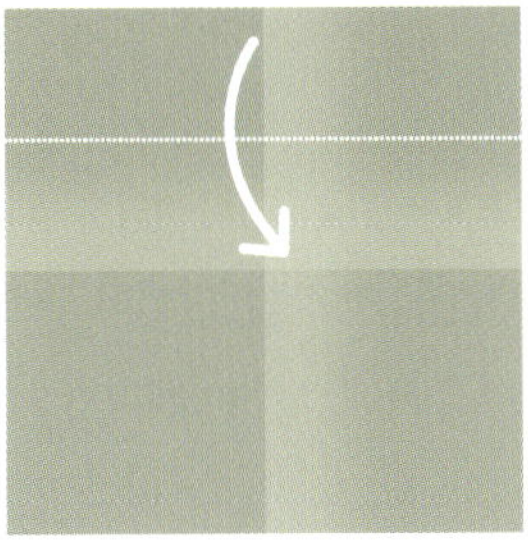

2 まんなかの せんに あわせて おる

3 まんなかの せんに あわせて うしろに おる

おおきく

4 てんせんで うしろに おる

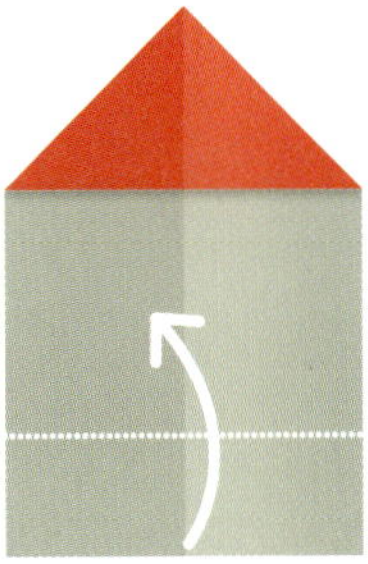

5 てんせんで おる

6 てんせんで おって おりめを つけて もどす

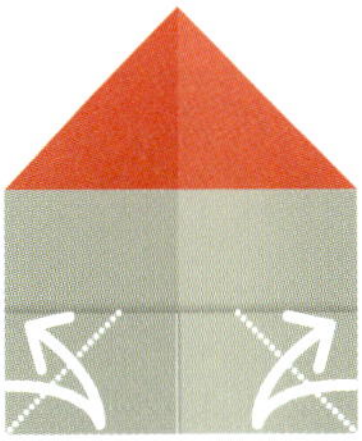

7 ← から ふくろを ひらいて つぶす

8 てんせんで うしろに おる

できあがり

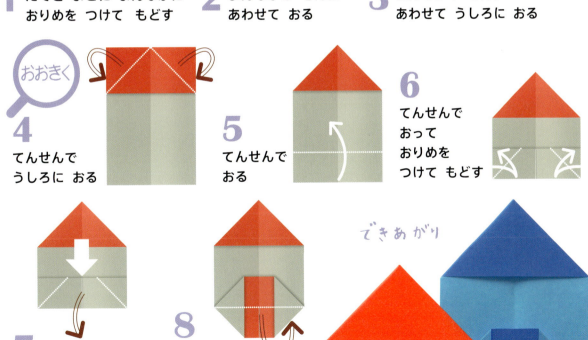

つくえ

1 たてと よこに まんなかに
おりめを つけて もどす

2 まんなかの せんに
あわせて おる

3 まんなかの せんに
あわせて おる

おおきく

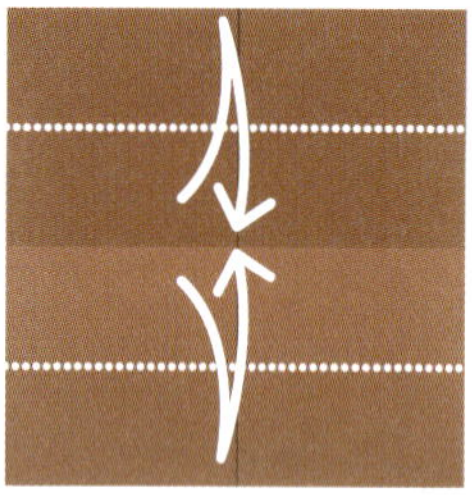

4 まんなかの せんに
あわせて おって もどす

5 てんせんで おって
おりめを つけて
もどす

6 ⬅から
ふくろを
ひらいて
つぶす

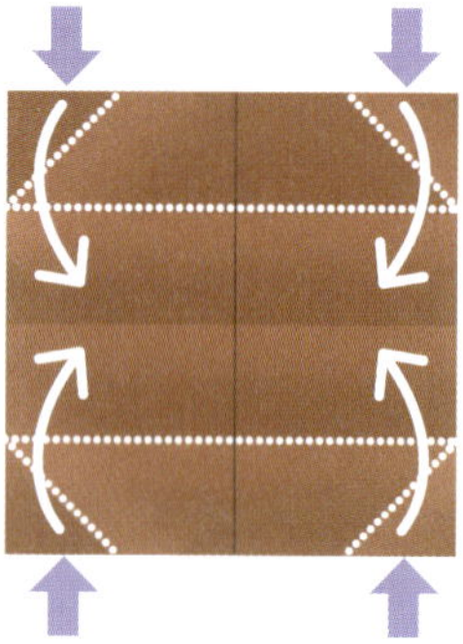

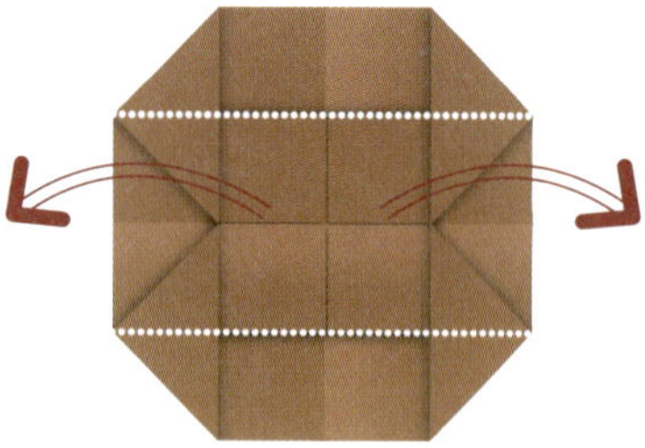

7 さゆうに ひらく

8 うらがえす

できあがり

ソファー

ちいさなソファー
だれとすわる？

1 たてと よこに まんなかに
おりめを つけて もどす

2 てんせんで おる

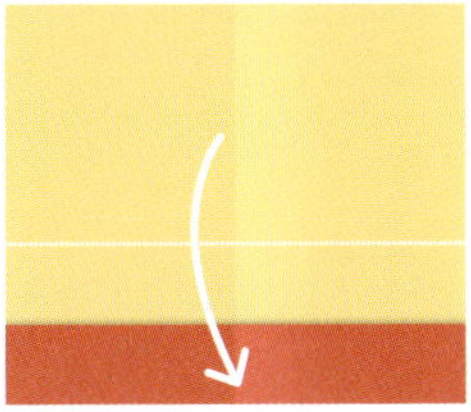

3 てんせんで おる

おおきく

4 てんせんで おって
おりめを つけて もどす

5 ← から ふくろを
ひらいて つぶす

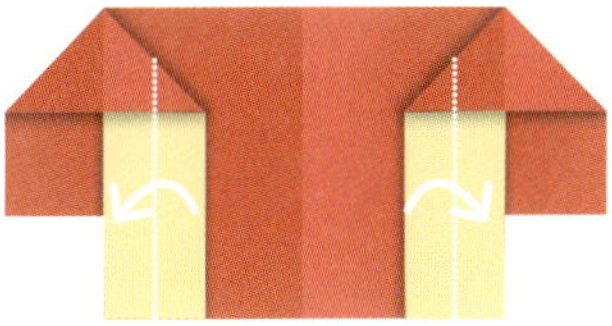

6 てんせんで おる

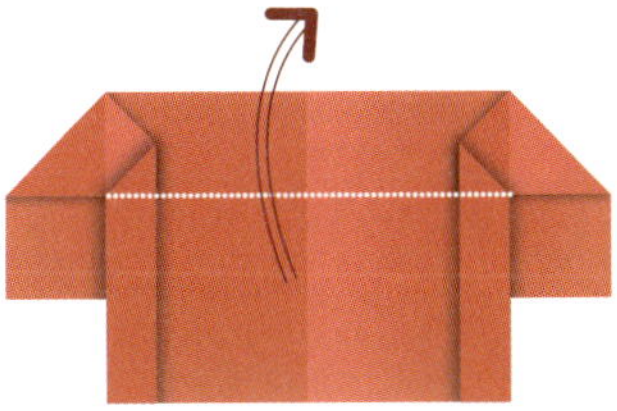

7 てんせんで おる

8 てんせんで おる

9 てんせんで
おって たてる

10 ひらいて
まえに だす

できあがり

オルガン

ドレミファソ〜。
うたにあわせて
ひいてみよう。

1 はんぶんに おる

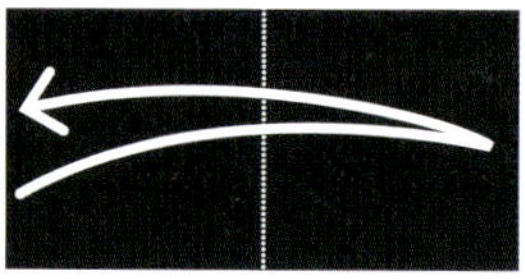

2 はんぶんに おって
おりめを つけて もどす

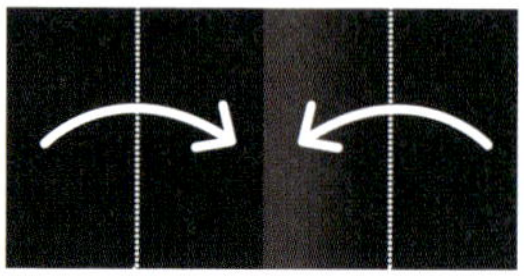

3 まんなかの せんに
あわせて おる

おおきく

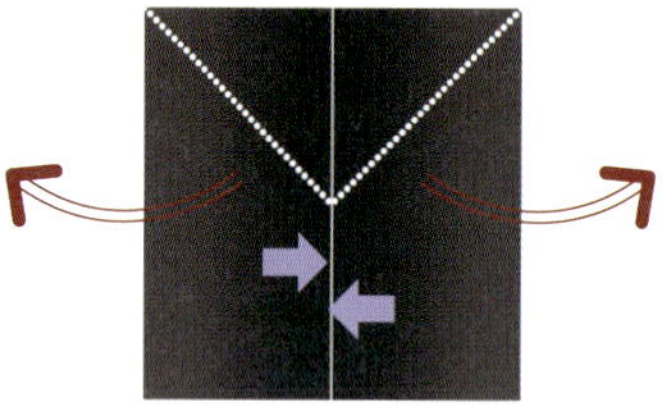

4
←から ふくろを ひらいて つぶす

5 てんせんで
おる

6 てんせんで おる

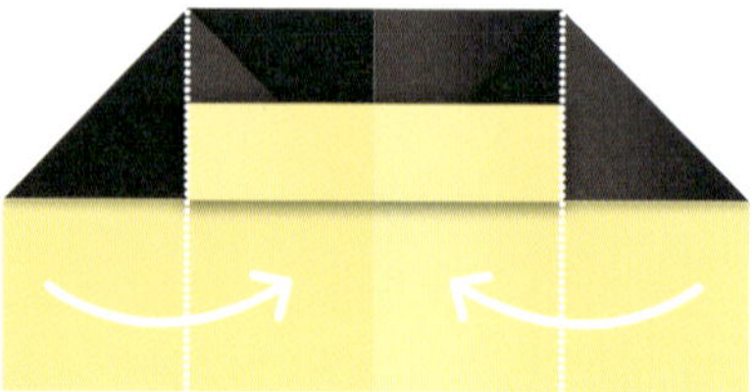

7 てんせんで おる

8 ひらいて
まえに だす

けんばんを かいて
できあがり

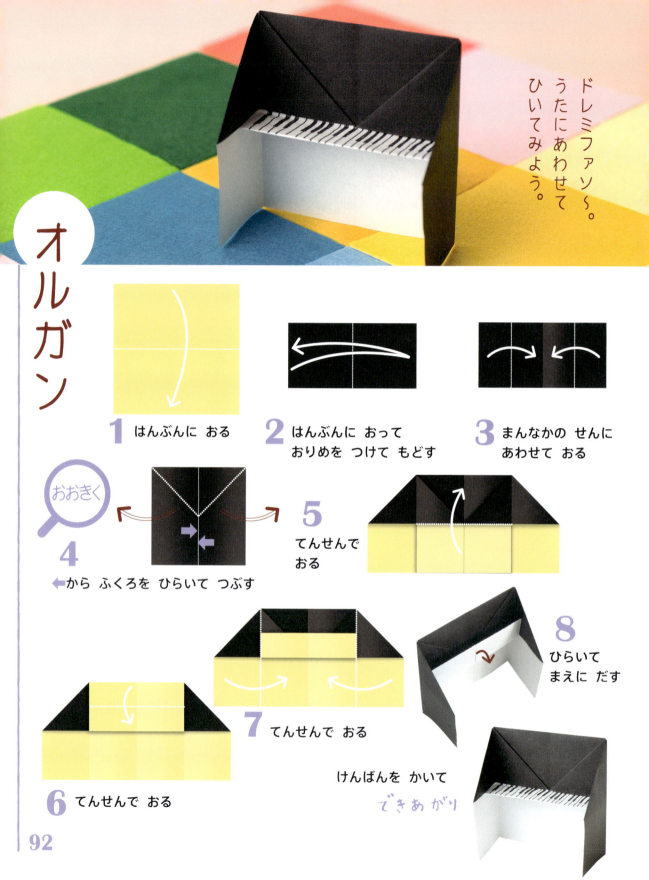

やさしい

さいふ

おさいふもって、おかいものへゴー。

1 たてと よこに まんなかに おりめを つけて もどす

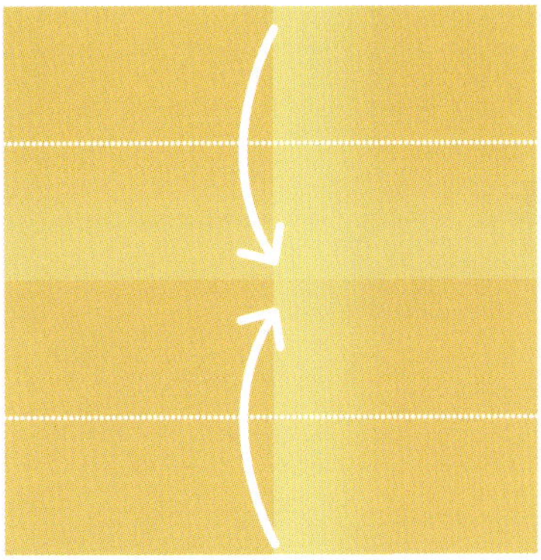

2 まんなかの せんに あわせて おる

おおきく

3 てんせんで うしろへ おる

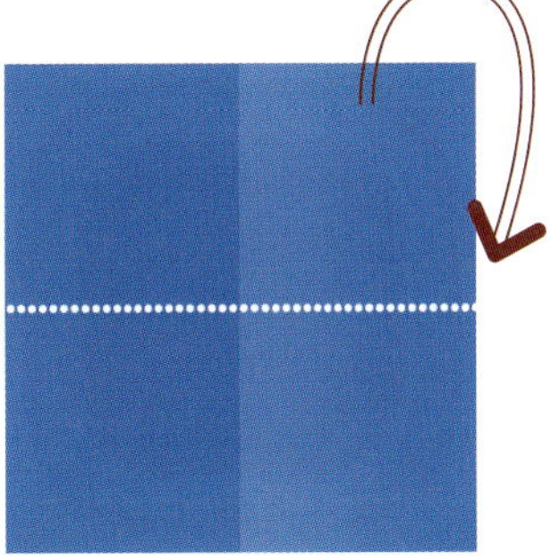

4 うしろへ はんぶんに おる

できあがり

おやさいとんとん
きりましょう。

ほうちょう

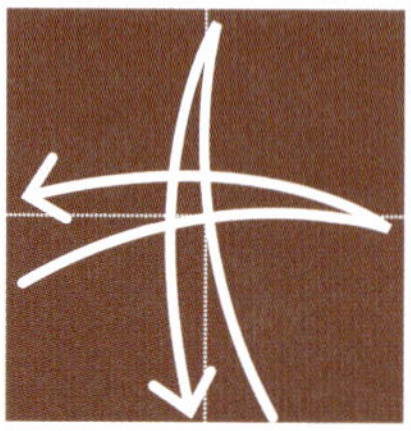

1 たてと よこに まんなかに
おりめを つけて もどす

2 まんなかの せんに
あわせて おって
おりめを つけて もどす

3 まんなかの せんに
あわせて おる

おおきく

4 てんせんで
おる

5 うらがえす

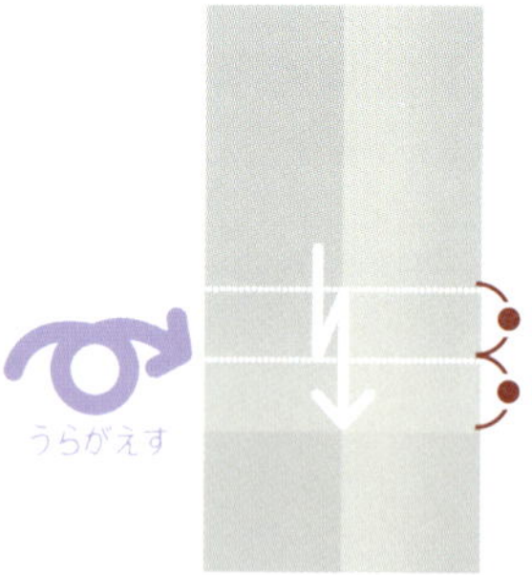

6 うしろに
だんおりに
する

おおきく

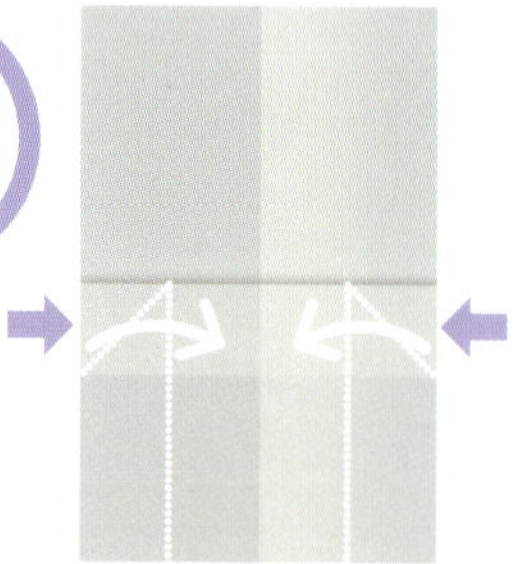

7 ← から ふくろを
ひらいて つぶす

8 はんぶんに
おる

9 てんせんで
うちがわに
おる。うらも
おなじ

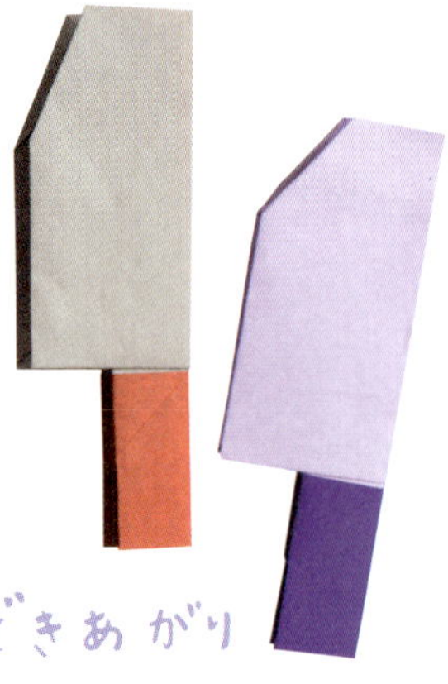

できあがり

やっこだこ

1 たてと よこに
まんなかに おりめを
つけて もどす

2 まんなかの せんに
あわせて おりめを
つけて もどす

3 はんぶんに おる

おおきく

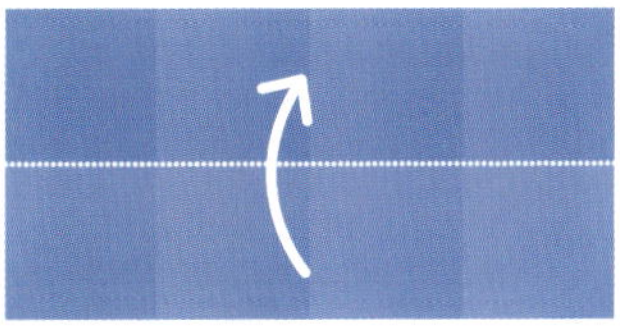

4 うえの 1まいを
てんせんで おる

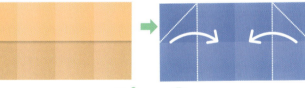

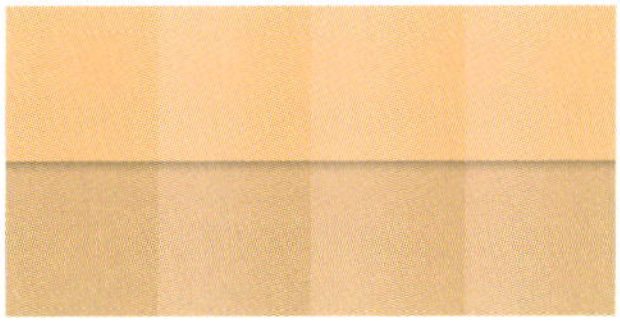

5 うらがえす

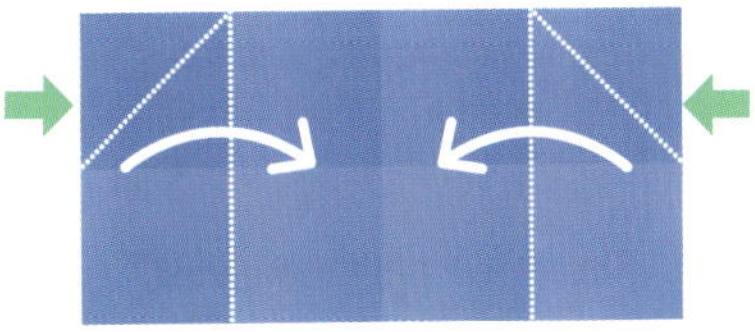

6 ← から ふくろを
ひらいて つぶす

7 てんせんで
おる

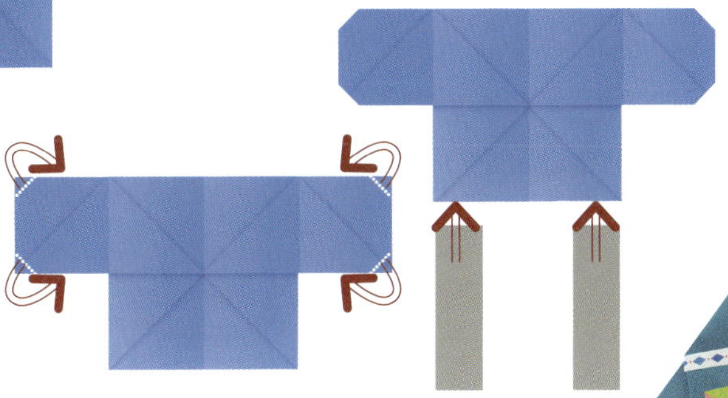

8 てんせんで うしろに おる。
あしを つける

もようを かいて
できあがり

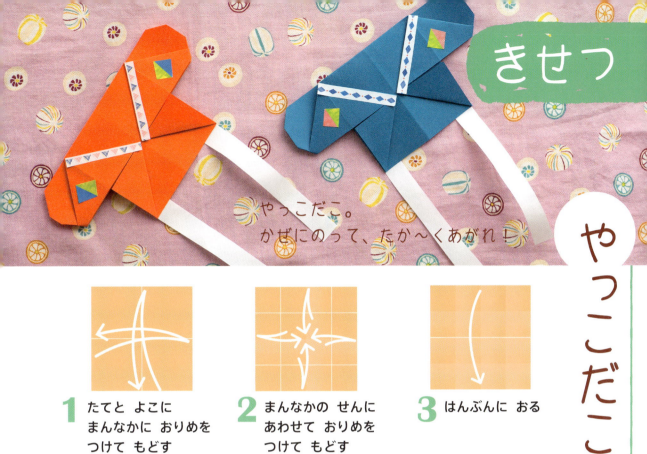

やさしい

おにのぼうし

つのがポイントの
おもしろぼうしだよ。

1 まんなかに
おりめを
つけて もどす

2 はんぶんに
おる

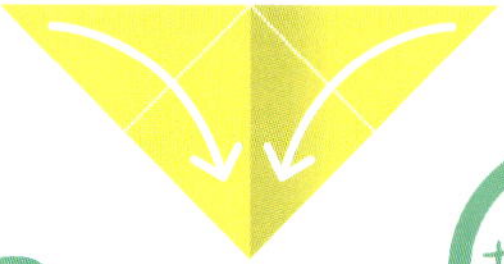

おおきく

3 まんなかの
せんに
あわせて おる

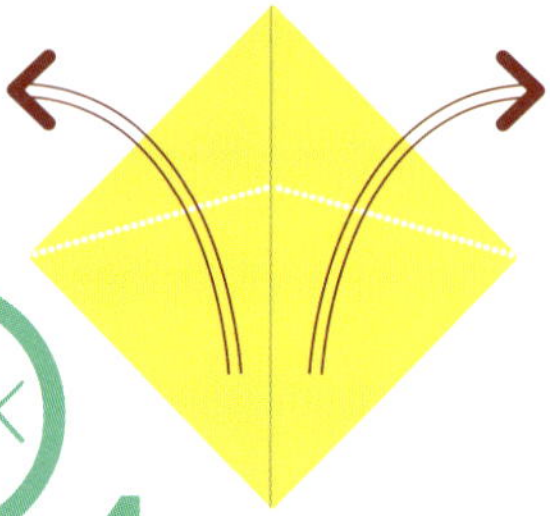

4 てんせんで
おる

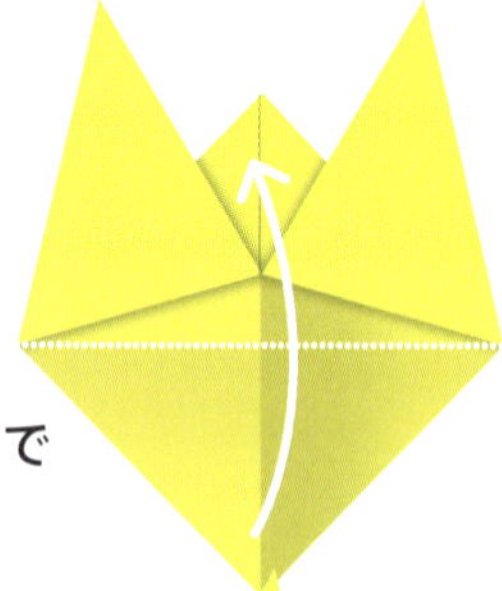

5 てんせんで
おる

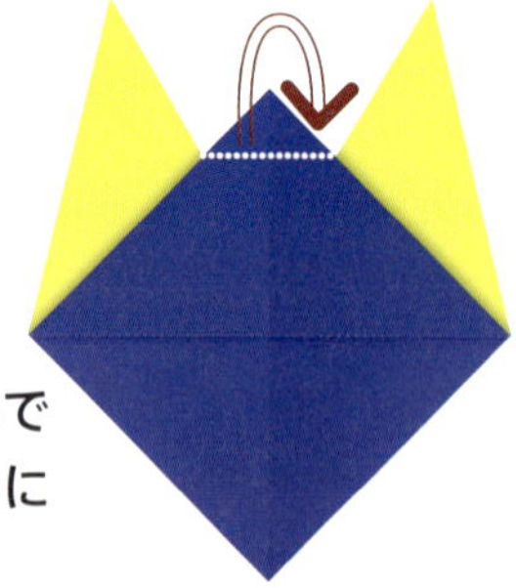

6 てんせんで
うちがわに
おる

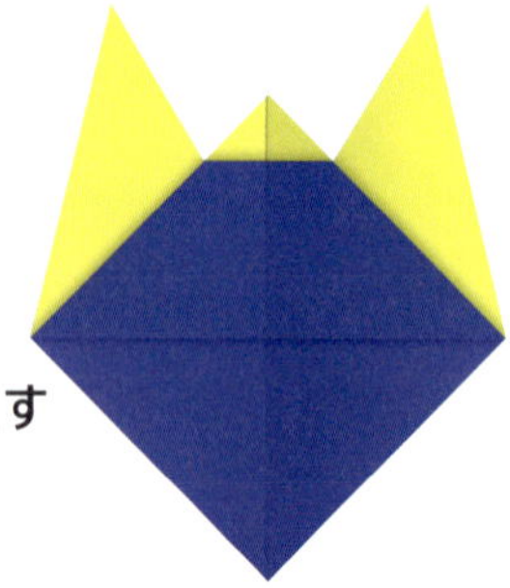

7 うらがえす

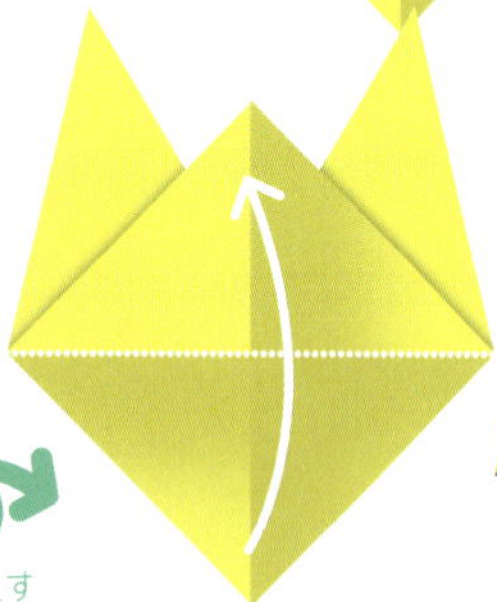

うらがえす

8 てんせんで
おる

9 てんせんで
うちがわに おる

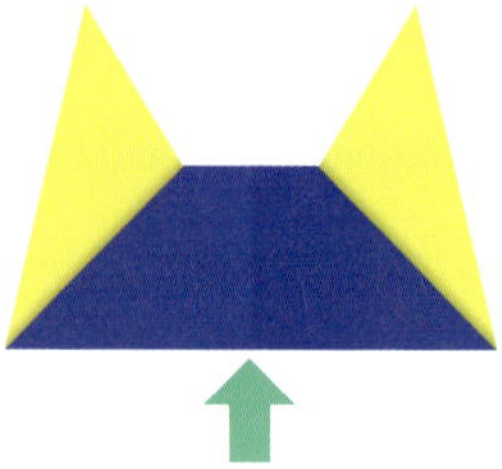

10 もようを かいて
から ひろげる

できあがり

かんたんハート

みんなだいすき、
かわいいハートです。

1

たてと よこに まんなかに
おりめを つけて もどす

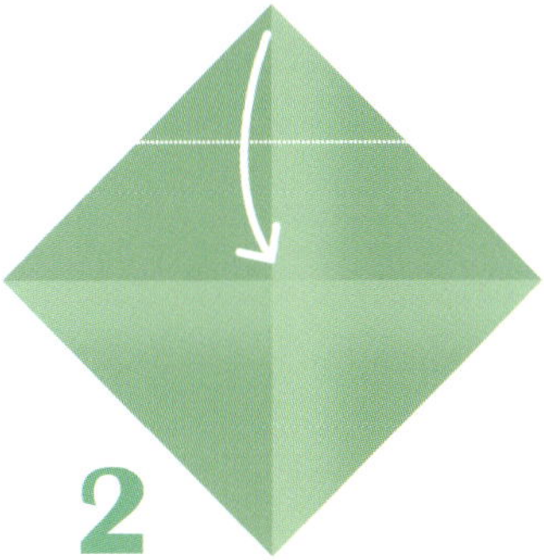

2

まんなかの せんに
あわせて おる

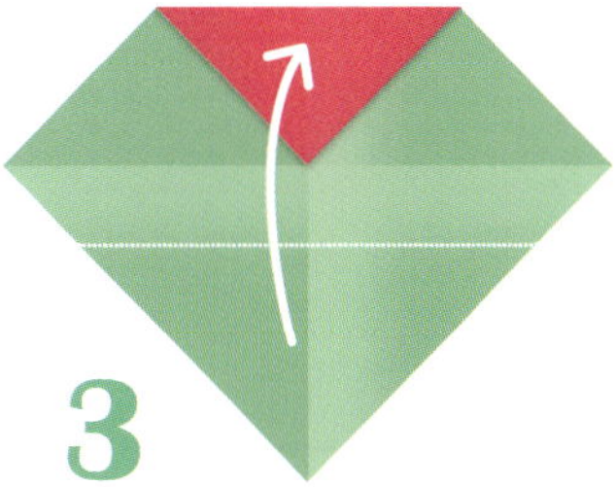

3

てんせんで おる

おおきく

まんなかの せんに
あわせて おる

5

てんせんで
うしろへ おる

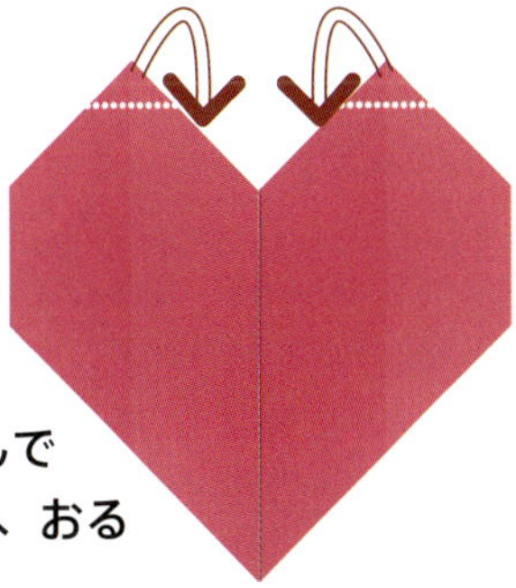

6

てんせんで
うしろへ おる

できあがり

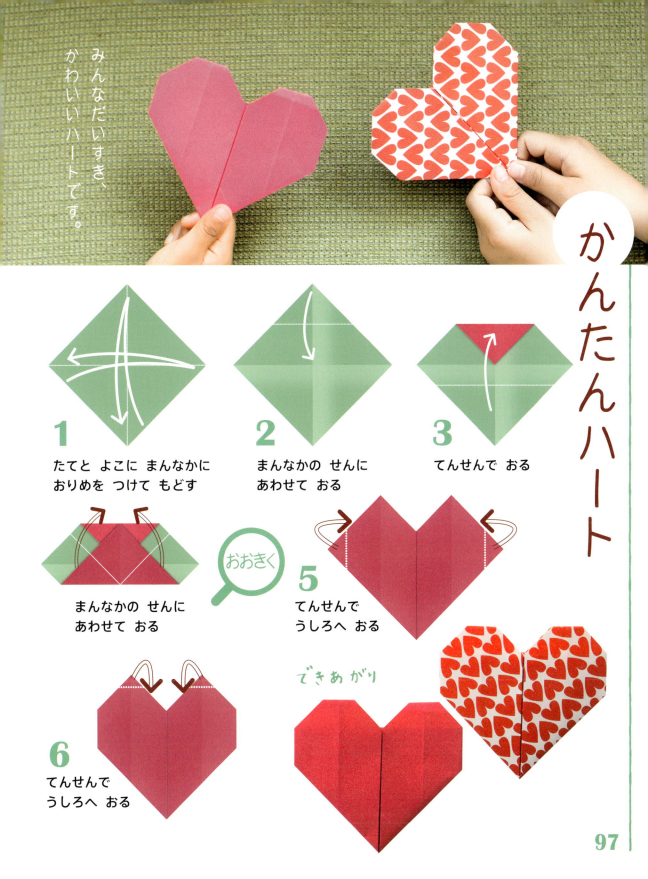

ひなにんぎょう

ニコニコがお？
それともおすましがお？

1 てんせんで
おる

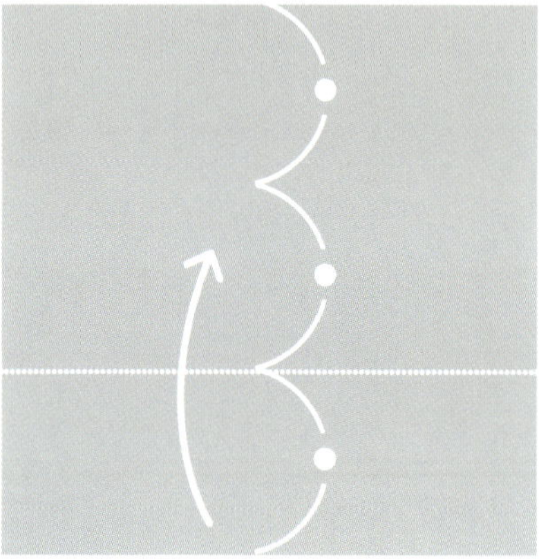

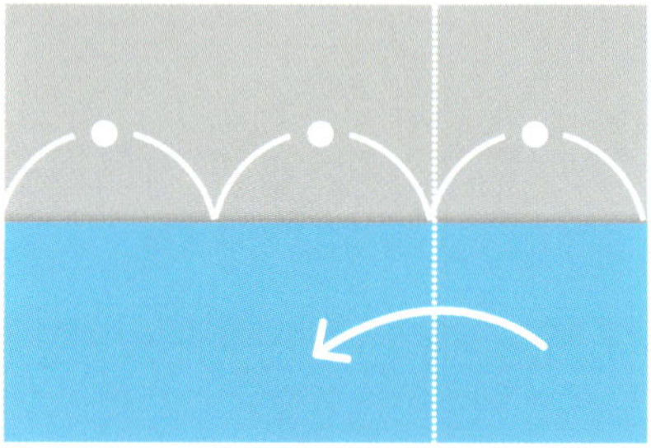

2 てんせんで　おる

3 むきを　かえる

むきをかえる

4 てんせんで
うしろに　おる

かおを　かいて
できあがり

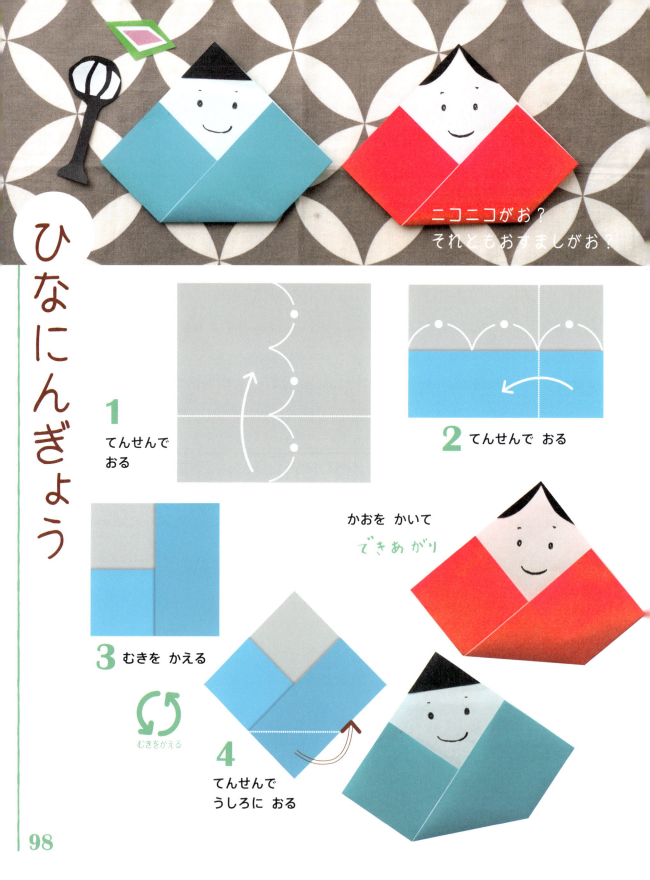

たまご

いらっしゃい。
かわいいたまごやさんですよ。

1 まんなかに
おりめをつけて もどす

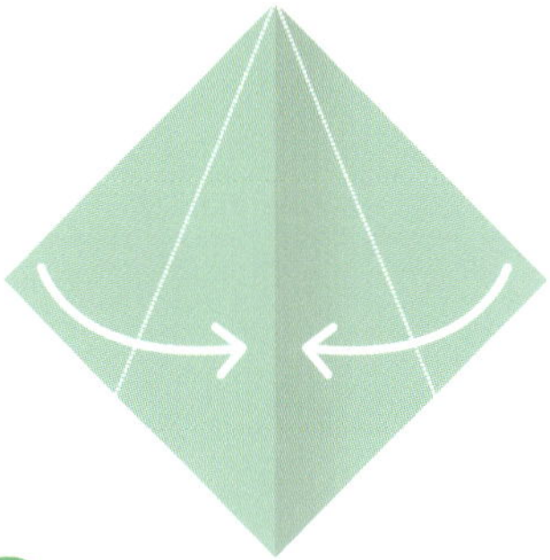

2 まんなかの
せんに あわせて おる

おおきく

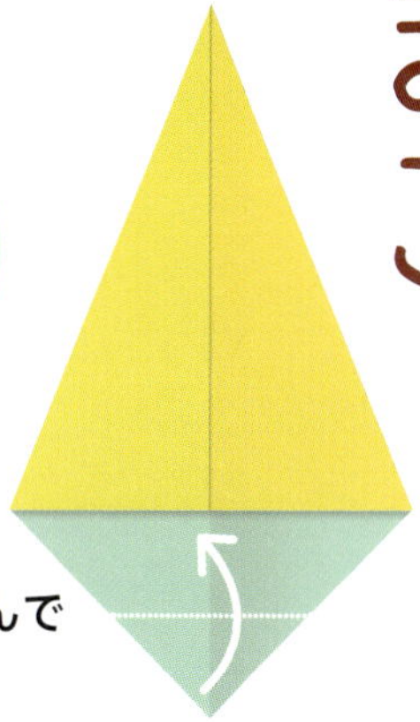

3 てんせんで
おる

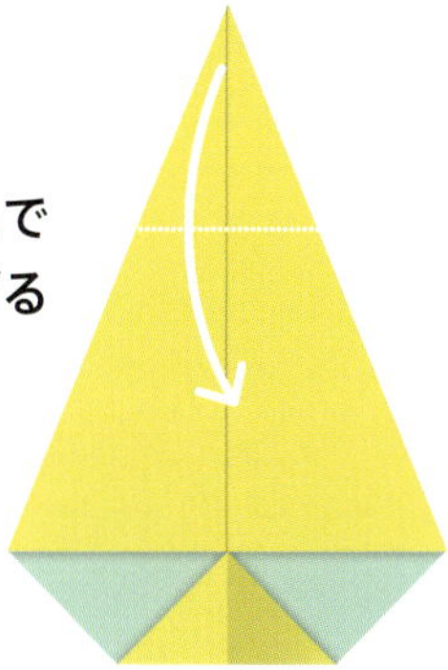

4
てんせんで
おりさげる

5 てんせんで
おる

6
うらがえす

うらがえす

7
まんなかで
すこし
うしろに おる

できあがり

こいのぼり

あおいそらでげんきにおよぐ、
こいのぼり。

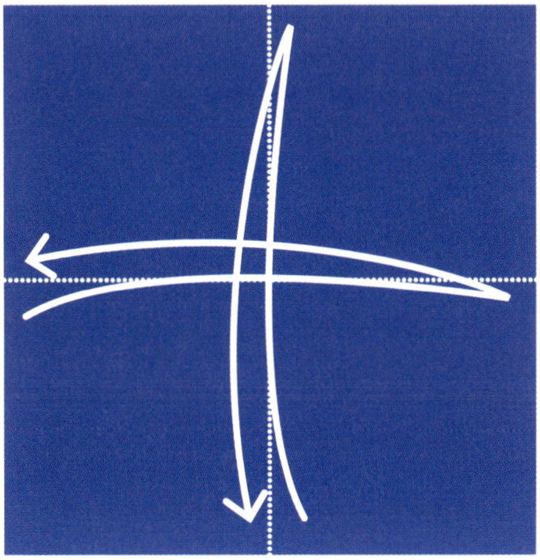

1 たてと よこに まんなかに
おりめを つけて もどす

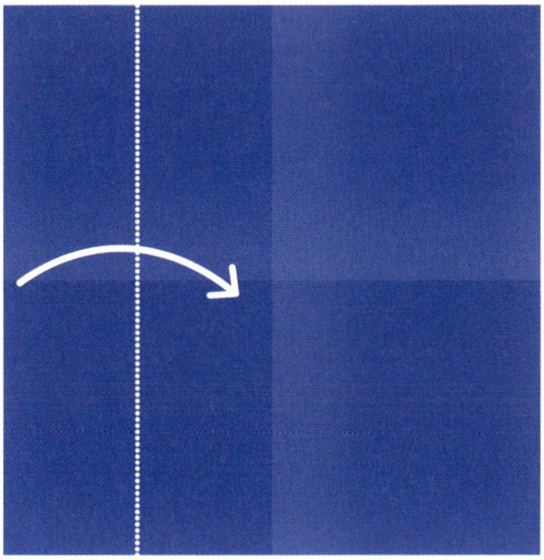

2 まんなかの せんに
あわせて おる

3
うらがえす

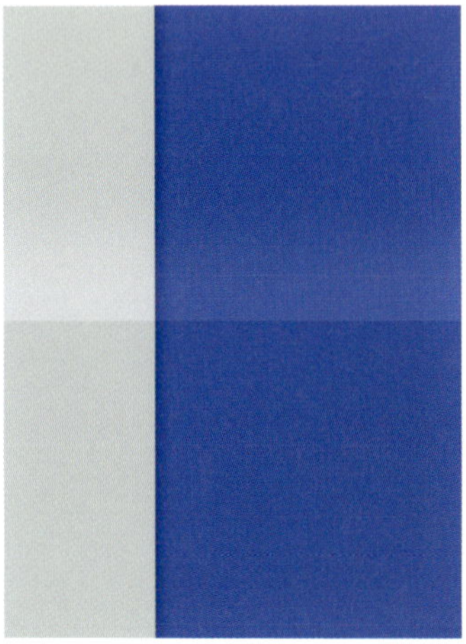

うらがえす

4
まんなかの せんに
あわせて おって
おりめを つけて
もどす

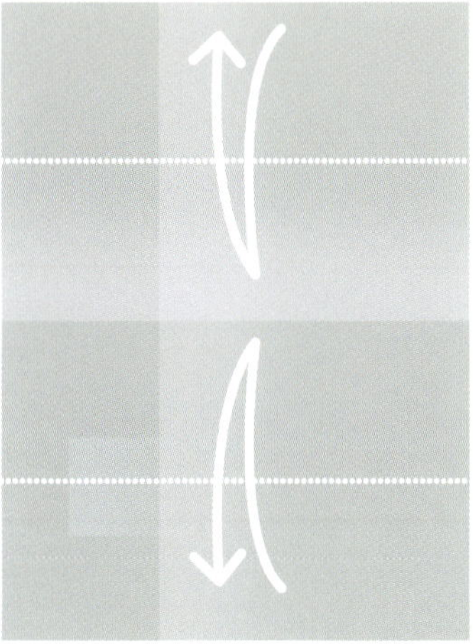

おおきく

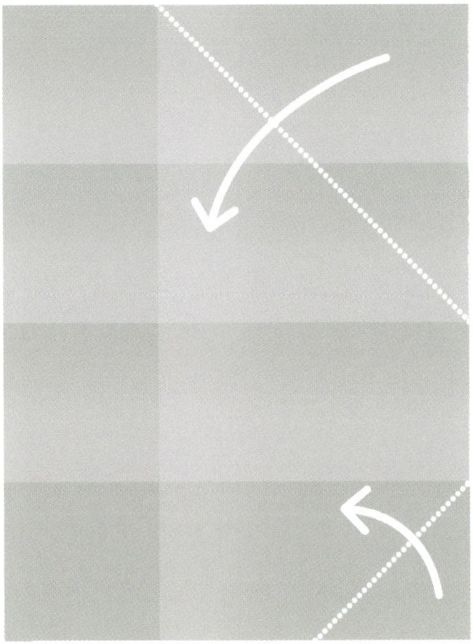

5 てんせんで おる

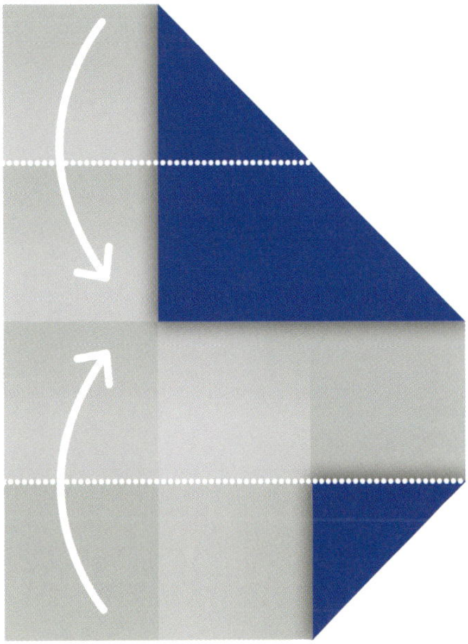

6 まんなかの せんに
あわせて おる

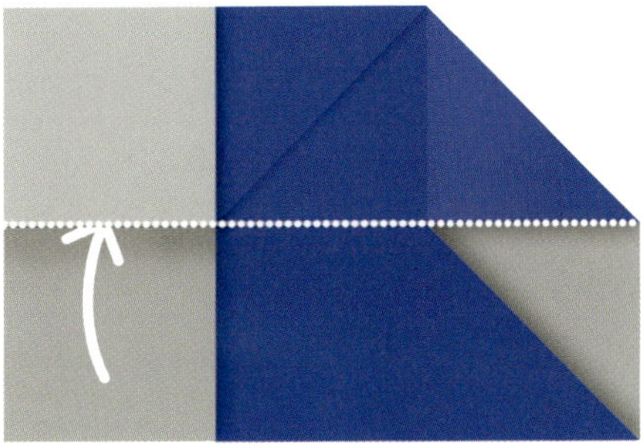

7 てんせんで おって
さしこむ

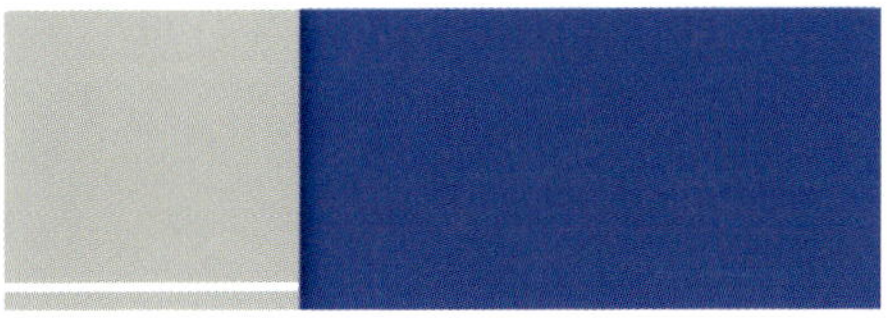

8 うらがえす

うらがえす

めと もようを かいて

できあがり

かわいいおばけだから、
なかよくしてね。

ちょうちんおばけ

★折《お》りがみを半分《はんぶん》に切《き》って使《つか》います。

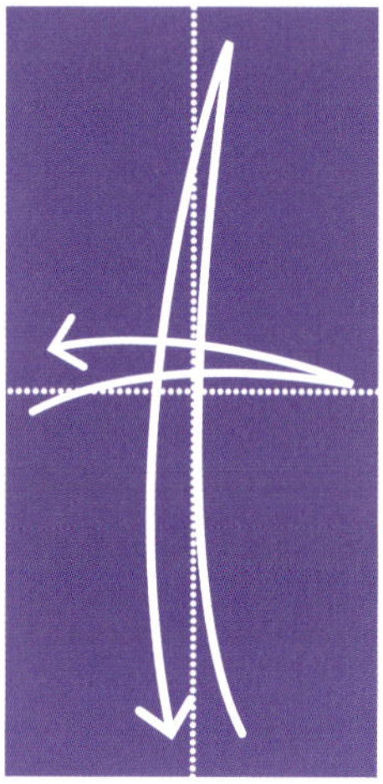

1 たてと よこに
まんなかに おりめを
つけて もどす

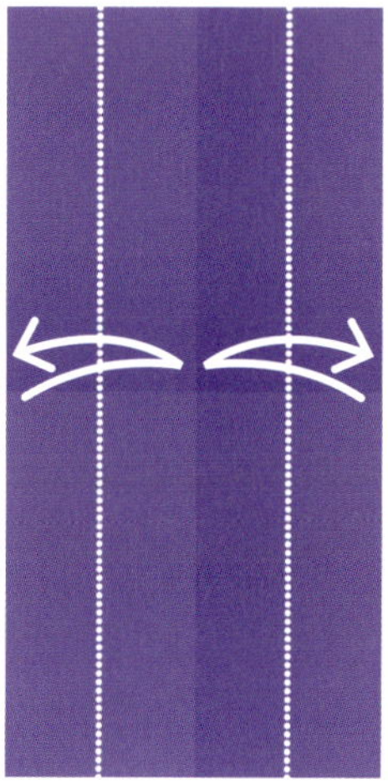

2 まんなかの せんに
あわせて おって
おりめを つけて もどす

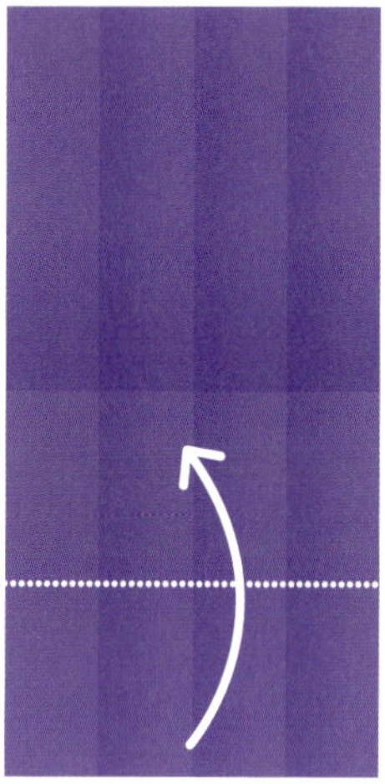

3 まんなかの せんに
あわせて おる

4 てんせんで おって
おりめを つけて
もどす

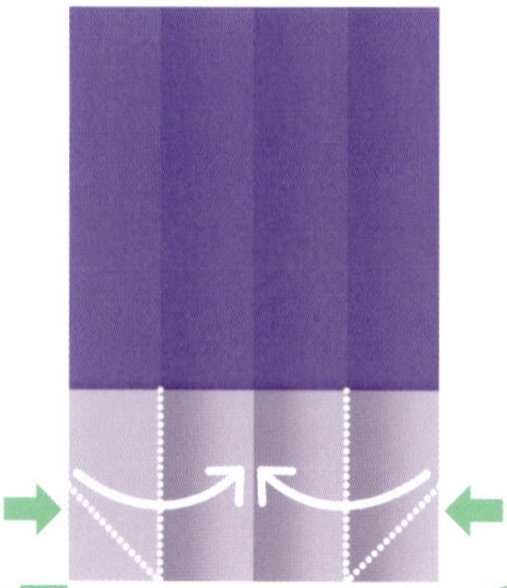

5 ←から ふくろを
ひらいて つぶす

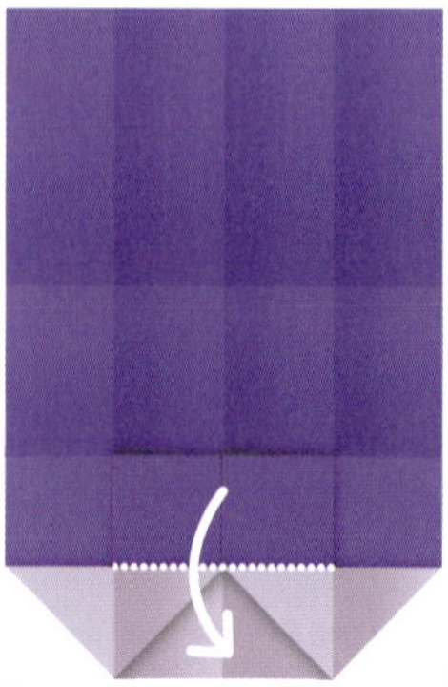

6 てんせんで おる

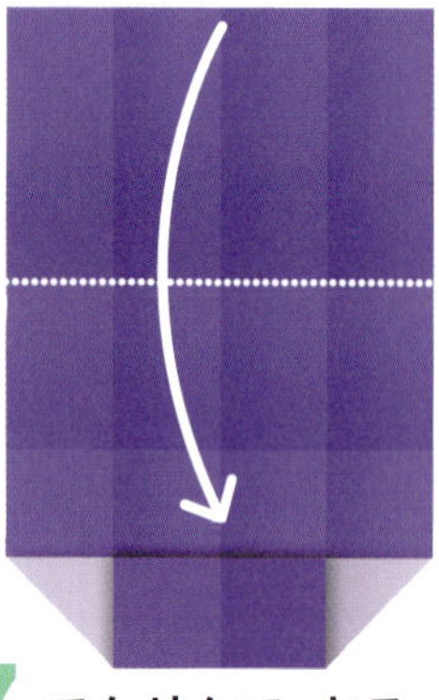

7 てんせんで おる

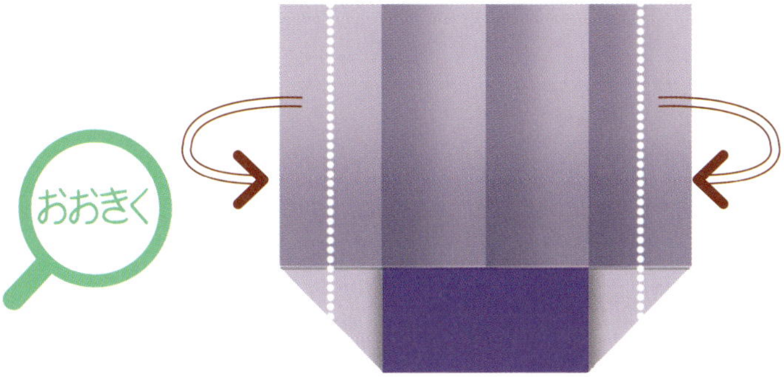

8 てんせんで　うしろに　おる

9 てんせんで　だんおりにして
おりめを　つけて　もどす

10 うしろに　おる

11
もちての　かみに
のりを　つけて
はる

12 のりを　つけて
てんせんで　おる

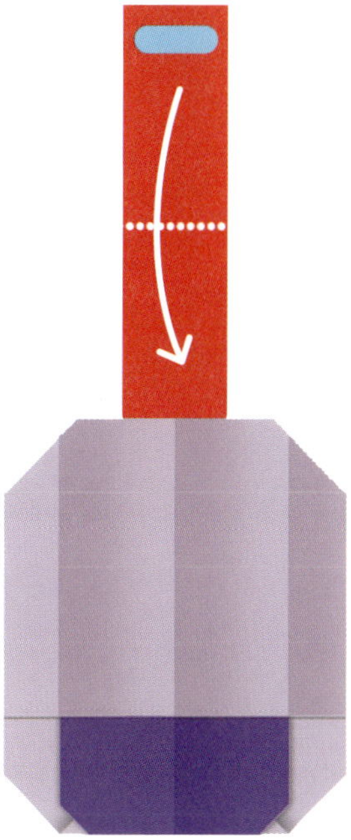

めを　かいて
できあがり

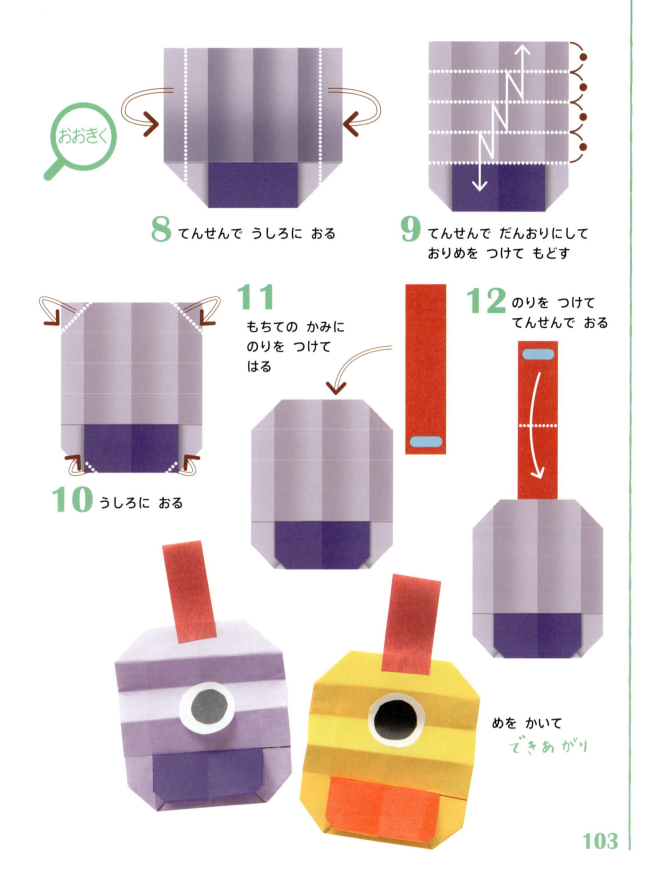

かきごおり

1 たてと よこに まんなかに おりめを つけて もどす

2 はさみで 2 まいに きる

3 まんなかに おりめを つけて もどす

4 まんなかの せんに あわせて おって もどす

おおきく

5 てんせんで うしろに おる

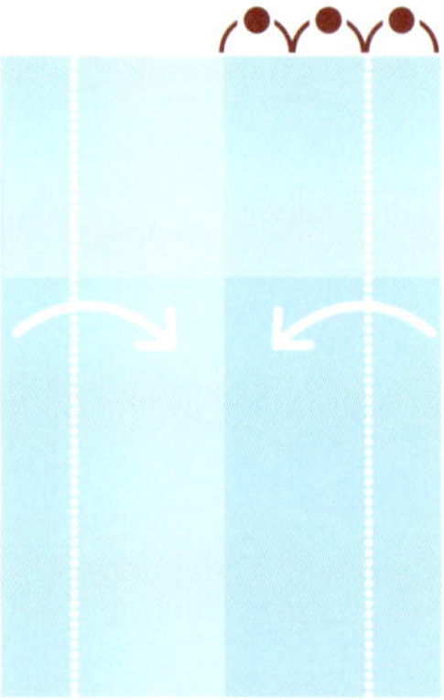

6 てんせんで おる

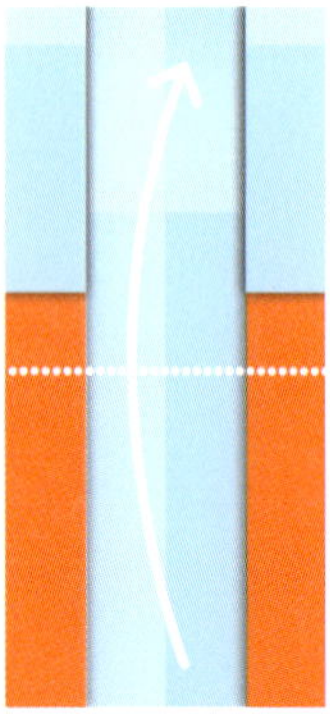

7 おりめに あわせて てんせんで おる

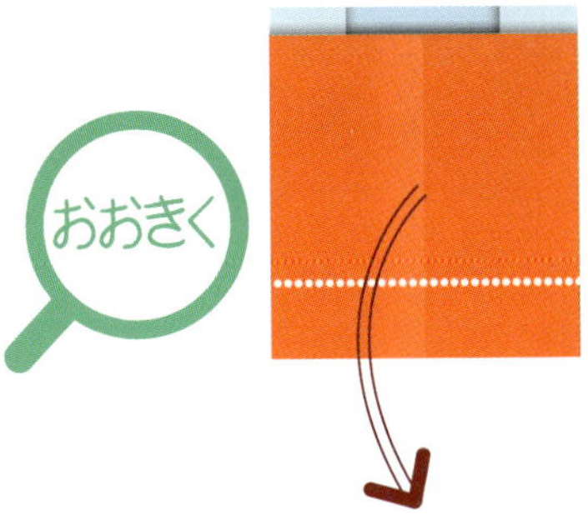

8 てんせんで おる

9 うらがえす

10 てんせんで
おって もどす

11 うらがえす

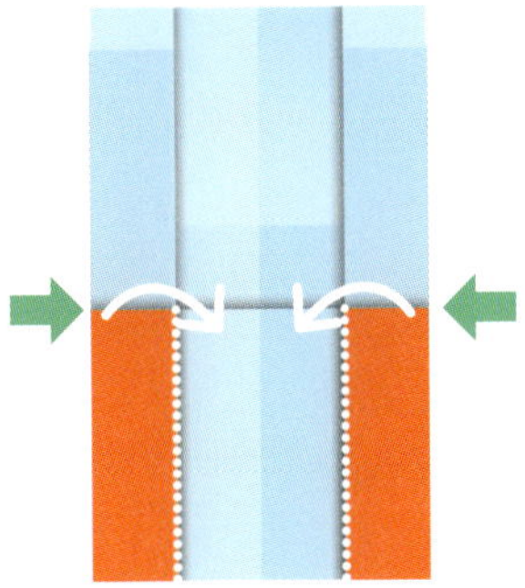

12 ←から ふくろを
ひらいて つぶす

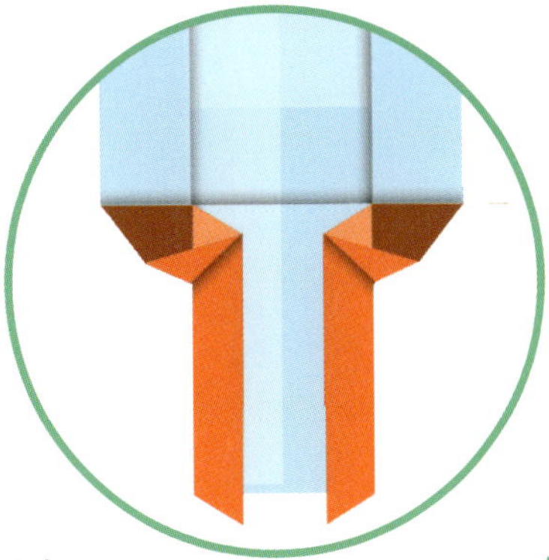

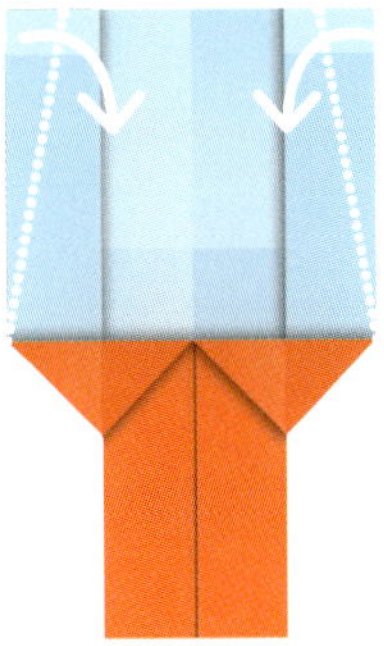

13 てんせんで
おる

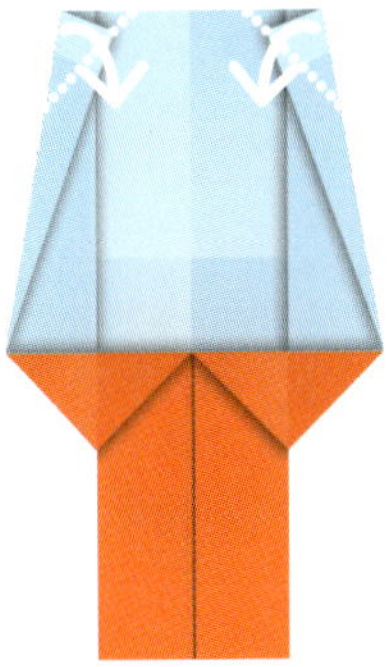

14 てんせんで
おる

15
てんせんで
おる

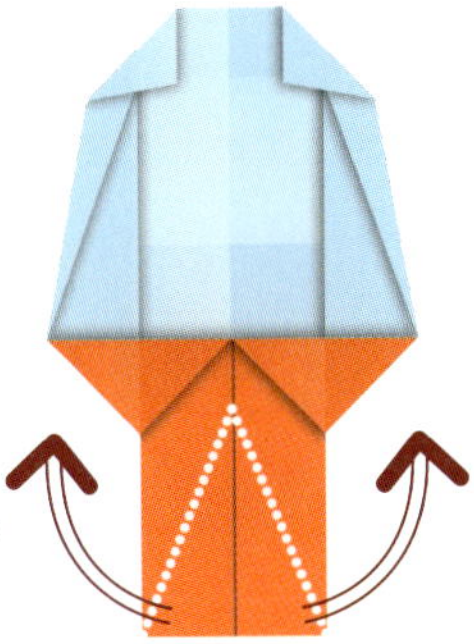

16
てんせんで
おる

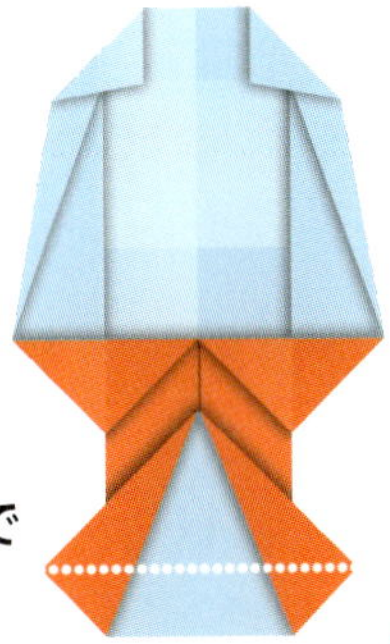

17
うらがえす

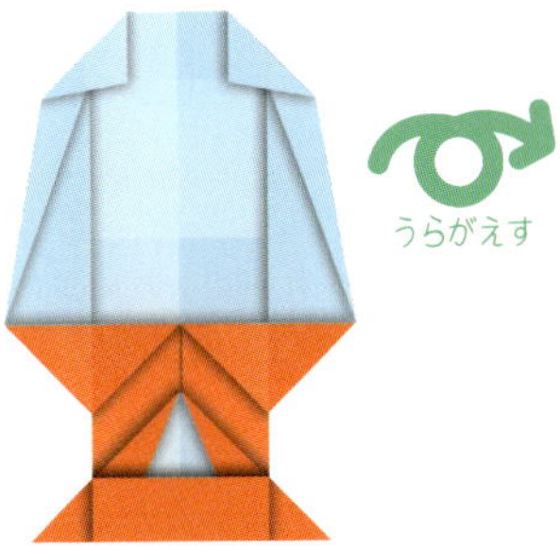

シロップを
かいて

できあがり

ぺろぺろっ。
あまくてつめたーい
クリーム。

ソフトクリーム

1

まんなかに
おりめを
つけて　もどす

2

まんなかの
せんに
あわせて　おる

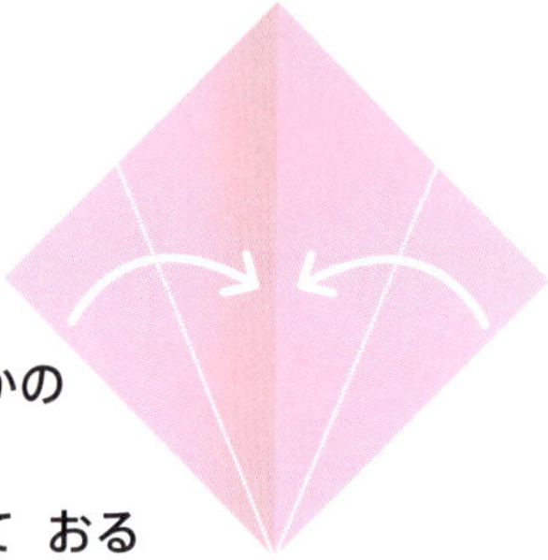

3

てんせんで
おる

4

てんせんで
うしろに　おる

5

うらがえす

6

まんなかの　せんに
あわせて　おる

おおきく

7

てんせんで
だんおりに
する

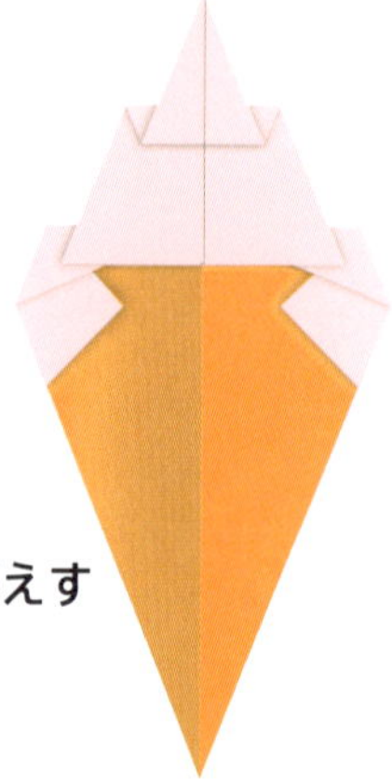

8

うらがえす

できあがり

やさしい

まじょのぼうし

まほうでまじょに
だいへんしん！

1

まんなかに おりめを
つけて もどす

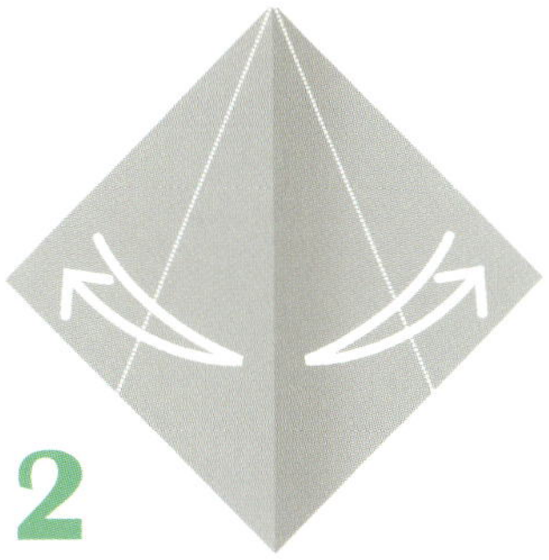

2

まんなかの せんに
あわせて おって おりめを
つけて もどす

3

てんせんで おる

4 まんなかの せんに
あわせて おる

5

うらがえす

おおきく

6

まくように
おる

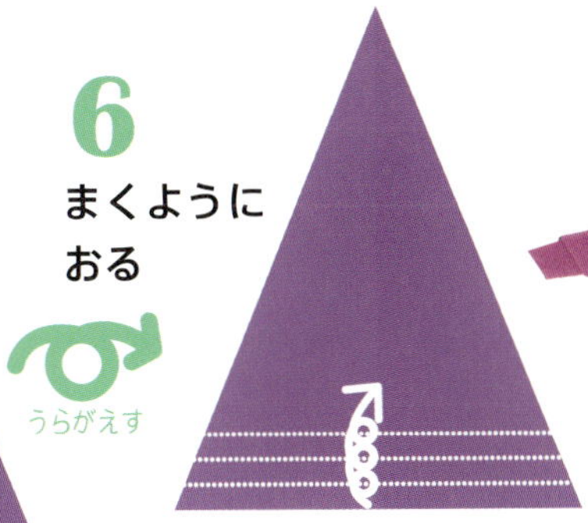
うらがえす

できあがり

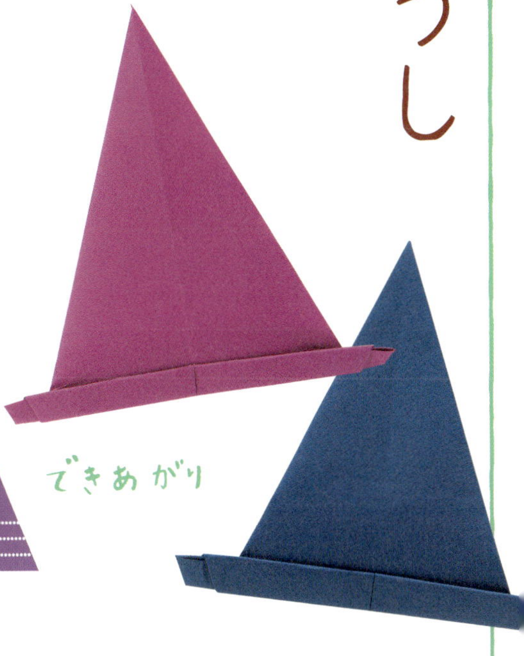

ひゅるひゅるひゅるひゅ〜。
かわいいおばけですよ。

おばけ

1

まんなかに
おりめを
つけて　もどす

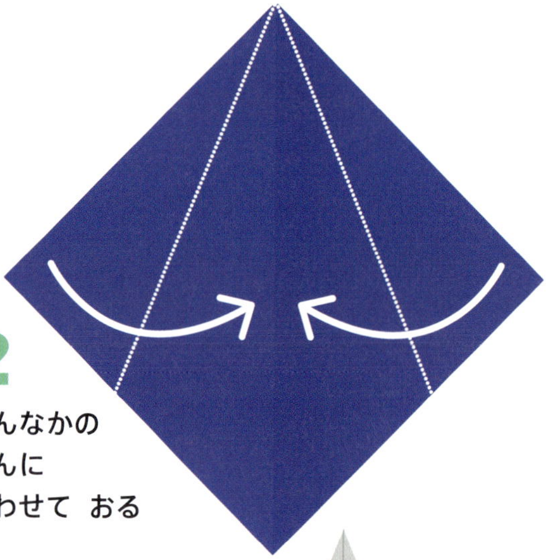

2

まんなかの
せんに
あわせて　おる

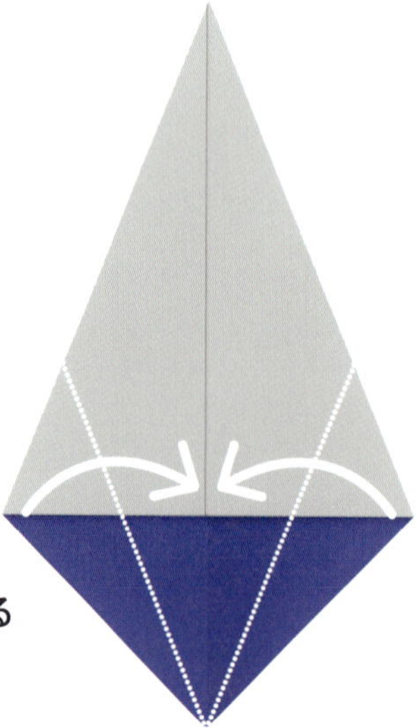

3

まんなかの
せんに
あわせて　おる

4

← から
ふくろを
ひらいて　つぶす

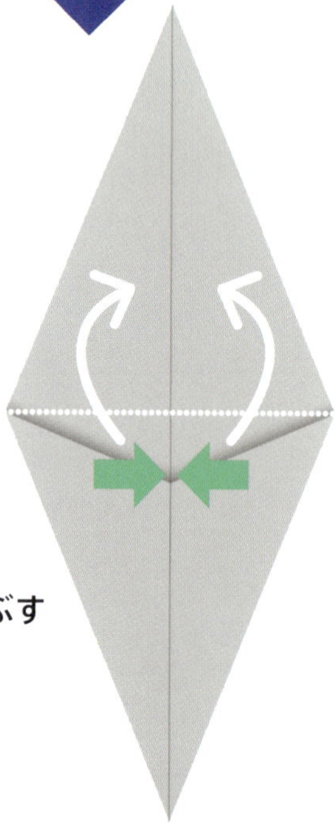

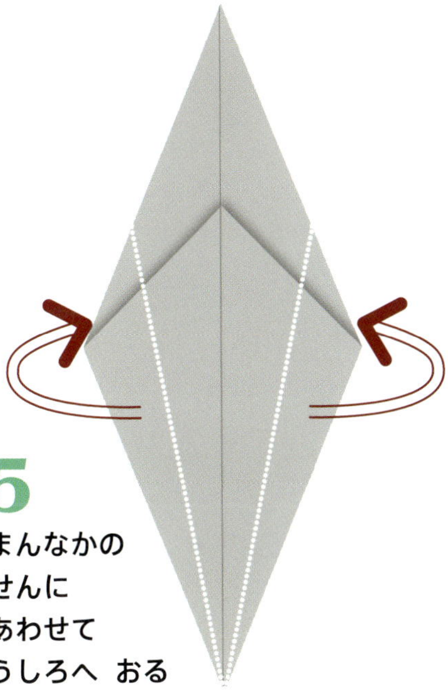

5
まんなかの
せんに
あわせて
うしろへ　おる

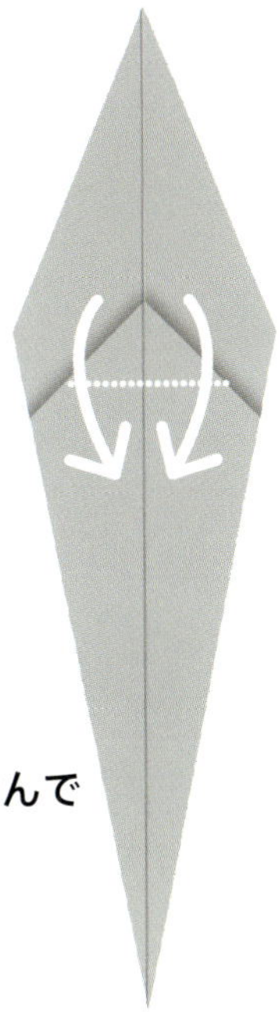

6
てんせんで
おる

7
てんせんで
うしろへ
おる

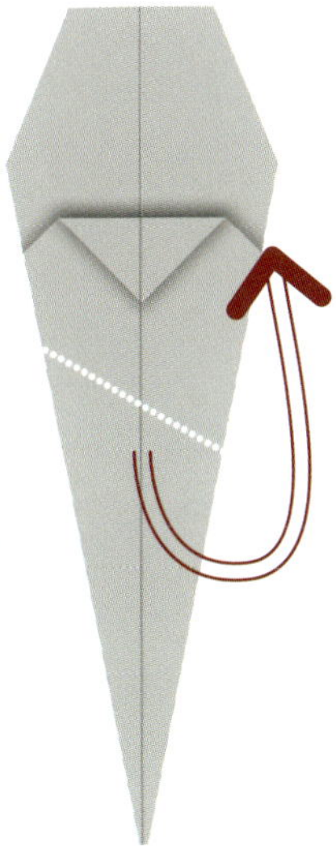

8
てんせんで
うしろへ
おる

おおきく

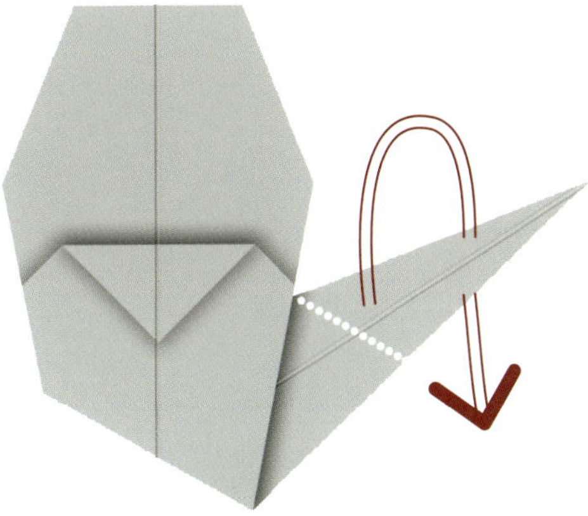

9
てんせんで
うしろへ
おる

かおを　かいて
できあがり

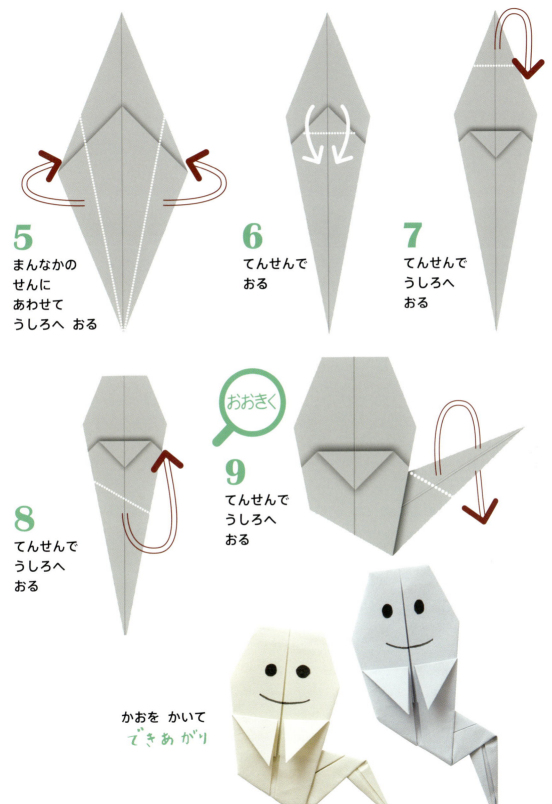

こうもり

おおきなつばさをひろげて、
こうもりがやってきた。

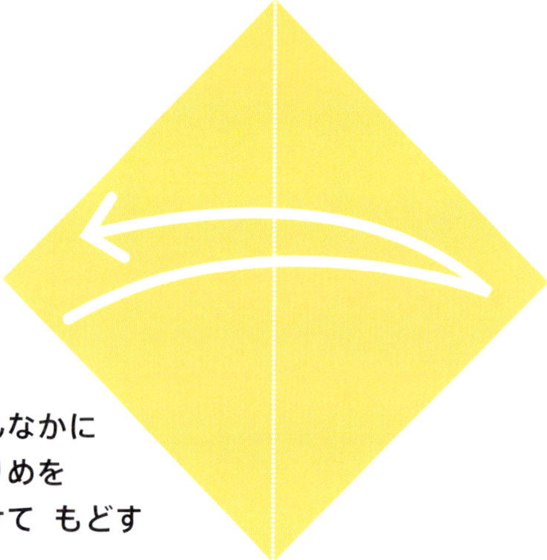

1
まんなかに
おりめを
つけて もどす

2
はんぶんに
おる

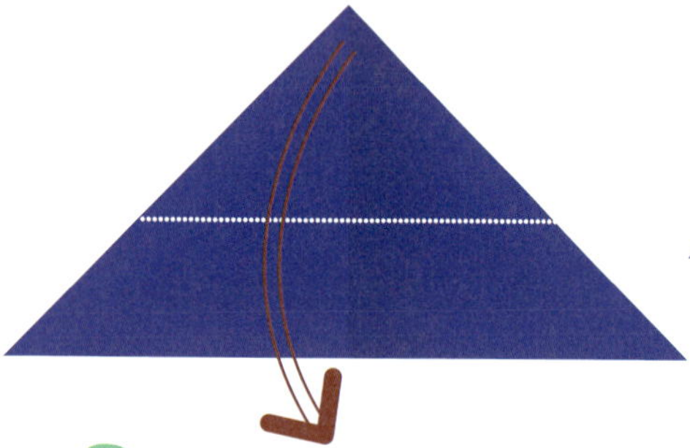

3 てんせんで おりさげる

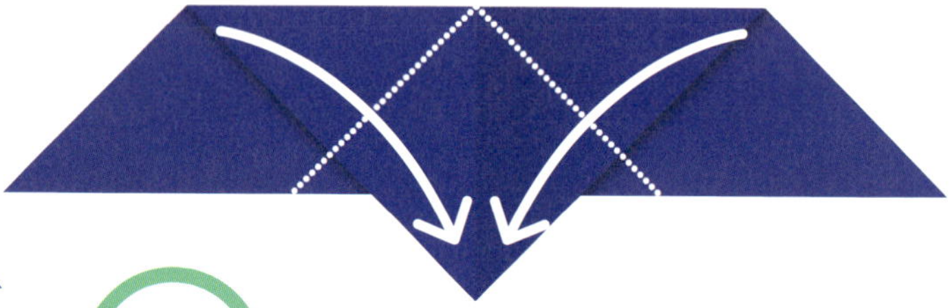

おおきく

4 まんなかの せんに
あわせて おる

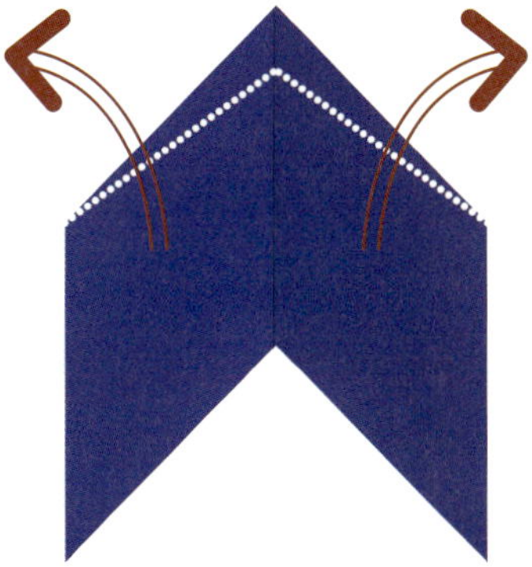

5 てんせんで　おる

6 うらがえす

7 てんせんで おる

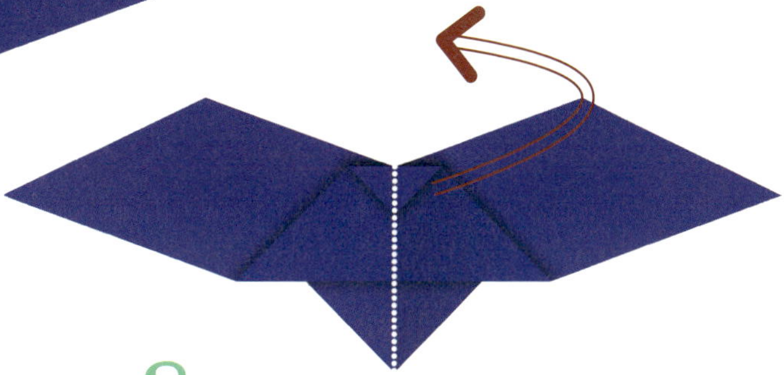

8 まんなかで すこし　うしろに おる

めを かいて　できあがり

ハロウィンには
たくさんかざってね。

かぼちゃのおばけ

1 まんなかに
おりめを　つけて　もどす

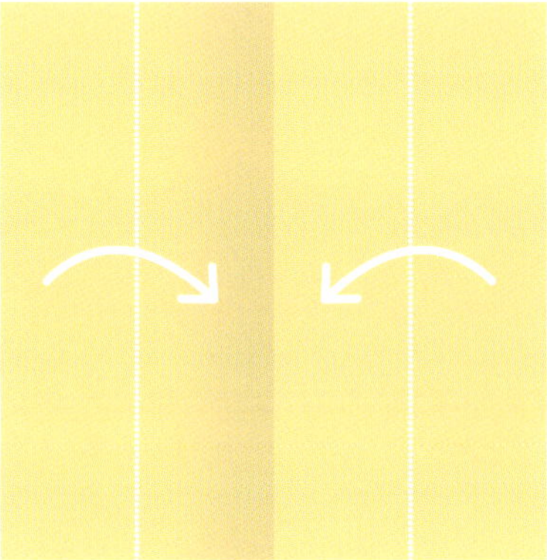

2 まんなかの　せんに
あわせて　おる

3 まんなかの
せんに
あわせて　おる

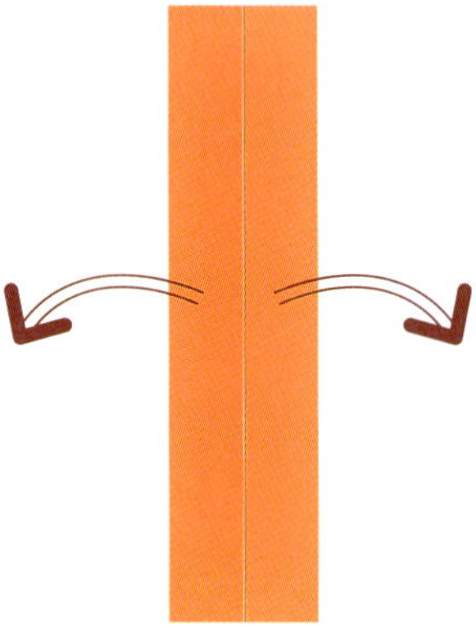

4 ひろげる

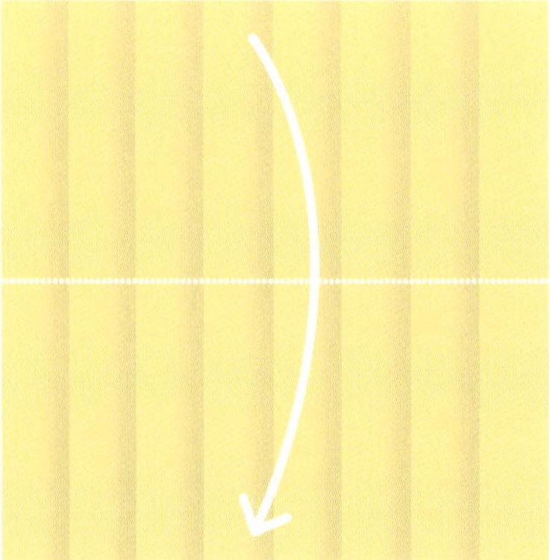

5 はんぶんに　おる

6 てんせんで
だんおりにする

おおきく

7 うらがえす

うらがえす

8 てんせんで　おって
おりめを　つけて
もどす

9 てんせんで
なかわりおりにする

10 うらがえす

うらがえす

11 てんせんで　おる

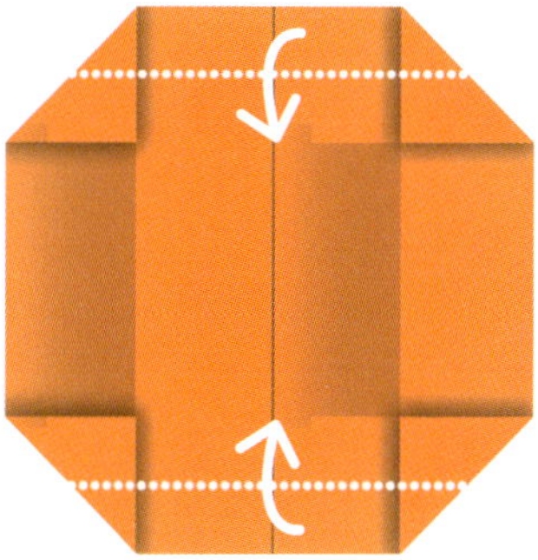

12 てんせんで　おる

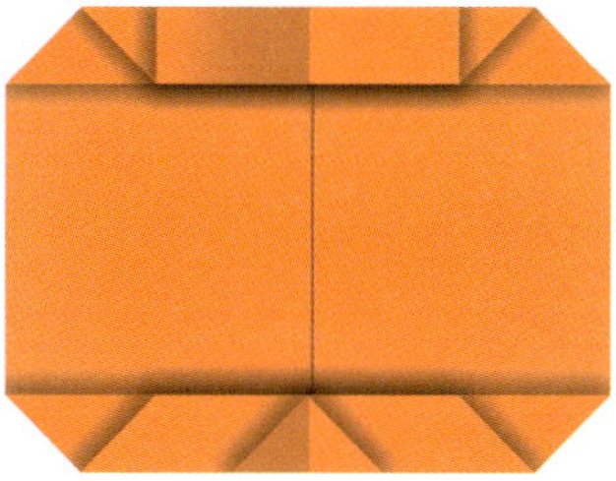

13 うらがえす

うらがえす

かおを　かいて　できあがり

とってもきれいな
リース。
みんながよろこぶね。

クリスマスリース

1 まんなかに
おりめを
つけて もどす

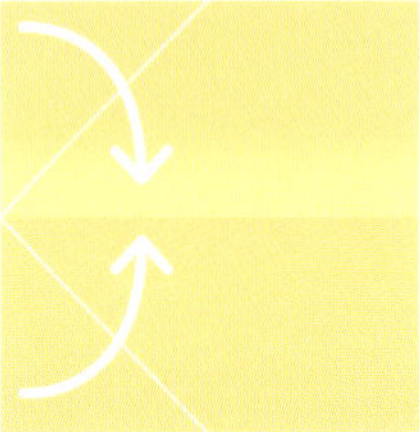

2 まんなかの
せんに
あわせて おる

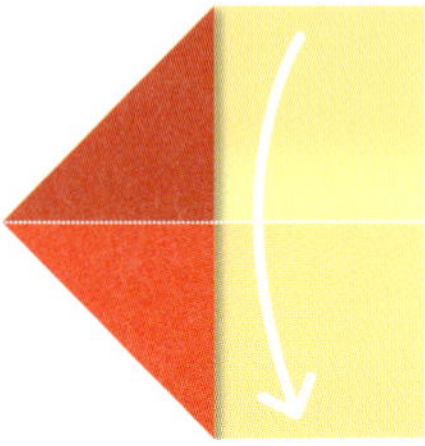

3 はんぶんに
おる

4 あかを 4つ
みどりを 4つ つくる

5 のりを
つけて はる

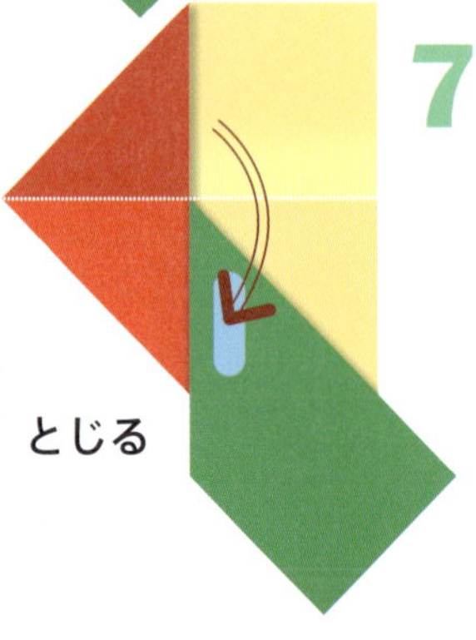

6 のりを
つけて とじる

7 ← から すこし
ひらく

8 ほかも おなじように
のりを つけて
さしこんで
わっかにする

ちいさく きった かみや
おった おりがみを はって
かわいく かざって

できあがり

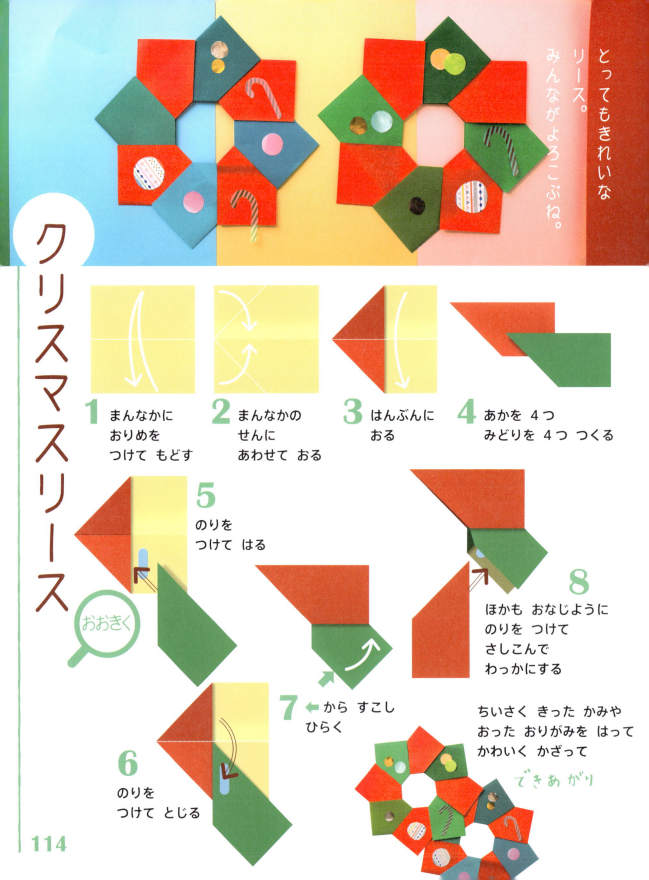

サンタブーツ

サンタさん、プレゼントいれてくれるかな？

1 てんせんで　うしろに　おる

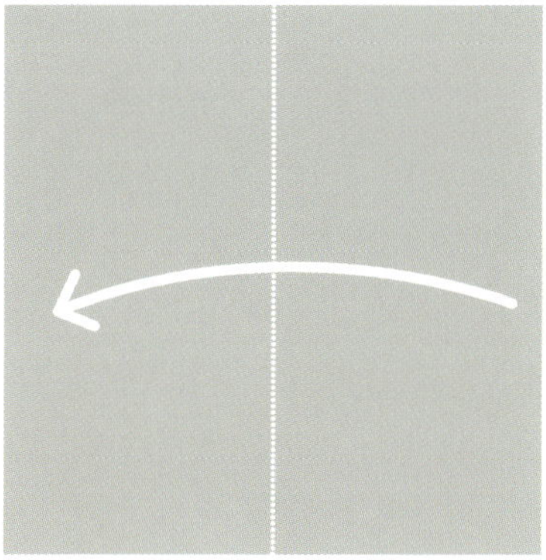

2 はんぶんに　おる

3 てんせんで　おる

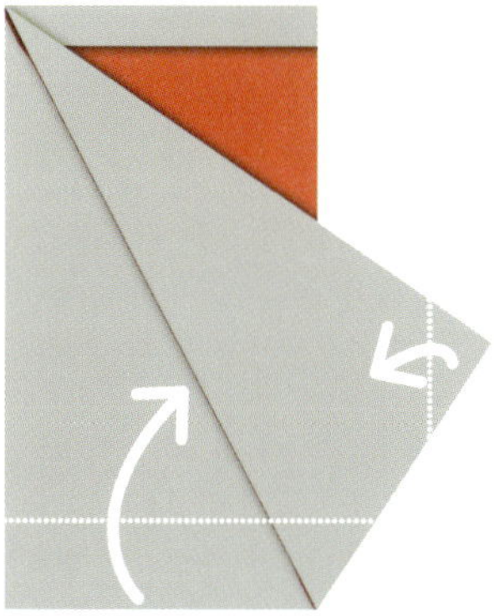

4 てんせんで　おる

5 うらがえす

うらがえす

できあがり

かざりをたくさんつけても
きれいです。

クリスマスツリー

はっぱ ★大《だい》（ふつう）、中《ちゅう》（9cm × 9cm）、小《しょう》（1/4）の3つをつくります。

1 はんぶんに おる

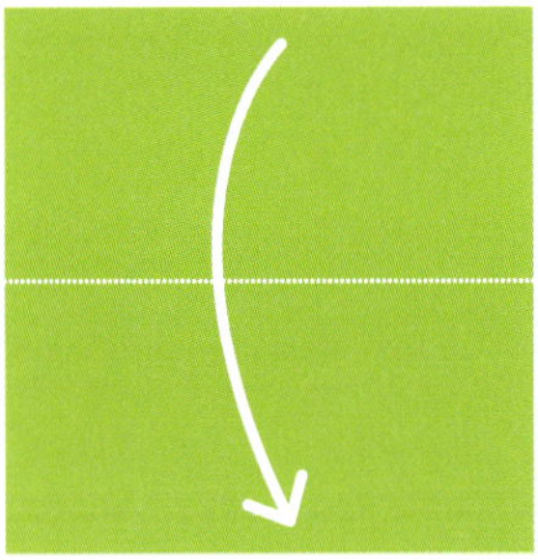

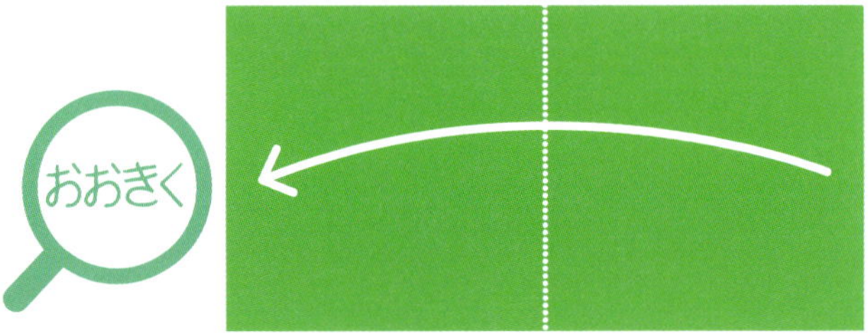
おおきく

2 はんぶんに おる

3 ⬅から ふくろを ひらいて つぶす

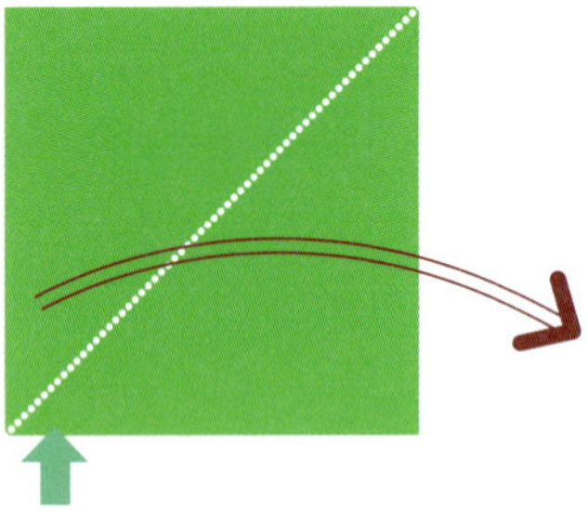

4 うらも おなじように おる

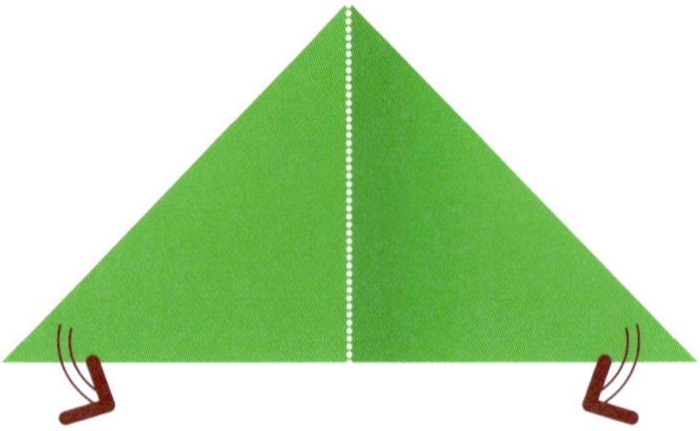

5 ひろげて たてる

できあがり

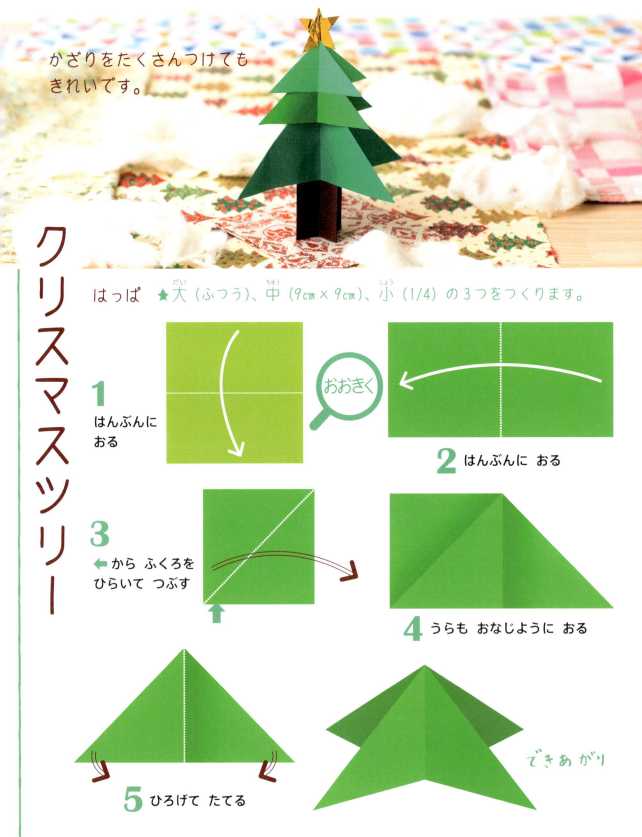

ほし

★5㎝×5㎝の折《お》りがみを使《つか》います。はっぱの4まで折《お》って始《はじ》めます。

1 まんなかの せんに あわせて おりめを つけて もどす

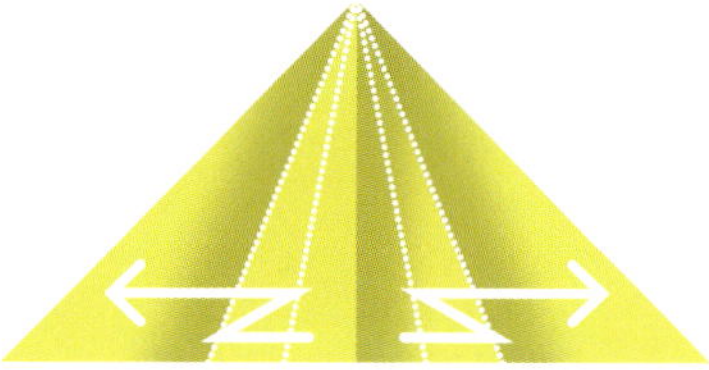

2 てんせんで だんおりにする。うらも おなじ

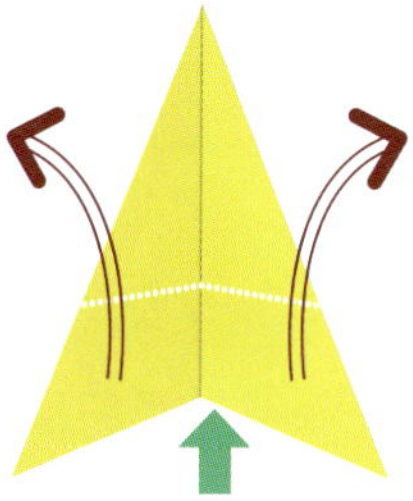

3 ←から ふくろを ひらいて つぶす

4 うらがえす

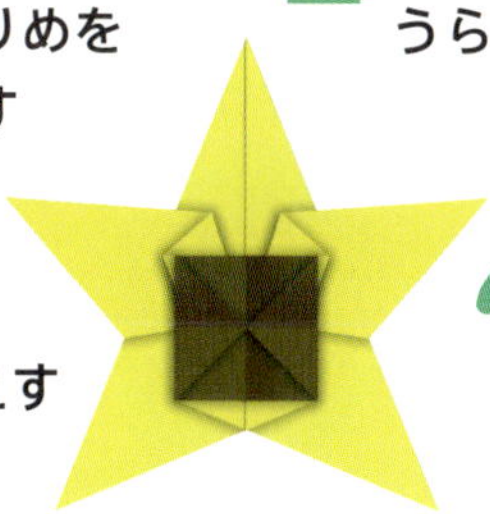

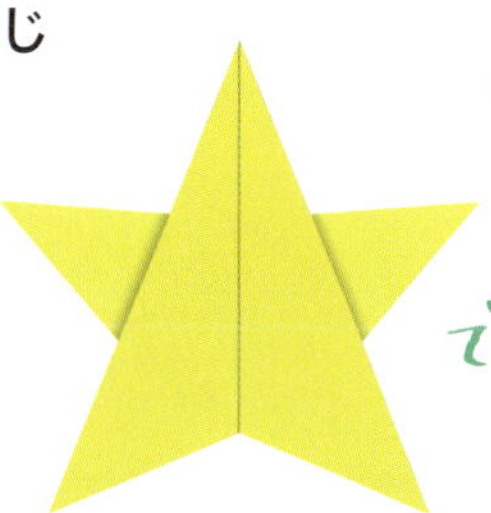

できあがり

みき

★ふつうのサイズの折《お》りがみを使《つか》います。はっぱの4まで折《お》って始《はじ》めます。

1 まんなかの せんに あわせて おりめを つけて もどす

2 まくように おる

3 うらも おなじように おって たてる

できあがり

組《く》み立《た》て方《かた》

みき はっぱ大《だい》 はっぱ中《ちゅう》に のりを つけて さしこむ。ほしは うえから はっぱ小《しょう》に さしこむ

できあがり

すいーっと、
かぜにのって、
とんでいけ！

かみひこうき

★折《お》りがみを11cm×15cmに切《き》って使《つか》います。

1 たてと よこに まんなかに おりめを つけて もどす

2 まんなかの せんに あわせて おる

3 てんせんで おる

4 てんせんで おる

おおきく

5 うしろに はんぶんに おる

6 てんせんで おって おりめを つけて もどす

7 てんせんで なかわりおりに する

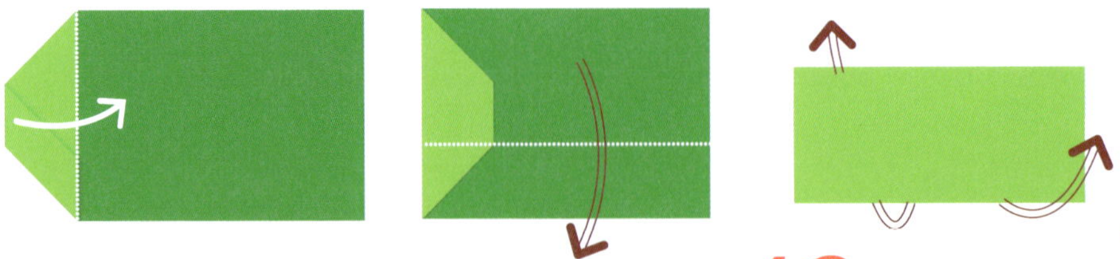

8 てんせんで おる。うらも おなじ

9 てんせんで おる。うらも おなじ

10 はねを まよこに ひろげる。うらも おなじ

できあがり

★折《お》りがみを 11cm×15cmに切《き》って使《つか》います。

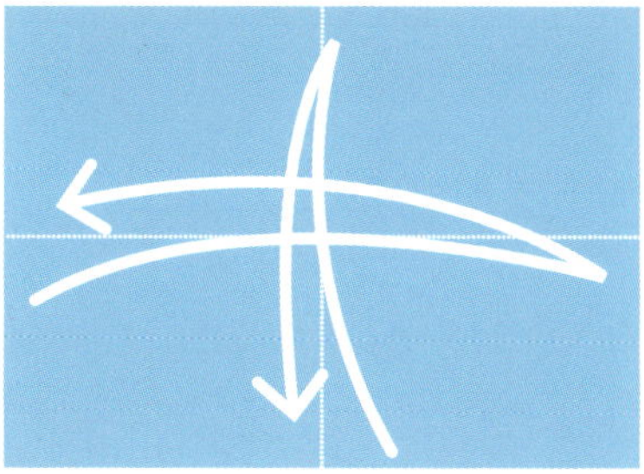

1 たてと よこに まんなかに おりめを つけて もどす

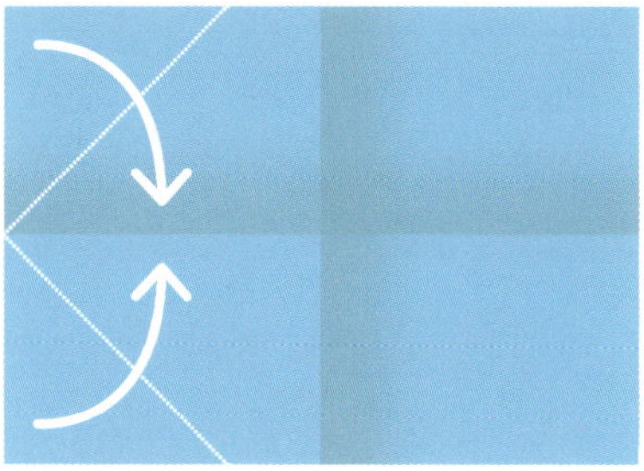

2 まんなかの せんに あわせて おる

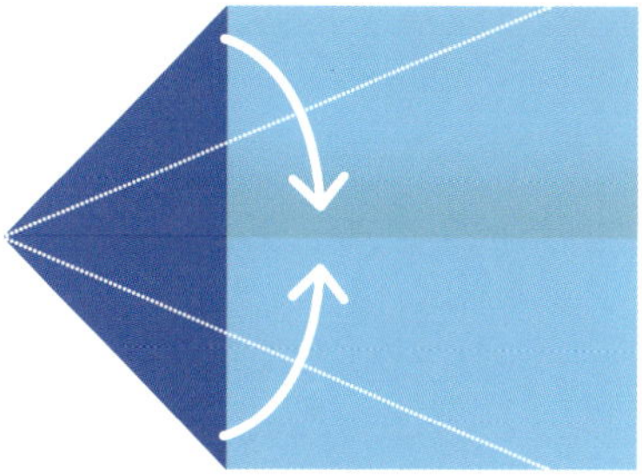

3 まんなかの せんに あわせて おる

4 うちがわに おる

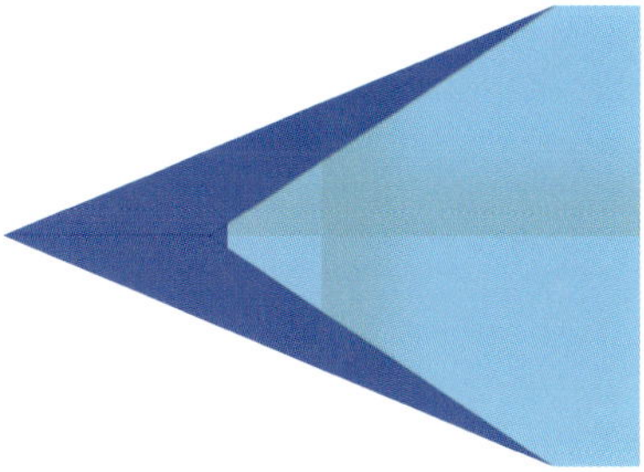

5 うらがえす

6 てんせんで おる

7 てんせんで おる

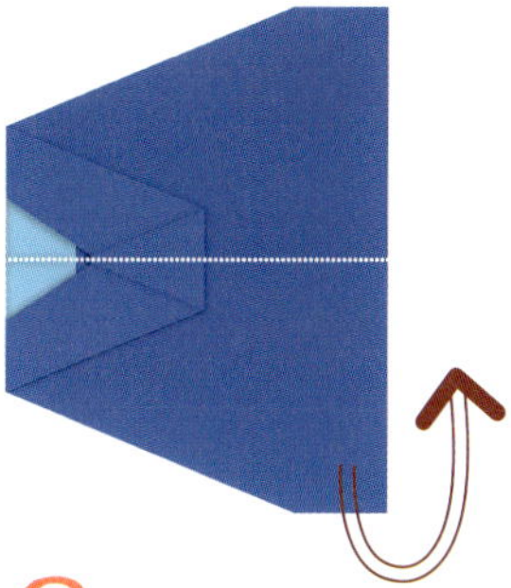

8 うしろに はんぶんに おる

9 てんせんで なかわりおり

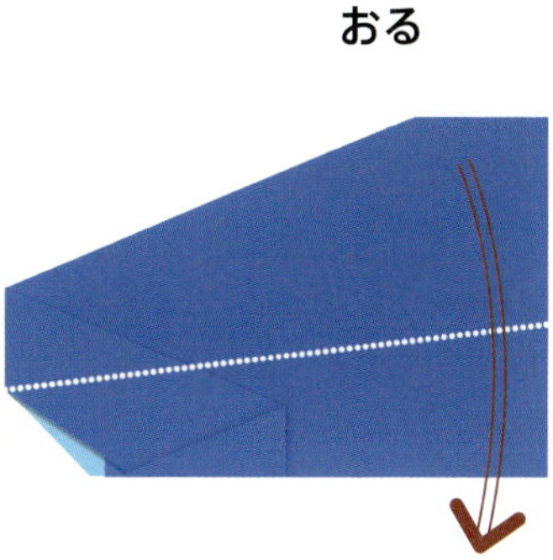

10 てんせんで おる。うらも おなじ

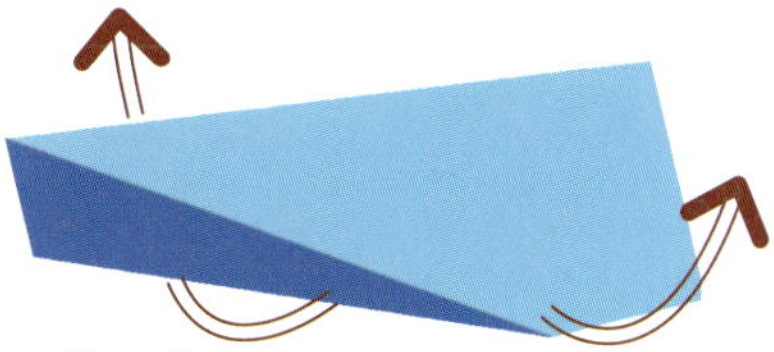

11 はねを まよこに ひろげる。うらも おなじ

できあがり

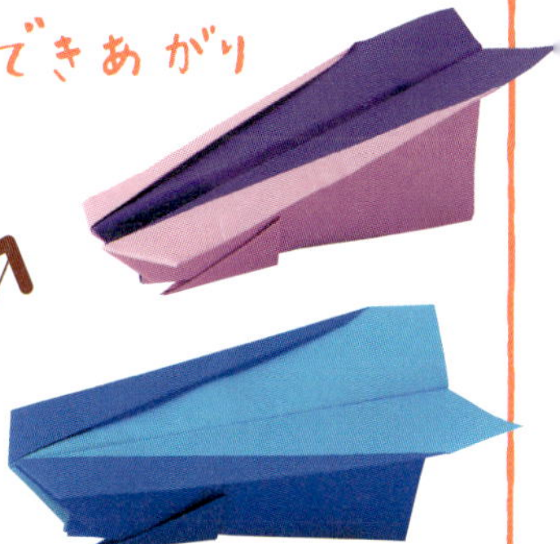

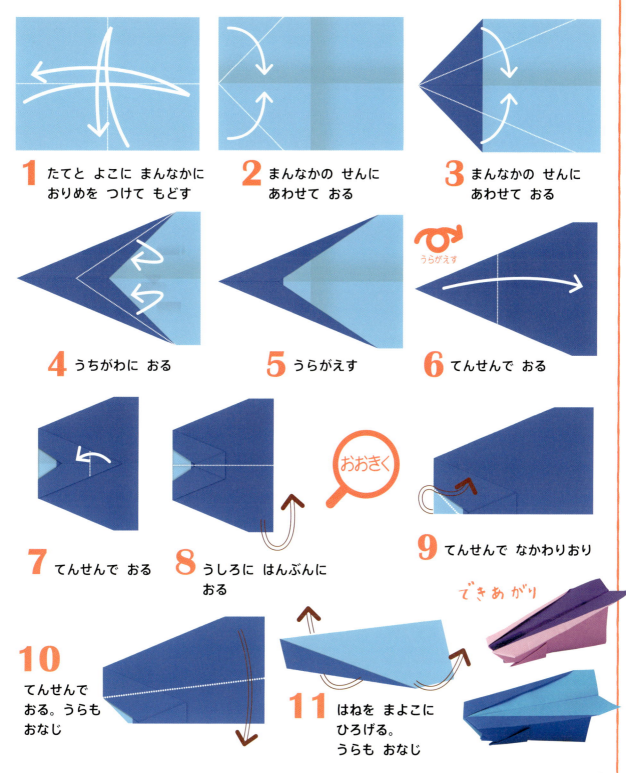

とりますよ！
にっこりわらって、
はい、パチリ。

パッチリカメラ

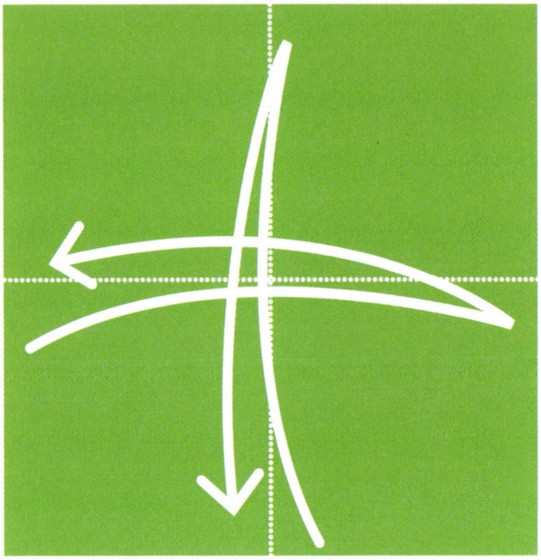

1 たてと よこに まんなかに
おりめを つけて もどす

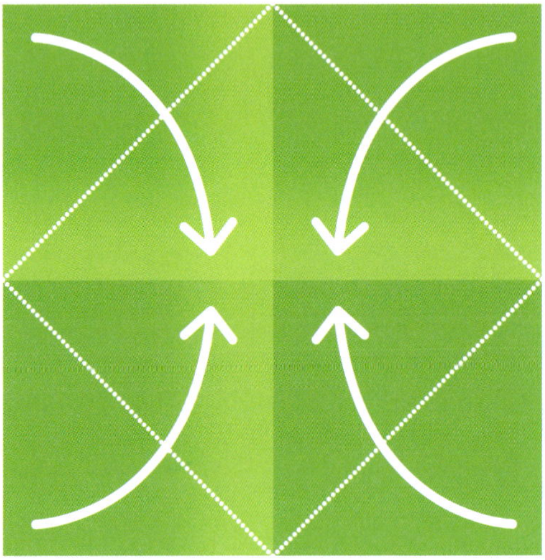

2 まんなかに むけて てんせんで おる

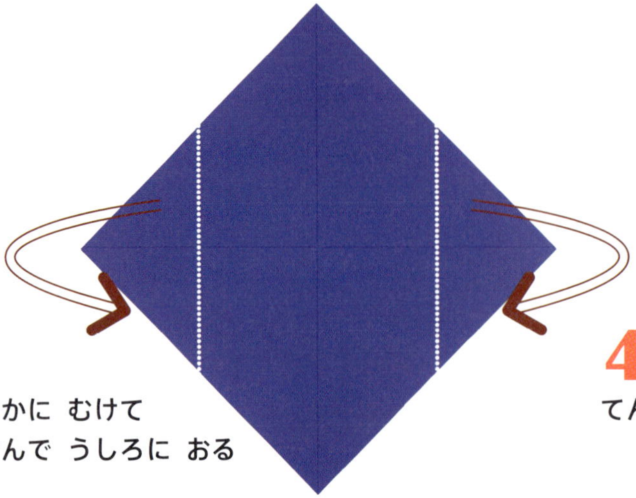

3
まんなかに むけて
てんせんで うしろに おる

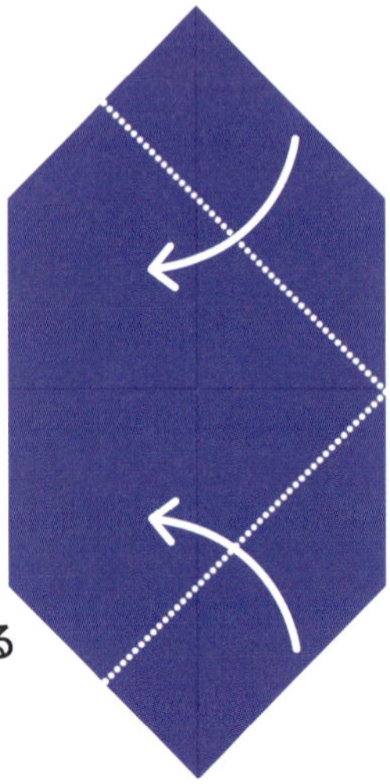

4
てんせんで おる

おおきく

5 てんせんで おる

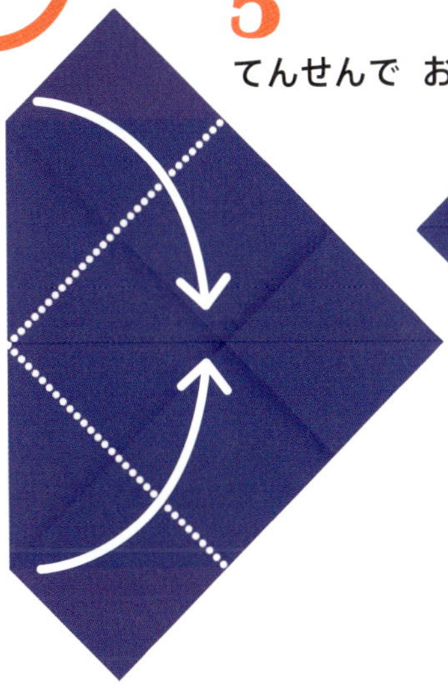

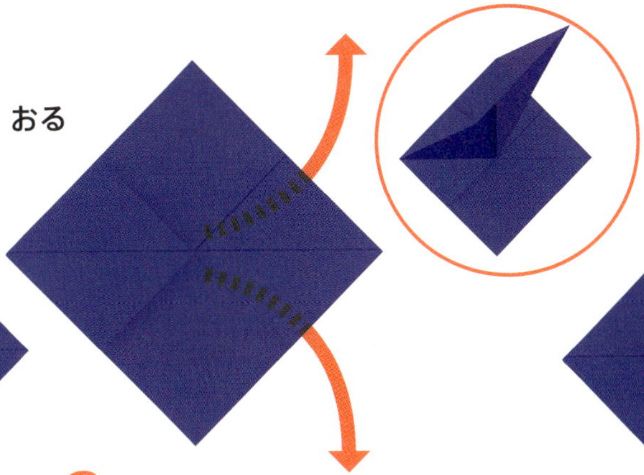

6 うちがわの かどを つまんで ひきだす

7 うらがえす

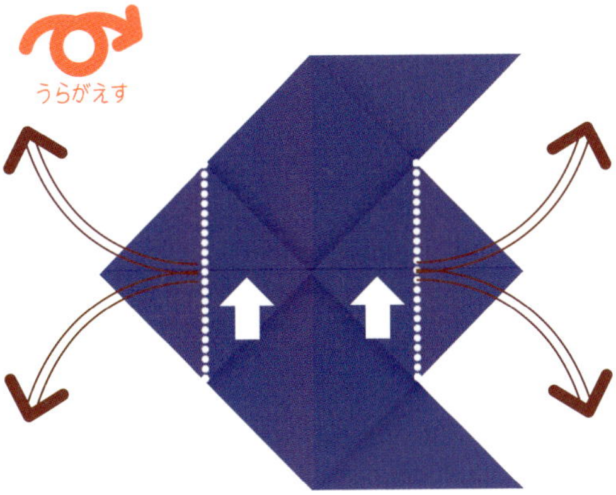

8 ← から ふくろを ひらいて つぶす

9 うらがえす

10 じょうげの かどを つまんで ひきよせる

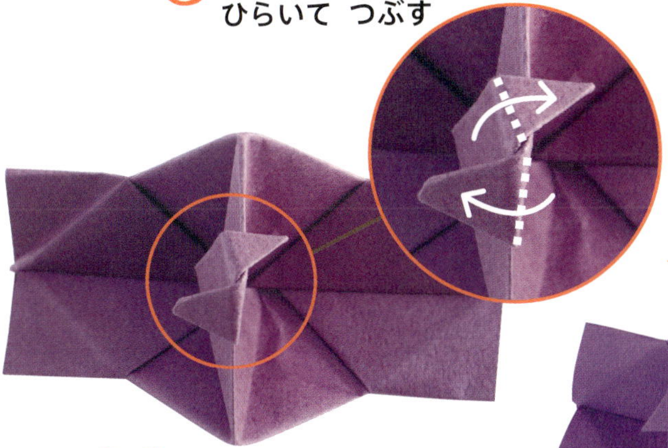

11 てんせんで おる

できあがり

遊《あそ》び方《かた》

写真《しゃしん》のようにカメラを持《も》って、まん中《なか》あたりを後《うし》ろから親指《おやゆび》でぐっとおすと、パチッと音《おと》がしてカメラが開《ひら》くよ！

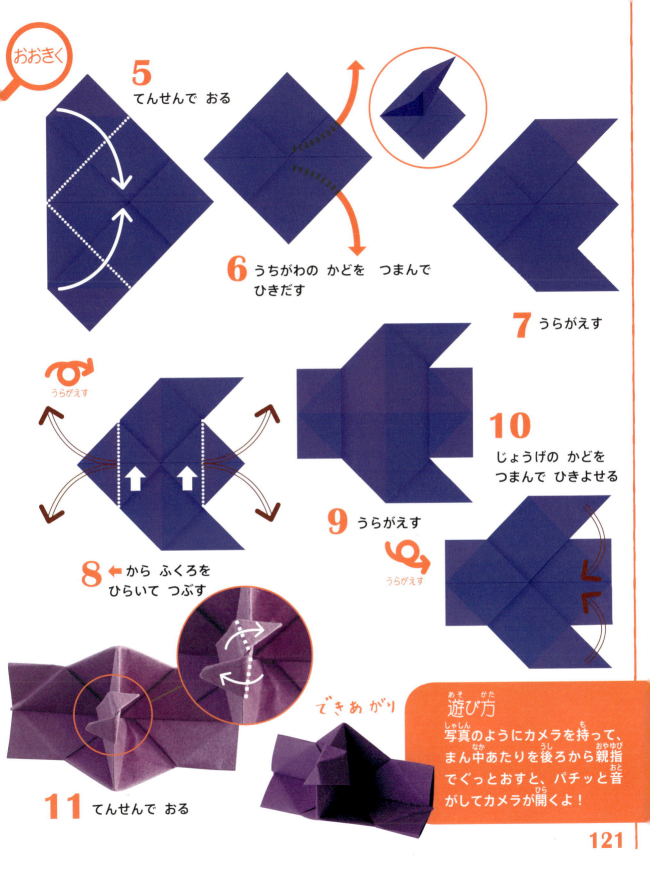

かぜをうけて、
くるくるまわるよ。

かざぐるま

1 たてと よこに
おりめを つけて もどす

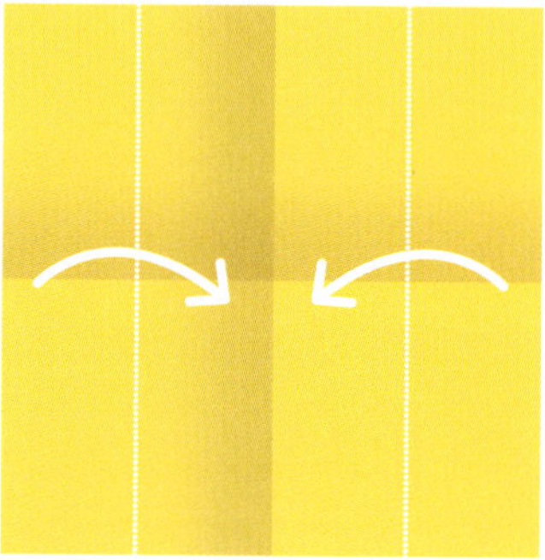

2 まんなかの せんに
あわせて おる

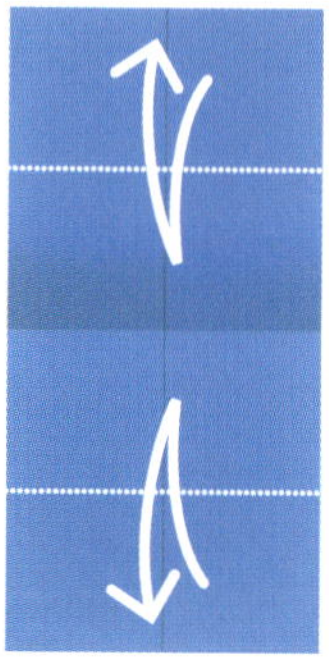

3 まんなかの せんに
あわせて もどす

4
← から
ふくろを
ひらいて
つぶす

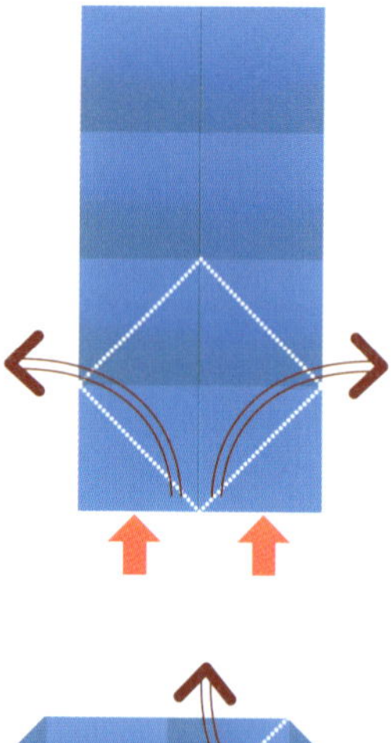

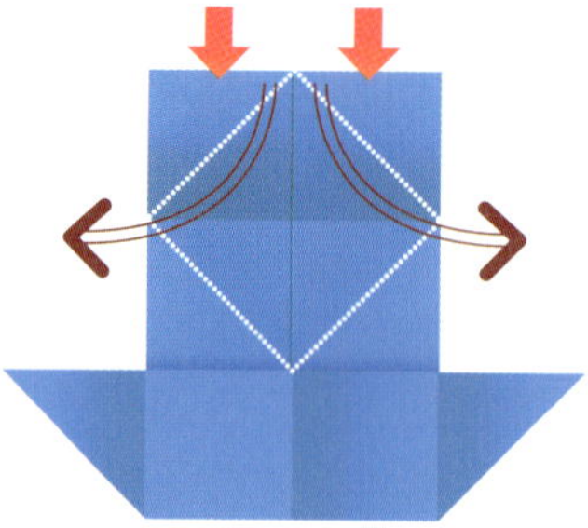

5 4と おなじように ← から
ふくろを ひらいて つぶす

できあがり

6
てんせんで
おる

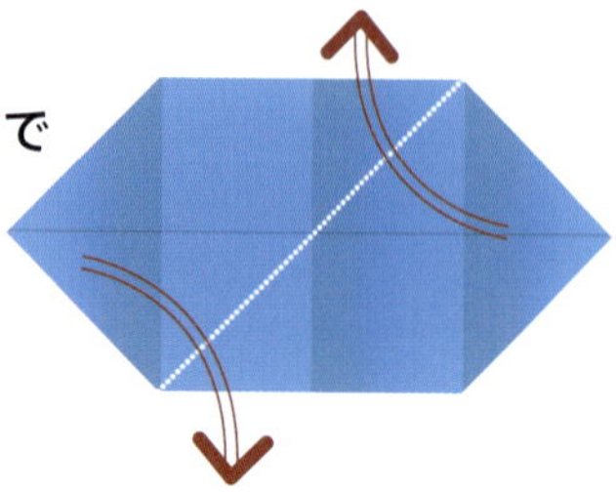

7
← から ふくろを
すこしあけ まんなかに
ピンを さして わりばしや
ストローに とめる

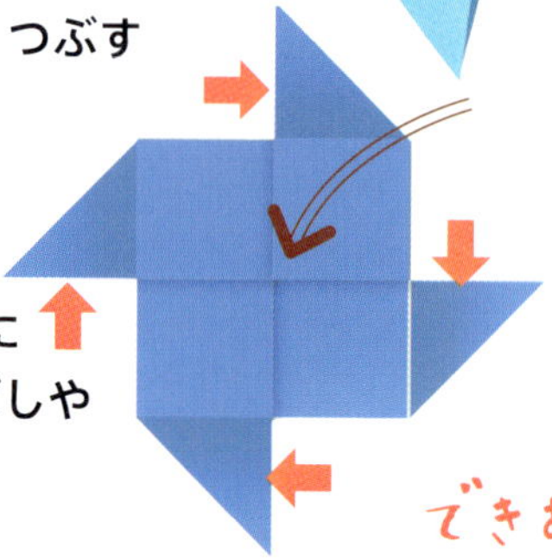

だましぶね

おふねかな？
それともほかかな？
どっちかな？

★かざぐるまの5まで折《お》って始《はじ》めます。

6 てんせんで おる

7 うらがえす

8 てんせんで おる

遊《あそ》び方《かた》

①相手《あいて》の人《ひと》に、帆《ほ》の先《さき》を持《も》って目《め》をつぶってもらい、矢印《やじるし》のところを折《お》り下《さ》げます。

②ふねの向《む》きが変《か》わったよ！

できあがり

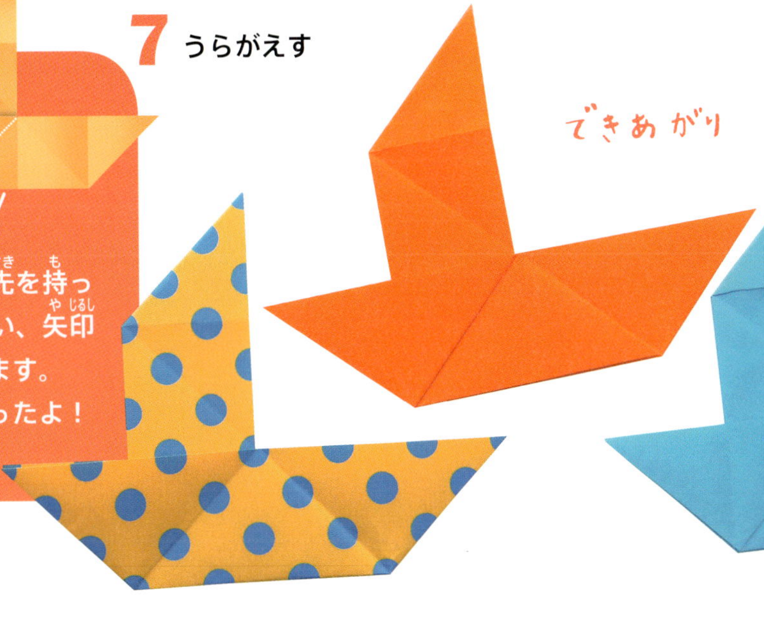

とんとんとん。
のこったのこった、どっちがかつかな？

おすもうさん

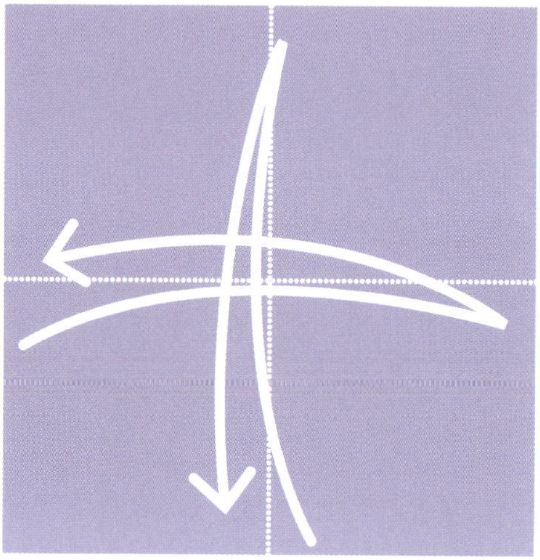

1 たてと よこに まんなかに おりめを つけて もどす

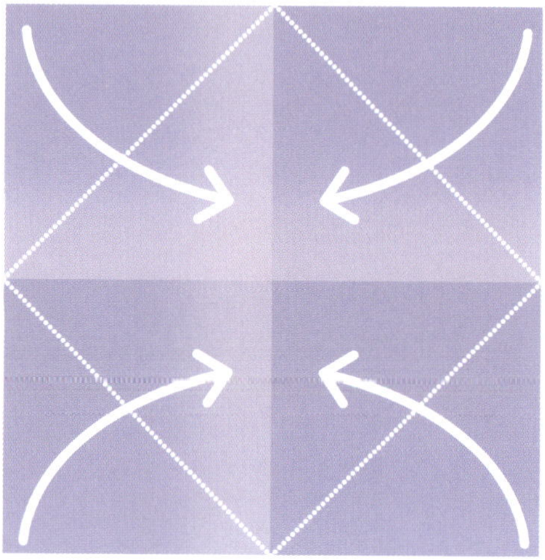

2 てんせんで おる

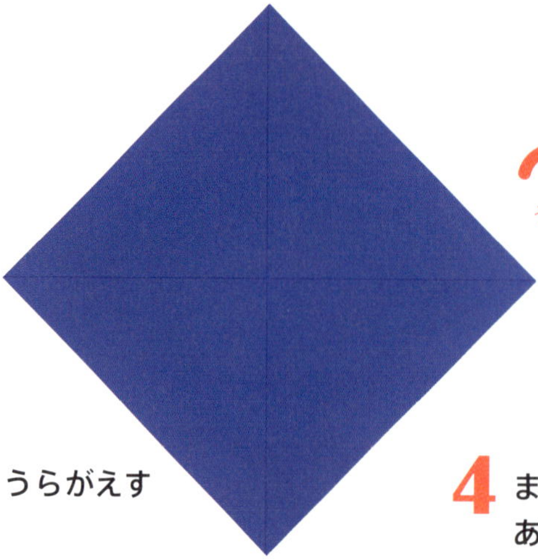

3 うらがえす

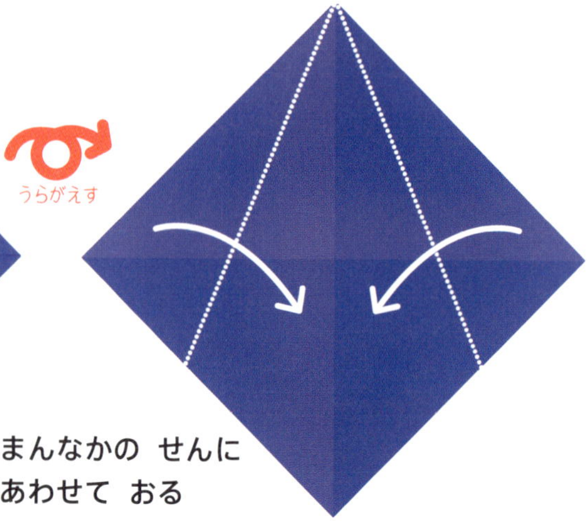
うらがえす

4 まんなかの せんに あわせて おる

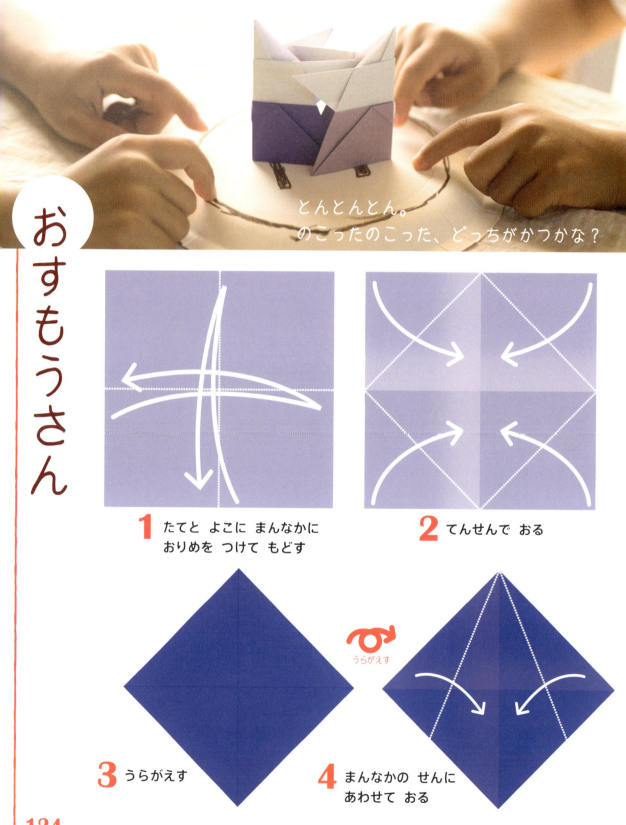

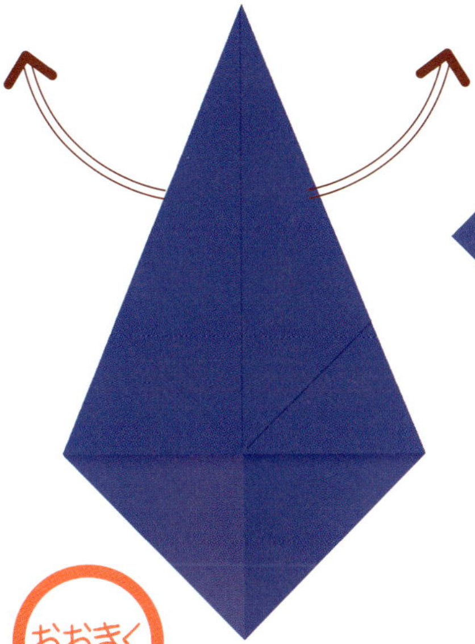

おおきく

5 うしろを ひらく

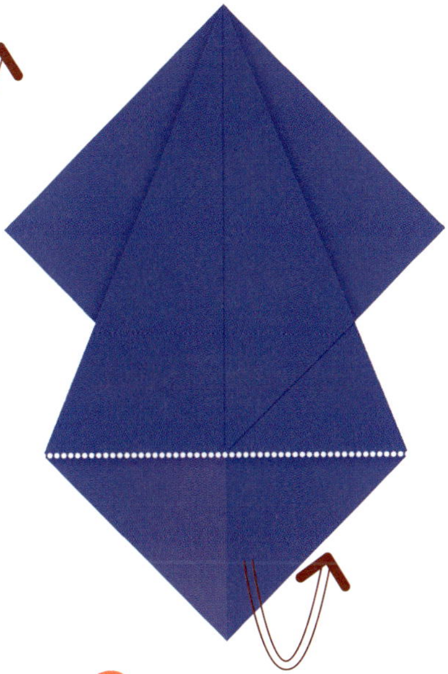

6 てんせんで
うしろに おる

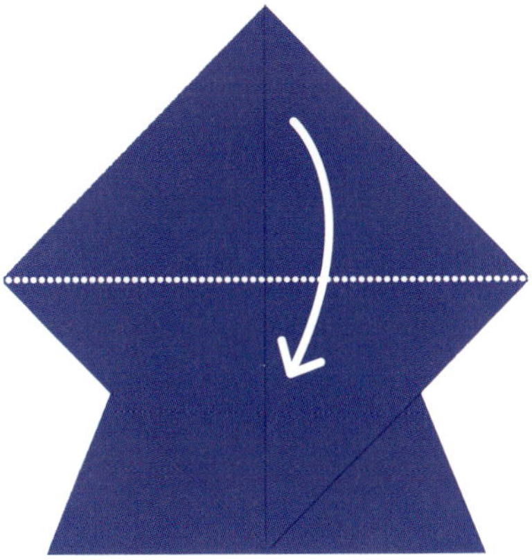

7 てんせんで
おる

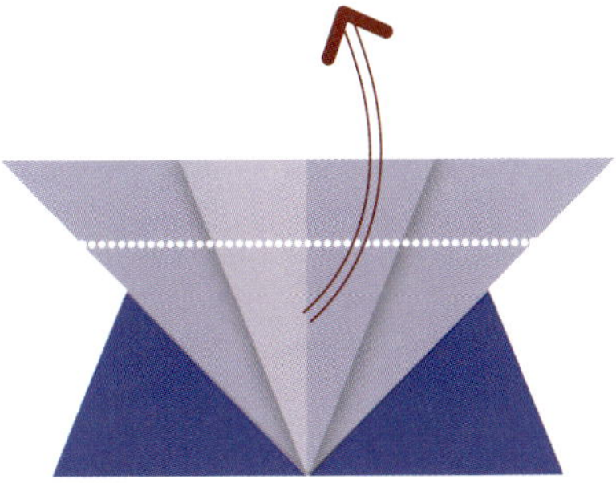

8 てんせんで うえの
1まいを おる

9 うらがえす

10 てんせんで
おる

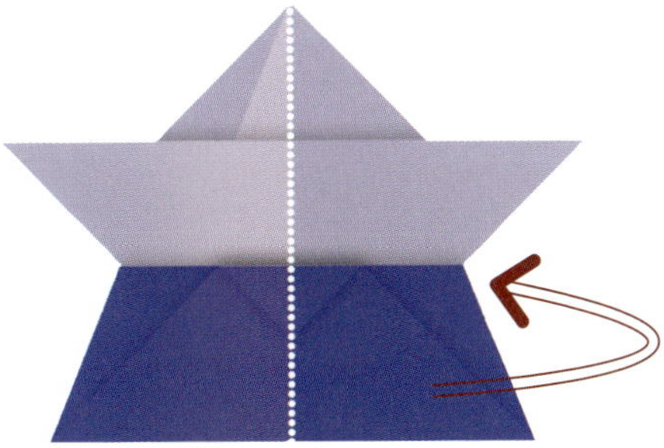

11 てんせんで
うしろに おる

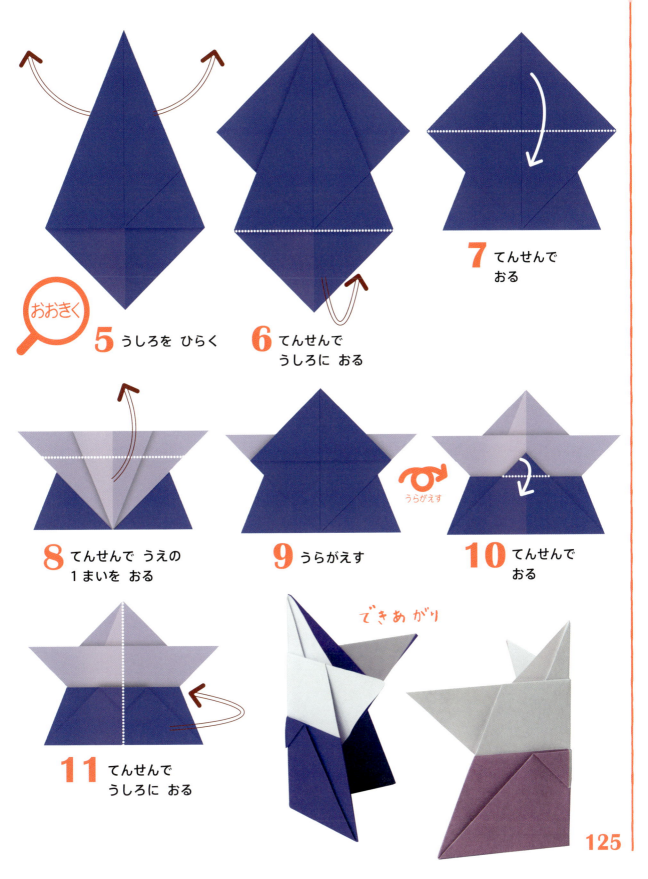

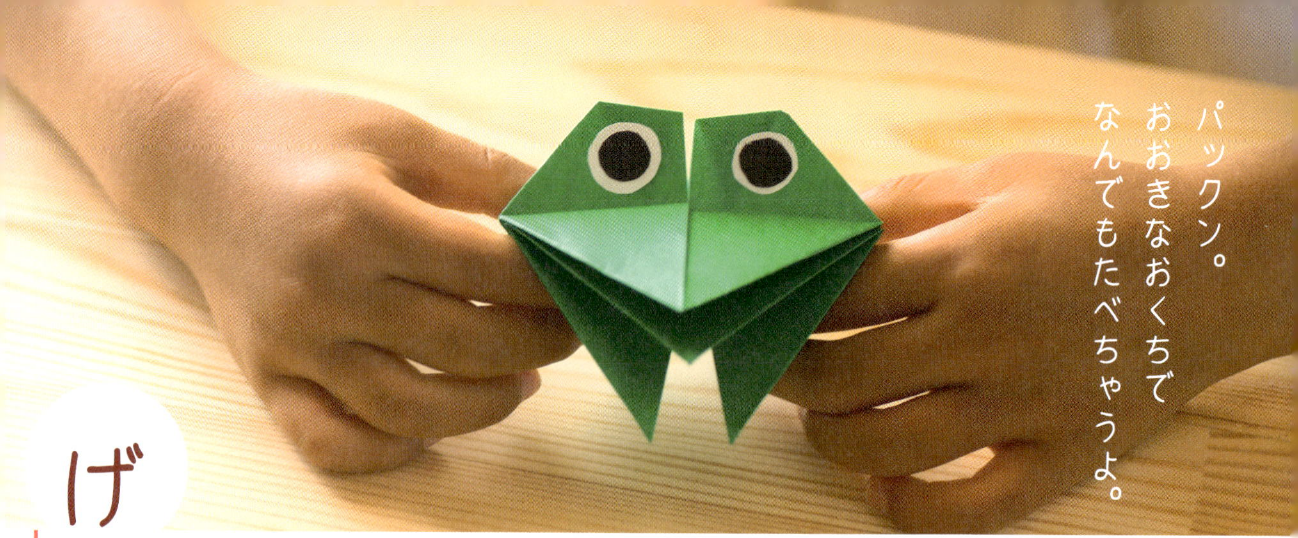

パックン。
おおきなおくちで
なんでもたべちゃうよ。

げろげろかえる

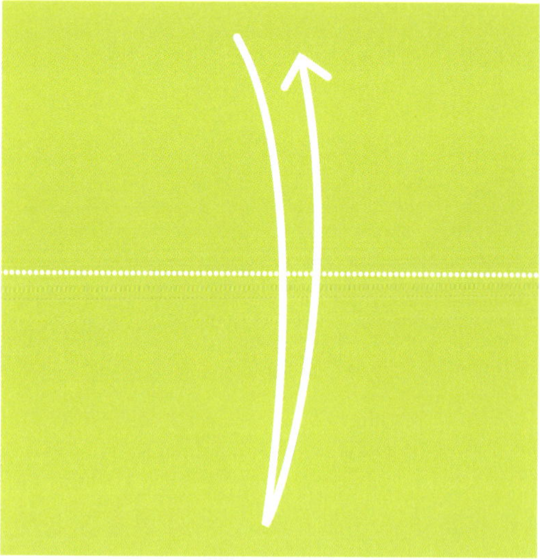

1 まんなかに　おりめを　つけて　もどす

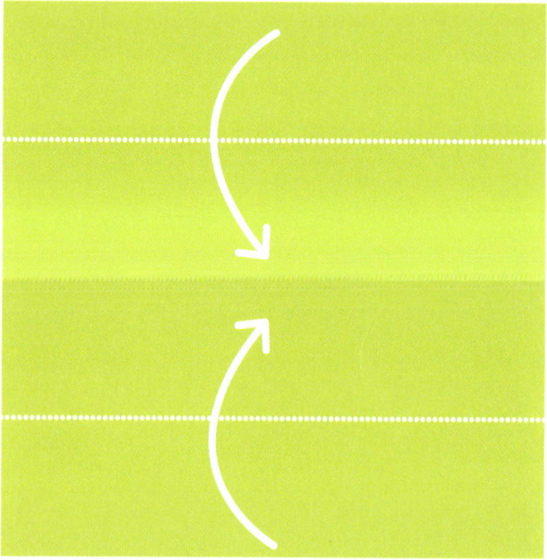

2 まんなかの　せんに　あわせて　おる

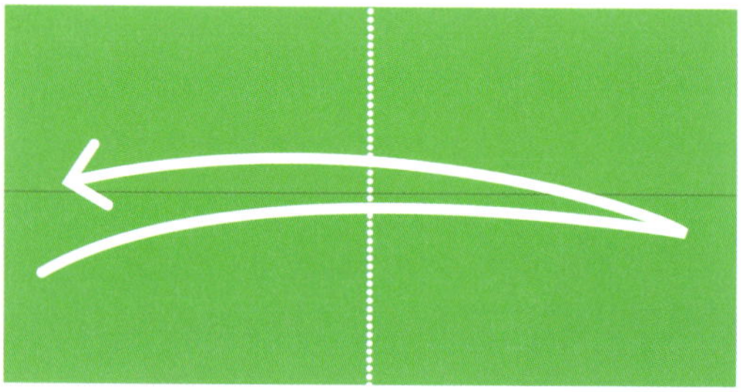

3 まんなかに　おりめを
つけて　もどす

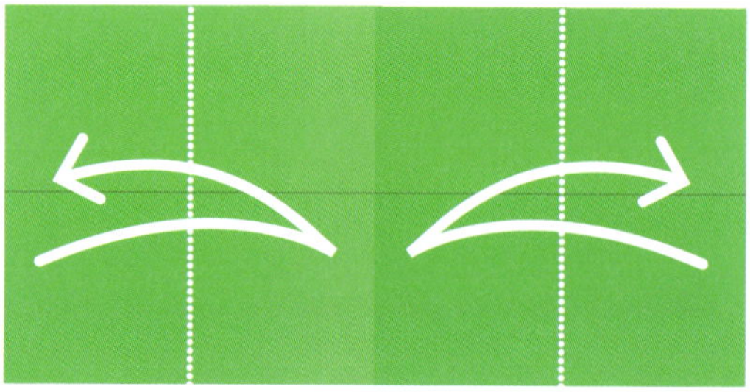

4 まんなかの　せんに
あわせて　おって　もどす

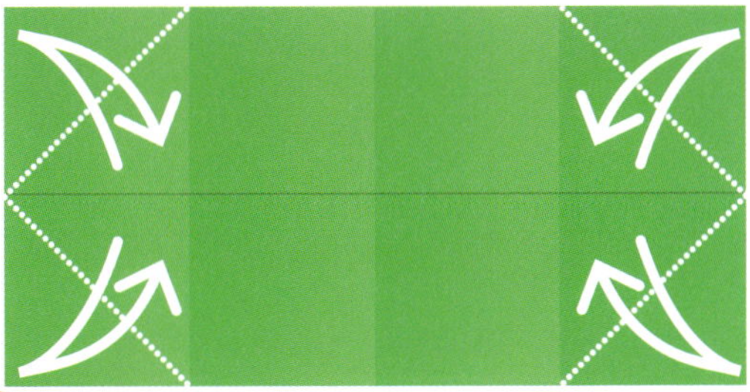

5 てんせんで おって もどす

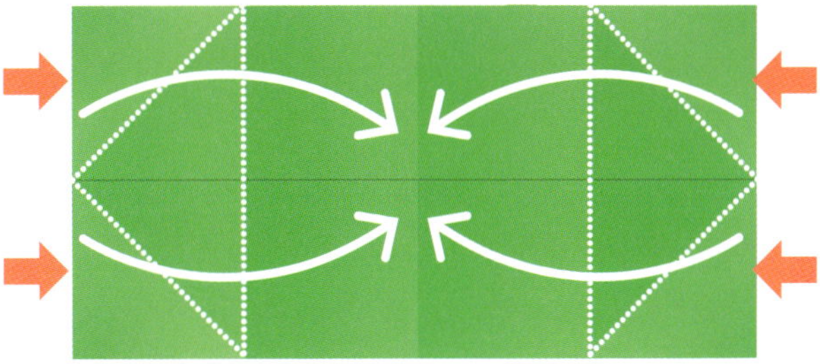

6 ← から ふくろを ひらいて つぶす

おおきく

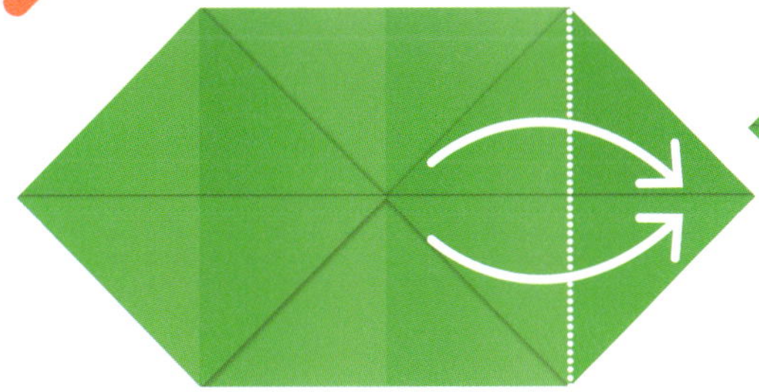

7 うえの 1まいを
てんせんで おる

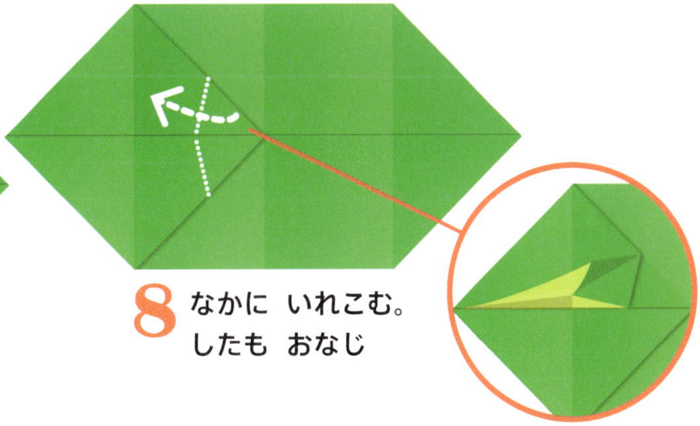

8 なかに いれこむ。
したも おなじ

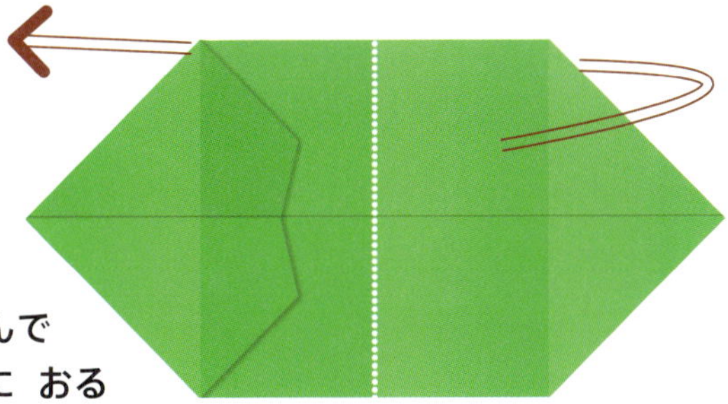

9
てんせんで
うしろに おる

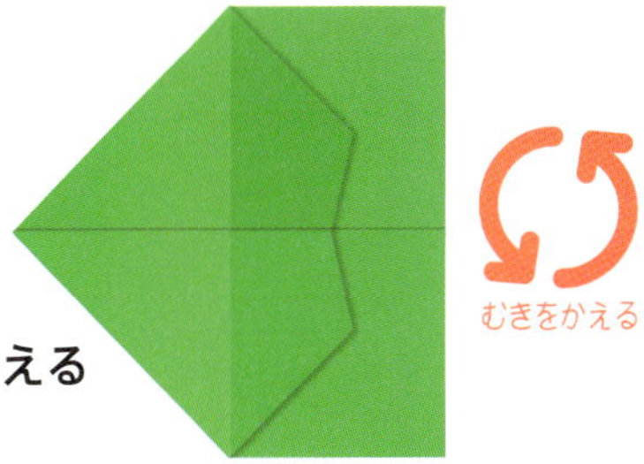

10
むきを かえる

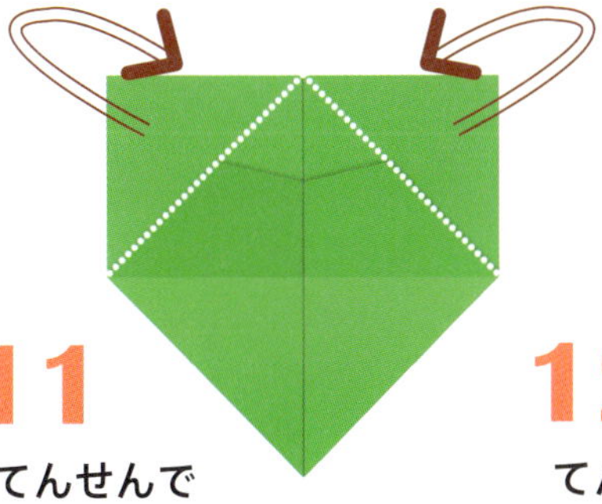

11
てんせんで
うしろに おる

12
てんせんで
てまえに おる

めを かいて できあがり

遊《あそ》び方《かた》

★のところを持《も》って、左右《さゆう》に動《うご》かす。

新宮 文明（しんぐう ふみあき）

福岡県大牟田市生まれ。

デザイン学校を卒業後上京。84 年に、株式会社シティプラン設立。グラフィックデザインに携わるかたわら、オリジナル商品「JOYD」シリーズを製作。トイザラス、東急ハンズなど国内のみならず、ニューヨーク、パリなど海外でも発売。98 年「折り紙遊び」シリーズを発売。2003 年、オリジナルサイト「おりがみ くらぶ」を開設。著書に、「３～５才のたのしい！おりがみ」（高橋書店）、「四季を楽しむ壁面かざり折り紙」（ブティック社）、「きせつでたのしい みんなのおりがみ」（日本文芸社）など多数。

撮りたい！飾りたい！ 親子でおりがみ

2018年１月５日　初版発行
2025年１月25日　第８刷発行

著　者　新　宮　文　明
発行者　富　永　靖　弘
印刷所　株式会社新藤慶昌堂

発行所　東京都台東区台東２丁目24　株式会社　新星出版社
〒110-0016　☎03(3831)0743

ISBN978-4-405-07265-7